李硕 著

征服中亚战记

中信出版集团 | 北京

图书在版编目（CIP）数据

俄国征服中亚战记/李硕著.——北京：中信出版社，2020.6（2023.5重印）
ISBN 978-7-5217-1430-2

Ⅰ.①俄… Ⅱ.①李… Ⅲ.①战争史—俄国—19世纪 Ⅳ.①E512.9

中国版本图书馆CIP数据核字（2020）第 026614 号

俄国征服中亚战记

作　者：李硕
出版发行：中信出版集团股份有限公司
　　　　　（北京市朝阳区东三环北路 27 号嘉铭中心　邮编　100020）
承　印　者：北京盛通印刷股份有限公司

开　　本：889mm×1194mm　1/32　印　张：11.625　字　数：216 千字
版　　次：2020 年 6 月第 1 版　印　次：2023 年 5 月第 6 次印刷
书　　号：ISBN 978-7-5217-1430-2
定　　价：68.00 元

图书策划：活字文化

版权所有·侵权必究
如有印刷、装订问题，本公司负责调换。
服务热线：400-600-8099
投稿邮箱：author@citicpub.com

目录

引子 　　1

近年来，越来越多的中国游客穿行于中亚列国。而在这本书里，我们将随着19世纪俄国军人的行程，再度走进这片亚欧大陆最深处的陌生世界。

第一章　大陆帝国横空出世 　　9

在明朝最后的一百年里，当俄国人完成整个西伯利亚的占领之后，才回过身来打量干旱的中亚世界，和这里的三个绿洲汗国：布哈拉、浩罕和希瓦。

沙皇帝国：一百年从欧洲到美洲————————13
1602—1801，三次远征希瓦————————————18
"长城"包围哈萨克草原————————————————21

第二章　彼罗夫斯基远征 　　29

中英第一次鸦片战争前夕，奥伦堡省长彼罗夫斯基向沙皇尼古拉一世请战，要第四次远征希瓦。他没有料到，最大的敌人并非绿洲武士，而是广漠的哈萨克大草原。

奥伦堡省长请战——————————————————————30
中亚人的奴隶贸易—————————————————————34
从火绳枪到燧发枪—————————————————————37
一万头骆驼——————————————————————————42
新兵蛋子和老兵油子————————————————————52
猥琐"大博弈"———————————————————————55

第三章 西天山来客　　61

东西两面，西西伯利亚、奥伦堡两大军区分头向中亚蚕食，逐渐征服哈萨克大草原，兵临绿洲。古老的黑火药被雷汞火帽点燃，推动线膛米涅弹呼啸飞翔，弯弓游牧者主宰大陆的时代告退了。

从西西伯利亚到中亚————62
雷汞与锤发枪————65
米涅弹和线膛枪————69
第一场会战————71
大炮对决堡垒————79
19世纪中叶的"战争之神"————81
千年怛罗斯————87

第四章 中亚之狐　　91

1864年，土耳其斯坦和奥利耶-阿塔易主，中亚门户洞开，切尔尼亚耶夫开启了俄国吞并中亚的急行军。狡猾审慎，一击致命，"中亚之狐"无往不利。

锁链闭合————94
门厅失利————98
再攻奇姆肯特————105
人头之旅————110
"土耳其斯坦省"————111
鏖战塔什干————118
总督视察新省区————124
试探布哈拉————127
塔什干之尾声————132

第五章 炮口转向布哈拉　　137

绿洲古都遥遥在望,切尔尼亚耶夫黯然出局。中亚征服者的荣耀,将留给下一代年轻的帝俄军人。

火炮变成战车————————————138
克雷扎诺夫斯基再度驾临——————142
喋血吉扎克——————————————148
近看中亚——————————————————153
考夫曼的新军区——————————160
附录:"土耳其斯坦"的前世今生——162

第六章 撒马尔罕不遥远　　169

1867年,49岁的冯·考夫曼成为新建土耳其斯坦军区的第一任总督,为了增加一些开疆拓土的功勋,他决定向布哈拉经济腹地撒马尔罕进发。线膛步枪、速写本、夹鼻眼镜、银盐底片相机……古老的中亚名都迎来了新征服者。

新人们的春游——————————————172
"绵羊神"之丘————————————178
影像撒马尔罕————————————186

第七章 绿洲深处的枪声　　199

俄军进入布哈拉腹地并占领撒马尔罕后,布哈拉汗国民众与俄军展开了激烈巷战,最后战败。内外交困的布哈拉埃米尔最终向俄国臣服。

一路向西——————————————————200

教训俄国人的机会来了！——————209
画家的巷战——————————212
埃米尔臣服——————————217
离乱新疆——————————220

第八章 再试希瓦　　　　■■ 227

布哈拉臣服后，1872年12月12日，沙皇批准由土耳其斯坦军区、高加索军区、奥伦堡军区，分头向希瓦进军。这将是俄国四次远征希瓦失败后的最后一次尝试。

沙漠王者——————————228
"现代"枪炮出世————————230
土耳其斯坦军区备战——————237
会师地点变更————————244

第九章 里海生死路　　　　■■ 253

为抵达荒漠之海深处的希瓦绿洲，几路俄军各自经历了奇丽而卓绝的旅程。他们拥有19世纪70年代的先进兵器，却只能借助匈奴单于、成吉思汗时代的交通工具，幸运往往属于最没有准备的人。

探路里海岸——————————256
马尔科佐夫的沙漠之旅—————261
洛马金：穿越乌斯提尤尔特高原——270
奥伦堡军：从冬走到夏—————277

第十章 谁先攻入希瓦　　　■■ 287

西北两路军队会师后首先兵临希瓦城下，却因为贸然的进攻错失先机。晚到一天的考夫曼成为入城主角，酷热沙海中的艰辛遭遇终于获得补偿。

又一幕水井惨剧———————288
渡过阿姆河—————————295
绿洲行军作战————————301
黄金王位——————————306

第十一章 土库曼沙漠要塞　　315

面对骁勇善战的土库曼人，俄军第一次进攻铩羽而归。1880 年初，沙皇亚历山大二世任命 37 岁的斯科别列夫为土库曼前线总司令，决心与帖克土库曼人一决高下。

瞎眼老妇的诅咒————————320
电气化时代战争序曲——————326
白马将军——————————331

第十二章 血渍地毯　　339

几番激战，俄军终于轰塌城墙，攻入格奥克捷佩堡要塞，预示着帖克土库曼人对俄国人实力和权威的彻底认可。自此，广阔的中亚地区都被俄国征服。

大军云集——————————341
卡拉设伏——————————345
壕堑夜战——————————349
要塞里的帐房————————353
尾声————————————359

后记　　362

引子

1868年初夏，俄历6月8日，俄国征服中亚的事业正达到顶峰。

中亚明珠、"世界中心"，丝绸之路上的千年名城——撒马尔罕。清晨阳光下，清真寺和邦克楼闪耀着湛蓝色辉光，长长阴影投射在鳞次栉比的土黄色平房上。

街市没了往日的喧嚣，全城死一般沉寂。几个持枪骑马者，身穿中亚花布长袍，裹着白色包头巾，沿着弯弯曲曲的街巷小心前行。他们其实是化装的俄军侦察兵，由31岁的捷连季耶夫上尉带领。

骑兵们从空荡荡的城门进城，一路都是烧毁的民宅、散落的尸体，诉说着最近的惨烈战事。一路没看到任何活人，但深巷内，树荫间，似乎都有无形的眼睛在窥视。直到俄军营垒前，飘摇的军旗显示这里还未失守。他们高喊询问。

刺刀闪亮，几只枪管从雉堞后面伸出来。毕竟，他们的装束太可疑了。

为免遭误伤，捷连季耶夫打马而去。

一个月前，俄军刚刚占领了布哈拉汗国这座名城：撒马尔罕，统帅考夫曼将军过于乐观，又带兵直扑汗国都城。但随着俄军主力西去，大量布哈拉军队涌进撒马尔罕，和城内居民一起发起进攻，试图消灭俄国驻军。留守的俄军只有一千人，其中一半是伤病员，他们固守军营，和六万多敌军展开了巷战。

俄军主力正在前线激战，得知后方起火，急忙回师。撒马尔罕的战斗已经进行了一周，没人知道守军的命运。捷连季耶夫上尉受命进城，探寻留守军队的下落。

得知军营尚未失守，俄军主力进城了。城内还隐藏的大量武装人员，开始了巷战和围猎般的清剿。枪炮声、各种语言的叫喊声在城市上空回荡。

在晚年，捷连季耶夫中将完成了洋洋三巨册《征服中亚史》，1868年夏天的撒马尔罕还是浮现在他眼前：街道俨然如翻掘过的墓地；房屋烧成了废墟；丧失了家园和主人的鸽子，在硝烟飘散的天空中惊恐乱飞；焦烂的尸体堆积在狭窄的巷子里，被马蹄踩得吱吱作响；战马惊恐地颤抖，打着响鼻；猫和狗津津有味地啃食着尸体；烧焦的棉布长袍、人肉散发出令人作呕的味道……

军营里的俄军士兵目光呆滞，默默无言。几天的巷战，他们减员四分之一。

在留守俄军中，有两位年轻画家：瓦西里·维列夏金和尼古拉·卡拉津，都是26岁。俄军主力回城的场景，被他们用画笔定格（图0-1至图0-3）。

近年来，越来越多的中国游客穿行于中亚列国。而在这本

【图 0-1 卡拉津油画：1868 年 6 月 8 日晨，俄军主力进入撒马尔罕】
画面左侧，是进城的俄军统帅考夫曼将军，捷连季耶夫上尉应当也在其中。右下角是被俘的当地武装人员。这是 19 世纪的"新古典主义"作品，比现实场景要干净、明亮一些，没有焦煳的裸体、腐烂的肠肚。

【图 0-2 维列夏金油画：重伤】
图中，一名中弹的俄国士兵正跑向后方。在撒马尔罕巷战中，维列夏金和卡拉津都参加了战斗，并把亲身经历画到了作品中。

【图 0-3 维列夏金油画：撒马尔罕的俄军据点（屋顶）】
画中对面是雷吉斯坦广场（The Registan Square），今日的名胜景点。
这是 6 月巷战之后的撒马尔罕，街道被拓宽，军营附近的民宅也被拆除了。正对着清晨的阳光，几座神学院建筑物只呈现出阴影轮廓。扛枪的哨兵站在城头，一门山炮俯瞰街区，两侧是两门小型臼炮。街上的人和马投下长长的影子，带起缕缕黄尘，和烤制馕饼的炊烟混合在空中。
维列夏金的作品很少描绘历史性"大场面"，多是人物肖像或小场景特写，宁静舒缓，带着一缕如烟的忧伤，展现着那个时代中亚的形形色色，远比照片生动、细腻。

书里，我们将随着俄国军人的脚步，再度走进这片亚欧大陆最深处的陌生世界。

这是一次奇异的人文之旅。我们将穿越广袤草原，无垠沙海，翻越重重高山，进入绿洲，聆听游牧者的呼哨、清真寺的吟唱，还有关于王公贵族和荒野大盗的传说。

这是一程独特的艺术之旅。透过画家们的眼睛，我们将窥探中亚的山川和原野，牧人毡房、商旅驼队、喧闹巴扎、昏暗鸦片烟馆里的低俗表演，以及战斗、硝烟、血污和尸体。

这是一趟近代工业技术的怀旧之旅。古老的黑火药，前装滑膛枪，后装线膛枪，大炮的霰弹和爆破弹。近代化学工业、金属加工技术带来一次次军事技术革新，它们在中亚找到了最极端的试验场。

还有近代光学和化学工程的结合：摄影技术，它留下的影像真实而呆板。不仅有泛黄的黑白照片，还有新鲜的彩色照片。

是的，你没看错，一百多年前的中亚彩色照片！

但最终，这是一部战史。我们将欣赏将军们的睿智或笨拙，士兵们的勇武或怯懦，就像观赏一场拳王争霸赛。

不需要太多的矫情和多愁善感。近代火药兵器已经把一切传统游牧、农耕社会驱赶到全球化大潮之中，无可逃避。

而在这之前，波斯帝国的居鲁士、马其顿的亚历山大大帝、大唐的苏定方、草原骄子成吉思汗、伊斯兰征服者瘸子帖木儿……大陆已经历过无数次战争、屠杀、征服。俄罗斯的征服，只是这一系列征服中的一次，也许是最后一次。

所以，没必要故作公允地指控胜利者。天地不仁，以万物为刍狗。正因为经历过一次次冷兵器砍杀、硝烟烈火甚至核武器的毁灭战争，人类才走到了今天的"文明"世界。

但要感谢那些有名和无名的亲历者，他们记录下了走进陌生世界的新奇和困惑，以及和不同服饰、语言的人厮杀时的战栗和亢奋。他们记录历史，也成为历史。

作为一个历史工作者，有时会想："我们"到底是谁？人的本质究竟是什么？

也许，"我们"就是我们的知识总和，我们已知的世界。

人类跨越山川与海洋，探索地层和太空，破译失传的语言，最终，只是为了寻找一个完整而真实的自我。

大陆帝国横空出世

第一章

- 沙皇帝国：一百年从欧洲到美洲
- 1602—1801，三次远征希瓦
- 长城包围哈萨克草原

【图1-1 乔坎·瓦里汗诺夫肖像】

先来看一幅肖像画（图1-1）。

这是一个东方相貌的男子，穿着19世纪俄式军官制服、皮鞋，留着俄式发型和胡须，手中是一册精装的印刷书籍。这些体现出近代俄国－欧洲元素。男子身后，是阿尔泰群山之间的草原，有游牧人的毡房和畜群。

他叫乔坎·瓦里汗诺夫（Chokan Chingisovich Valihanov，1835—1865），出自一个哈萨克部落首领家族，由于连续数代被俄国统治，部落有些上层人物逐渐俄罗斯化。瓦里汗诺夫自幼接受俄国军校教育，又在俄军中担任军官，身兼边境情报搜集和地理学调查工作，还记录了哈萨克人的大量口传历史、文学作品，是哈萨克近代文化的奠基者之一。

这是19世纪60年代初，中国刚刚经历第二次鸦片战争，圆明园被焚毁。俄国人对中亚绿洲的征服也即将掀起高潮。

我们先简单介绍一下"中亚"。毕竟，中国人对这块亚欧大陆的"心脏地带"还缺乏足够的了解。

狭义的中亚，是苏联解体之后独立的五个国家：哈萨克斯坦、乌兹别克斯坦、土库曼斯坦、塔吉克斯坦、吉尔吉斯斯坦。这里处在大陆深处，远离海洋，干旱少雨，以至一百年前的欧洲探险家把这里称为"干亚洲"。干旱气候造成了广阔的戈壁、沙漠，放牧骆驼和羊的游牧部族生息其间。

只有和中国交界的帕米尔高原、天山山脉深处，才有一些不大的丰饶草原和森林地带。山间融雪汇成河流，流入沙漠荒原深处，形成了一些零星的绿洲。只有这种绿洲才能容纳一点农业，形成城市和小型国家。

这种地理环境，注定只能养活较少的人口，不会有发达的经济和庞大的帝国。它还受到周边各游牧和农业帝国的交替统治，从古希腊的亚历山大大帝到成吉思汗，从大唐到阿拉伯帝国，最后是俄国人的统治。

在大航海时代以前，这里是丝路贸易的枢纽，东亚、南亚与欧洲交通的主干道，佛教、拜火教（琐罗亚斯德教）、摩尼教、伊斯兰教都经过这里传入中国。但环球航海兴起之后，中亚逐渐成了被世人遗忘的角落。

绿洲是中亚世界的"文明中心"，但它们零星分布在沙漠和群山之中，地理环境封闭，沟通东西方的商道又带来了遥远地区的奢侈品和大量财富。这有时会让绿洲统治者夜郎自大，忘乎所以。在历史上，这种狂妄有时会激怒远方的强大帝国，招来灭顶之灾。

西汉时，汉武帝得知西方的大宛国产汗血宝马，派使者带礼物前去交换。大宛在费尔干纳盆地（近代属浩罕国），大宛王不肯做这笔交易，反而杀了汉使，抢了财物，使汉武帝大怒，两度派兵攻打大宛。最后，大宛贵族们看到大难临头，便合谋杀了国王，献马求和。

在成吉思汗刚刚崛起时，中亚也出现了一个强盛的苏丹国：花剌子模，它不仅统一了中亚各绿洲，还控制了印度西北部、阿富汗、波斯和伊拉克。成吉思汗向花剌子模派遣了一个庞大商队，带着从中国（金朝）抢掠的财宝进行贸易。花剌模人杀了这队商人，侵吞了货物，导致蒙古大军第一次西征，花剌子模亡国，城市遭到毁灭，居民被屠杀殆尽。

当然，中亚离各文明中心都太遥远，遭到惩戒的时候毕竟不多，绿洲的生活也比较封闭。更多时间里，这里还是夜郎国的生活模式。

明朝初期，中亚地区出现了一位大征服者：瘸子帖木儿，他征服的范围堪比花剌子模，定都撒马尔罕城。帖木儿最初向明朝称臣纳贡，朱元璋一时乐观，以为真的可以管辖中亚，便向撒马尔罕派出了一个使团，还带了1500人的军队。他们历尽千辛万苦到了撒马尔罕，然后莫名其妙地全军覆没，史书里也查找不到他们的下落。

朱元璋没有成吉思汗的血性，只得忍下了这口气。帖木儿从此开始轻视大明朝。朱元璋死后，帖木儿集结大军，准备征服中国，可他刚出征就病死了，中亚再次归于沉寂。

沙皇帝国：一百年从欧洲到美洲

和中国一样，俄罗斯也经历过蒙古统治时期。统治俄罗斯的蒙古帝国叫"钦察汗国"或"金帐汗国"，这些蒙古统治者受环境影响，逐渐皈依了伊斯兰教，而且慢慢忘掉了蒙古语，改用突厥语，不过他们还记得自己是成吉思汗的子孙。俄国人叫他们"鞑靼人"。

在被鞑靼人统治的三百年里，俄罗斯人还坚持信仰自己的东正教（基督教的东方分支），说俄语（斯拉夫语），而没有被同化信仰伊斯兰教和讲突厥语。不然，人类的历史就要大篇幅改写。

进入 16 世纪，明朝后期，俄国人才挣脱了蒙古的统治，以莫斯科公国为中心四下扩张。这时的葡萄牙、西班牙殖民者正在乘帆船探索全球。当时俄国的南方、东方是四个鞑靼汗国（图 1-2）。几十年内，俄国人吞并了喀山、阿斯特拉罕和西伯利亚汗国。仅存的克里米亚汗国向土耳其人称臣，以对抗俄国。到 16 世纪末，俄国西南方是奥斯曼土耳其帝国，东南方则触及中亚草原——今天的哈萨克斯坦。

当时的奥斯曼土耳其帝国，占据着从阿拉伯世界到东南欧的广大疆域，实力强大，是俄国的劲敌。俄、土间的战争断断续续进行了几百年，直到第一次世界大战结束，奥斯曼土耳其帝国解体。

在崛起之初，俄罗斯人优先向东扩张。对于炎热的中亚沙漠地带，俄国人曾试探、觊觎，但未能轻易得手，那是个他们很不熟悉的自然环境。

犹如习惯了寒冷北极的白熊和棕熊，俄国人最初只能沿西伯利亚东进。靠着西欧传入的火枪和火炮，在明朝最后的一百年（1550—1650）里，俄国人占据了整个西伯利亚，推进到太平洋，甚至占领了美洲的阿拉斯加半岛（图 1-3）。这一线都是寒带针叶林和极地苔原，俄国人并不陌生。

伴随着这个过程，大海上的霸主相继换成了葡萄牙人、荷兰人、英国人。俄国人则一直掌控着亚欧大陆的北半部。

【图 1-2 四个鞑靼汗国分布示意图】
GS（2019）1719 号 - 甲测资字 1100471

俄国人在大陆上扩张，不全是沙皇政府的亲力亲为，还有很大的民间成分，也就是著名的"哥萨克"勇士。

在 19 世纪 60 年代之前，俄国一直实行农奴制，农奴是地主的私人财物，处境很差。所以有很多农奴逃亡到南部、东部的边疆草原上安家谋生。那里没有地主，也没有沙皇政府的收税官。这些生活在大草原上的俄国逃亡者，被称为"哥萨克"，这个词来自突厥语，意思是流浪者、自由人。

而另一个民族——"哈萨克"的族名，其实也是这个词。但两者的族源、语言、信仰完全不一样。哥萨克说俄语，信仰东正教；哈萨克则说突厥语族，信仰伊斯兰教。

和草原上的游牧者相比，哥萨克们过的是农业定居生活。但和俄国腹地的居民相比，他们饲养的牛马牲畜更多，更像是牧人。哥萨克便是俄国势力深入大陆的触角，征服战争的探路者。后来，他们逐渐被沙皇政府招安，自备战马入伍从军。这就是大名鼎鼎的帝俄哥萨克骑兵。

俄国人占领了整个西伯利亚后，才回过身来，打量干旱的中亚世界。

这时的中亚，有三个比较"正式"的国家：希瓦、布哈拉、浩罕，主要在今天乌兹别克斯坦境内，占据着最主要的农业绿洲。锡尔河和阿姆河一北一南，流入咸海，农业绿洲主要在这两条河之间，这里是中亚文明中心的"两河"地区（并非伊拉克的两河流域）（图1-4）。

两河绿洲之外，主要是游牧部落，没有形成国家。有的是干旱沙漠里的牧人，如土库曼人；也有高原山地的牧人，比如吉尔吉斯人和塔吉克人。它们时而向绿洲国家称臣，但一直有很大的独立性。

三个绿洲小国的统治者，都是来自草原的游牧部族的后裔。按照草原统治者称"可汗"的习惯，它们被称为"中亚三汗国"，统治者的世系都可以追溯到成吉思汗的一位六代孙——金帐汗国的"乌兹别克"大汗（也译成"月即别"），他是统治俄罗斯地区的蒙古汗王，"乌兹别克"的族名便由他而来。但游牧的蒙古乌兹别克人已经被中亚绿洲的文明同化：说突厥语，信

【图1-3 俄国向东扩张的进程,数字是俄国人到达的时间(年)】
GS(2019)1719号－甲测字1100471 数据来源:自然资源部

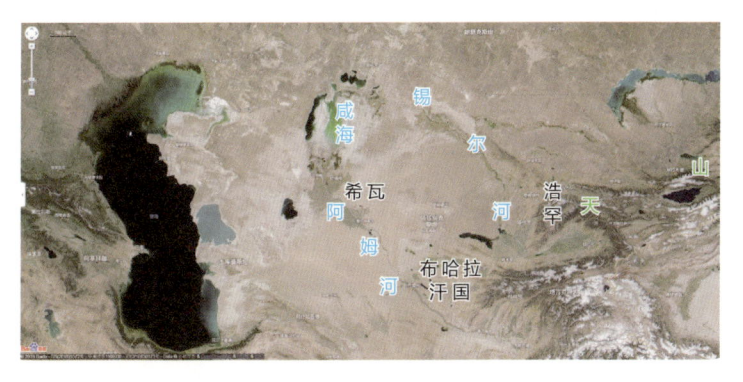

【图1-4 现代卫星地图上的三汗国势力范围(19世纪初格局)】
荒漠中的绿色,是人烟稠密的农业绿洲,天山里的绿色则是草原和森林。可以看到,现在的咸海已基本干涸。中亚普遍比较干旱,只有和中国交界处的山地绿色较多。
GS(2019)1719号－甲测字1100471 数据来源:自然资源部

仰伊斯兰教，放弃了游牧生活，习惯农业和定居。

北方大草原上，哈萨克各部落的头人也属于乌兹别克汗王后裔，但依旧保持着游牧生活。自由自在的草原生活并不需要君王和政府，所以哈萨克人一直生活在部落时代，没有王权。

1602—1801，三次远征希瓦

当俄国势力逐渐靠近中亚时，距离稍近的是希瓦汗国（它和"花剌子模"是同一个词），位于阿姆河注入咸海的三角洲地带。从 15 世纪开始的二百多年里，俄国人曾至少三次试图远征希瓦绿洲，结果要么全军覆没，要么无疾而终。

1602 年（明朝万历三十年）夏，一千名哥萨克远征希瓦。俄国官方史料没有记载这次行动，很可能是尚未被招安的哥萨克擅自所为。据后来希瓦人的传说，这些哥萨克沿着里海东岸穿过荒原，突然闯入希瓦绿洲，占领了乌尔根齐城，抢掠了大量财物和二千多少年男女。当他们返回时，被希瓦军队截住去路，双方激战二十多天，哥萨克退路断绝，只能自相残杀而食，最后全军覆没。

此后一百年里，俄国人再没打过希瓦的主意。

到 18 世纪初，经过沙皇彼得一世的改革，俄国国力增强，扩张势头更猛。彼得一世产生了一个异想天开的宏大计划：进占中亚，沿着历代征服者之路翻越兴都库什山，攻占富庶的印度，获得黄金和印度洋的出海口。

1715 年（康熙五十四年），康熙皇帝正密切关注着准噶尔汗国对西藏的野心。就在这年,彼得一世派出东西两路军队,分头前往中亚绿洲。

东路,四千多人的远征军从西伯利亚出发,溯额尔齐斯河南下,并在沿途建设据点。此时控制新疆和中亚的是西蒙古准噶尔部,首领是策妄阿拉布坦。他一边与清朝作战,一面抗衡沙俄。准噶尔人在巴尔喀什湖堵住了东路俄军,一番恶战之后,俄军只剩了七百余人,被迫撤回西伯利亚,在那里营建了鄂木斯克要塞。

西路,六千多名俄军经里海前往希瓦。受命指挥这支部队的是一个皈依了东正教的鞑靼人:别科维奇。俄军先乘船到里海东岸,建立了几座要塞。里海沿岸都是荒漠,没有淡水,驻防俄军中坏血病流行,死者很多。建设里海要塞用去了两年多时间。

这时,希瓦使臣来到俄国,声称汗王希望归顺沙皇,成为"附庸国"。彼得一世大喜过望,命令别科维奇火速向希瓦进军,接受汗王归降,并驻军希瓦。

1717年6月,别科维奇带3600名俄军前往希瓦"受降"。俄军从里海东北角出发,穿过荒原东行。天气酷热,沿途缺水,俄军走了两个多月,马匹和骆驼几乎全部累死、渴死。

当俄军到达绿洲边缘时,被两万多希瓦军队拦住。此时老汗王刚刚死去,新汗王并不想服从俄国。其实老汗王也只是做一个和解的姿态而已,他们没想到彼得一世会像朱元璋一样乐观,真要伸手控制这个遥远的"附庸国"。

双方进行了几场试探性战斗。希瓦军队的主要武器还是弓箭,被俄国大炮轰得七零八落。希瓦人发现不能战胜俄军,便建议和谈。其实俄军只有6门大炮,野战可以对付一下,攻城就不够用了。

别科维奇向汗王递交了沙皇的礼物——已经被他克扣得很不体面了——并提出了沙皇的一个要求：据说古代阿姆河是流入里海的，但在一百多年前改道流入咸海，俄国人希望开通旧河道，使舰队可以从里海驶入希瓦。

汗王当然知道俄国人的用意。而且事实上，阿姆河从未全部注入里海，之前也只是有一条通往里海方向的分流，水量不足以行船。另外，此时的别科维奇举止乖张失常，经常自称"杰夫列特·基烈"（突厥语：王国征服者），有取代希瓦汗王之心。俄国将士们也开始与这位统帅离心离德。

表面上希瓦汗王唯唯诺诺，使别科维奇丧失了警惕，甚至离开自己的部队和汗王待在一起。汗王乘机建议：俄军集中在一起，供应饮食太不方便，应该分成几路，住到不同的城市。俄军官兵都不肯服从此命令，但别科维奇严令执行。

俄军刚刚分开，就遭到希瓦军的砍杀，只留下一些体壮者当奴隶。别科维奇的头颅悬挂示众之后，被送给布哈拉汗王，希瓦借此向邻国炫耀武功。

三百多年前，朱元璋向中亚派出的那一千多军人，大概也是这种下场。只是俄国人这次损失更大。除了3600多名远征军全军覆没，驻防里海要塞的三千俄军也大半病死。再加上东线的伤亡，彼得一世这次对中亚的行动，损失军队总数约一万人。对于"大国寡民"的俄国，这个损失极为惨重。

此后近百年里，俄国主要精力都在控制草原游牧部族，再没对中亚绿洲冒险征战。

到1801年，俄国与拿破仑的法国结盟，一起对付英国。

法国人在海上不是英国的对手，便计划和俄国联手出兵，取陆路占领英属印度。无奈法、俄两国相距遥远，欧洲局势又一日三变，沙皇保罗一世等不及法国盟军，就决定单干了。他派出两万多名远征军，带着24门火炮，准备从中亚一路打到印度。

但一个月后保罗一世驾崩，没走出多远的远征军匆忙返回。之后，拿破仑转而攻打俄国，俄国只能联英抗法，又无暇顾及中亚。

对拿破仑的战争结束后，英国和俄国在亚洲展开了扩张竞赛。俄国人从北方渗入哈萨克草原，英国人则把印度莫卧儿帝国变成殖民地，并向阿富汗渗透。于是，英、俄角力的范围东起清帝国，西至奥斯曼土耳其，史称百年"大博弈"（The Great Game），直至1907年双方结盟对抗德国而宣告结束。

"长城"包围哈萨克草原

今天的哈萨克斯坦共和国，面积270多万平方公里，比其他中亚四国面积之和还要大。除了和中国、吉尔吉斯斯坦接壤的山地里有一些丰美牧场、森林，哈萨克全境几乎都是平坦而干旱的草原，或者说荒原——当然，这是从农耕居民的眼光来看，在游牧者看来，这种荒原也可以放牧。

荒原上相隔数十或上百公里，往往会有一处水井，是游牧先民挖掘的。这些井往往很深，水味苦咸，水量有限。而且，水井都很隐蔽，只有世代生活在荒原上的牧民才能找到。

对外来者来说，哈萨克草原夏季酷热干燥，冬天冰雪严寒，经常行走数日都见不到人烟。如此广阔的荒野，正是中亚绿洲的北方天然屏障（图 1-5-1、图 1-5-2）。

18 世纪初，清朝正值雍正皇帝统治，哈萨克部落有两大强邻：北方的俄国和东方的准噶尔汗国。此时的哈萨克人分成三个松散的"汗国"，或者说部落联盟，俄国人称其为"帐"，清代文献则称为"玉兹"（百户之意）。准噶尔汗国曾一度征服哈萨克大帐和小帐。

哈萨克小帐离俄国腹地，特别是离俄国经营中亚的基地奥伦堡最近，受到俄国的影响也最早。小帐游牧地的南端又与绿洲汗国希瓦接壤。18 世纪后期，波斯（今伊朗）军队攻入希瓦绿洲，处死了汗王。希瓦人不愿服从波斯，又邀请了哈萨克小帐的一位贵族做汗王。

中帐人口最多，势力最强（据俄国人统计，约有 40 万户），他们游牧迁徙的范围，北抵俄国的西伯利亚地区，向东进入中国的新疆北部。

大帐哈萨克其实规模最小。他们活动在巴尔喀什湖周边，和浩罕等绿洲汗国接触较多。

18 世纪 50 年代，乾隆皇帝彻底击败准噶尔蒙古，收复新疆，哈萨克部落则摇摆于强大的清朝和沙俄之间（图 1-6）。

哈萨克各部落政治不统一，军事上对俄国威胁不大。但俄国人警觉的是哈萨克部族的自由迁徙：如果没有约束，哈萨克

【图1-5-1 维列夏金油画：迁徙中的哈萨克牧民】

【图1-5-2 维列夏金油画：哈萨克牧民的秋季营地】

哈萨克毡房和蒙古包几乎完全相同，显示出内亚大草原生活方式的相似性。男子的白色毡帽和女子的头巾，是典型的哈萨克服饰。

这两幅画描绘的是哈萨克东部山麓地区，这一地区水草条件比较好，中西部草原更加干旱荒凉。

图 1-6　卡拉津油画：俄国使者来到哈萨克某部落（很可能属于中帐）

图中悬挂的宫灯、木制家居装饰都有浓郁的汉地特色。哈萨克头领都是满清官员打扮，还有几位留长辫子、清朝打扮的人，在用毛笔书写汉字，显然是为部落头人充当帐房、文书。这些"中国元素"显示，这些哈萨克人曾长期臣属于清朝。

人会向北进入西伯利亚，或向西越过乌拉尔河、伏尔加河，进入南俄草原。这些地区的游牧者已经臣服于俄国，如果哈萨克人涌入，势必酿成新一轮征战。

俄国人采用的办法，居然和秦始皇、汉武帝一样：修长城！

还在 16 世纪，俄国人刚控制欧洲的南俄草原时，就开始修筑边墙和要塞对付鞑靼人。随着俄国人向东扩张，边墙逐渐延伸到了亚洲。

18 至 19 世纪，在西伯利亚地区，面对着哈萨克草原，俄国人修筑了一系列夯土墙防线。这种土墙一般高 2 米，墙外挖掘深 2 米的壕沟，以防范游牧部族涌入。沿着土墙建立了一系列堡垒，驻扎哥萨克士兵。哥萨克往往带家眷服役，这样，堡垒就成为新的移民点。

把俄国的西伯利亚草原土墙（图 1-7-1 至图 1-7-4）和汉代在中国西部修筑的长城做个比较，会有很多有趣的发现。

汉长城是防范北来的威胁，俄国防线则是面对南方。两者时间相隔近两千年，出发点和目的却完全相同，都是为了防范草原上的游牧部族。两者总长度也相近，如果把俄国的西伯利亚－哈萨克防线加起来，就比汉长城还要长了。但俄国"长城"有些地段未完工，是断断续续的。

俄国人守卫边墙的很多措施，也和汉长城的戍卒们类似，比如用烟火信号报警。为了监视游牧者的活动，俄国人在边墙外设置了"西马"，就是将柳枝弯成弓形，两头插在土中，如此连接成一线。当有人马走过就会碰倒柳枝，从柳枝倒地的方向，还可以判断入侵者的去向。

在汉代，额济纳或敦煌的长城戍卒们会布置"天田"，就是一片平整、干净的沙地，入侵者会在上面留下脚印。每个堡垒（汉简称为"障"）或烽燧驻军都有自己负责的天田，要定期巡视，记录下新迹象并及时上报。出土汉简里，这种记录册叫"天田道里簿"。

"西马"或"天田"的区别，是地理环境决定的。中国西北干旱少植被，多沙漠戈壁，沙地上最容易留下足迹；俄国西伯利亚的南缘植被较丰茂，不容易留下脚印，只能用柳条做"西马"，而隐藏在草中的柳枝也不易被敌人发觉。

俄国人在西伯利亚和哈萨克草原"修长城"的活动，一直持续到 19 世纪 40 年代，中英鸦片战争时期。为什么到这

【图 1-7-1 草原边墙上一座要塞的航拍照片】
多角棱形构造是为了减弱敌军实心炮弹的冲击力,同时发挥己方大炮的火力,所以这种堡垒也叫"多面堡"。

【图 1-7-2 西伯利亚地区的一座典型堡垒遗址】
由图可见,堡垒连接着夯土墙防线,较图 1-7-1,华丽的棱锥多面体结构被大大简化了。

【图 1-7-3 阿斯特拉罕到彼尔姆之间的一段"长城"】
图中这段"长城"在奥伦堡要塞的后方,依托伏尔加河,面向东南。

【图 1-7-4 要塞上的木构建筑】
西伯利亚地区木材资源丰富,很多俄国早期要塞和护墙都是用木头做的。另外,俄国人还把砍倒的大树枝杈削尖,做成鹿寨,摆放在边墙和要塞外面,防御对手骑兵的冲击。

时才停止"修长城"呢？因为这时靠火帽击发的"锤发枪"开始替代使用了三百多年的老式燧发枪。步枪的射速、精度提高，能够对游牧部族骑兵形成压倒性优势，俄国人不再需要"长城"的保护。

经过百余年"长城"包围、军事威胁和对上层的拉拢，俄国人基本完成了对哈萨克各部的控制，他们开始再一次——第四次——策划对希瓦汗国的远征。

彼罗夫斯基远征

第二章

- 奥伦堡省长请战
- 中亚人的奴隶贸易
- 从火绳枪到燧发枪
- 一万头骆驼
- 新兵蛋子和老兵油子
- 猥琐"大博弈"

1839年，初春，华南的广东省已开始热起来。如往日一样，悬挂英国旗的大帆船停泊在珠江口外，卸下沉重的木箱，用小船悄悄走私上陆。林则徐正带着皇帝的授权从北京赶来，即将开始查禁鸦片，中英两国即将发生第一次碰撞。

装备着火药枪炮的英国机帆船纵横海洋，各大洲的海岸线都感受到了煤烟和蒸汽的熏灼。古老的东方大陆正在被它们拖入新时代：欧洲人主导的全球"帝国主义"。

亚欧大陆西北端，沙皇俄国的都城圣彼得堡还是一片冰雪世界。太阳斜斜地挂在天际，给这近乎极夜的冬日带来一点宝贵的阳光。

一辆四轮马车停在冬宫大门外。穿黑色毛呢大衣的中年军官跳下马车，被侍卫官带进大门，走上宽阔的楼梯。此人身材消瘦，长脸，一头蓬松的黑色卷发，蓝灰色眼睛，下巴刮得锃亮，上唇留着夸张上翘的八字胡须，这是帝俄官僚的标准胡须。

与众不同的是，他的左手食指戴着一枚银"扳指"，那是少年时参加抵抗拿破仑战争留下的残疾。他是奥伦堡省武官省长：瓦西里·彼罗夫斯基（图2-1）。

奥伦堡省长请战

彼罗夫斯基此行来圣彼得堡，是要觐见沙皇尼古拉一世（图2-2-1、图2-2-2），面陈远征中亚的冒险计划。走在宽阔的、长得似乎没有尽头的楼道里，皮靴踏在拼花石头地板上，回声

【图 2-1　中年的瓦西里·彼罗夫斯基肖像】
当时俄国贵族流行画油画肖像,彼罗夫斯基一生留下了很多这种"搔首弄姿"的画像。该图画于 1837 年,此时彼罗夫斯基 42 岁,就任奥伦堡省长已 3 年。

清脆而摇曳。

三百年前，俄罗斯尚是一个见不到海洋的蕞尔小邦，如今却扩张成了地跨欧、亚、美三洲的庞大帝国——人类历史上面积最大的统一帝国。再想建立开疆拓土的功业已经不那么容易了。但彼罗夫斯基有新的打算，他准备从自己的奥伦堡辖区出发，远征中亚的希瓦汗国，使自己成为19世纪最伟大的领土开拓者。

当时俄国军界高官都出自贵族家庭，彼罗夫斯基也不例外。他是一位伯爵的私生子，在这位伯爵家里长大，少年时在贵族军事学校读书，然后成为低级军官，这也是多数沙俄贵族子弟的履历。他17岁参加抵抗拿破仑入侵的战争，左手食指被打断，还当了俘虏。两年后拿破仑投降，他返回俄国，此后一路晋升，左手断指上一直戴着银扳指。

彼罗夫斯基有一个同母兄长：列弗·彼罗夫斯基，亦是乃父的私生子。列弗很受沙皇尼古拉一世赏识，官至俄国内政部长。瓦西里·彼罗夫斯基获得尼古拉一世的信任，以及在边区施展拳脚的机会，和这位兄长很有关系。

此时的俄国朝廷中，从政界的国务总理到军界的陆军大臣，几乎没有人赞同中亚远征计划。两百多年来，几次远征都损兵折将、劳而无功，而且中亚地势荒凉，人口稀少，值得再做一次冒险吗？毕竟，黑海近邻奥斯曼土耳其，要比中亚富庶得多，对俄国的军事威胁也更大。

但沙皇尼古拉一世更关注和英国人的竞争。英帝国凭借海军优势，正从亚洲各处海岸向纵深推进，包括发动对阿富汗的

【图 2-2-1 沙皇尼古拉一世肖像（1825 年—1855 年在位）】

【图 2-2-2 尼古拉一世在冬宫的办公室】
尼古拉一世可能在这里和彼罗夫斯基讨论远征希瓦计划。

战争。俄国担心，英国一旦在阿富汗立足，将很快推进到中亚绿洲，所以沙皇希望抢在英国之前控制中亚。

商业也是俄国人关注的问题。中亚商人可以在俄国自由经商，税率也和俄商相同，一般是 2.5%，但俄国商人在中亚的限制极多，税率高且经常被横征暴敛。希瓦人甚至会勒索、抢劫布哈拉汗国与俄国之间的商队。

当时布哈拉和希瓦连年战争，布哈拉人对俄国态度尚好，他们希望俄国能攻灭希瓦，自己也跟着获得一点战利品。

沙皇这次赞同彼罗夫斯基的远征计划，还有一个原因，就是想一劳永逸地解决中亚人抢掠奴隶的问题。

中亚人的奴隶贸易

中亚汗国和邻国发生争端的一个根源，是抢掠奴隶。中亚人认为，用"异教徒"做奴隶是合理的。波斯人信仰什叶派伊斯兰教，中亚人信奉逊尼派，所以波斯人也被他们归入异教徒之列。

上百年里，游牧的土库曼或哈萨克人经常远征，抢掠波斯和俄国人，把他们卖到绿洲汗国为奴。汗王宫廷保有的奴隶数量最多，其次是贵族富户。游牧部落往往也在绿洲边缘有农庄，用奴隶耕种。

耕田或做工的奴隶多被钉上镣铐（图 2-3）。如果逃跑，第一次被捉住要处以鞭打，还会切开脚后跟，塞进剁碎的马鬃毛，可能是防止伤口愈合。第二次被捉住，则处以"穿刺"之刑，

【图 2-3 版画:希瓦汗国的波斯奴隶】
镌刻者 Gauchard brunier,属于 19 世纪 60 年代法国一个版画美术家圈子,他们的作品多反应世界各地底层社会的悲惨境况,如煤矿、种植园的奴隶。这幅画经常被解说为"法国加勒比殖民地的奴隶",不正确,其自然环境和服饰都属于中亚。

把人贯穿在尖桩上处死。

从 18 世纪起,俄国沙皇经常派使团去希瓦等国,希望他们释放俄国奴隶,但少有成果。如果俄国人的礼物足够丰厚,希瓦汗王会释放几名或几十名俄国奴隶,不过这等于哄抬了奴隶的价格,反过来又刺激了抢掠奴隶行为。希瓦市场里一直有俄国奴隶出售。受高额利润的刺激,有些俄国人甚至也加入了奴隶贸易:边境地区有个俄国"包工头",声称要招募工人、开发荒原,但转手就把这些人卖到了中亚(图 2-4-1 至图 2-4-3)。

到 19 世纪 30 年代,尼古拉一世决心解决中亚的俄国奴隶

【图 2-4-1 维列夏金油画：汗王宫门的阉奴】
有些奴隶自幼被阉割，在汗王的后宫服务。中亚男人都蓄大胡子，没胡须的阉人很容易辨认。

【图 2-4-2 维列夏金油画：购买童奴】
画中，买主在查看少年奴隶，右边的卖家正用手指做出一个猥亵的手势。

【图 2-4-3 油画：妃嫔与阉奴】
这是法国新古典主义画家安格尔（Jean Auguste Dominique Ingres）的作品，完成于 1842 年。伊斯兰社会里，女性要藏在深闺，不能抛头露面，文学里则多有香艳的闺房题材诗歌，这种反差刺激了欧洲画家的想象力。

问题。当时估计，仅希瓦境内就有两千多名俄国奴隶。1836 年，沙皇命令前线的奥伦堡省扣押希瓦商人，直到希瓦汗王阿拉库尔同意释放俄国奴隶。但交涉数年后，希瓦只归还了一百多人，其中还有一些是关押了几十年的老人。

尼古拉一世最终决心进攻希瓦。这次彼罗夫斯基专程赶回圣彼得堡，向沙皇面奏征讨希瓦的计划。尼古拉一世谈起了大臣们的反对意见，彼罗夫斯基坚定表态："陛下，我愿意承担远征的风险，及其一切责任。"

尼古拉一世回答："既然如此，愿上帝保佑你！"

数百年里，奥伦堡（图 2-5-1、图 2-5-2）都是俄国经略西伯利亚和中亚的重镇，其历史地位，可能接近兰州之于中国西部边疆的地位。奥伦堡经历了从市升级为省，又升级为军区的历程。之后，中亚的土耳其斯坦市也在短短几年里走完了这个过程。

从 16 世纪俄国人翻越乌拉尔山进入西伯利亚，到 1839 年彼罗夫斯基远征希瓦，俄国人的制胜法宝都是火药武器：火绳枪和燧发枪。它们也是所有欧洲殖民者征服新大陆的工具。彼罗夫斯基远征，正是燧发枪的最后一幕告别演出。

我们暂时放下尼古拉君臣的密谋，来看一看把人类推入全球时代的主人公：火药枪。

从火绳枪到燧发枪

硫黄、木炭、硝石（主要成分为硝酸钾），这三种粉末按一

【图 2-5-1 奥伦堡市外的乌拉尔河】
和黄河穿兰州而过一样,奥伦堡市也邻近一条大河:乌拉尔河。沿着这条河,可以乘船直入里海。从照片可见,奥伦堡降水充沛,植被丰茂,属于典型的西伯利亚气候。但下游的里海就是干旱沙漠了。

【图 2-5-2 照片:奥伦堡的哥萨克,拍摄时间约为 1900 年】
由图可见这里的哥萨克已经擅长饲养和使用骆驼,骆驼拉的两轮车也是中亚风格。

定比例混合起来，就是可以爆炸的黑火药。一千年前，中国人首先发明了它，又经过阿拉伯人传到欧洲。

黑火药爆炸时响声沉闷，伴随着大量的火焰和浓烟。1500年以来，黑火药枪炮成了欧洲战场的主角，并随着大航海传遍全球。

16世纪50年代，戚继光和"倭寇"作战时缴获了一种新式武器：火枪。它是葡萄牙和荷兰殖民者传到日本的，中国人做烟花爆竹的黑火药，被用作火枪的发射药。

戚继光写下了这种新武器带给他的惊奇：它发射的子弹，比弓和弩射出的箭更快，眼睛都看不到；能防御弩箭的盾牌、盔甲，都被火枪子弹洞穿。而且，火枪射击时发出巨响，喷出大量浓烟，给对手带来极大的心理震撼。戚继光决心不惜一切成本仿造火枪，以及放大版的火枪——火炮。在他的新步兵战术里，火枪最先投入战斗，之后才是弩、弓箭和手持的短兵器。

之后，戚继光被调到北方，负责防御草原上的蒙古人。他总结抗倭战争中使用西式枪炮的经验，建立了一支全面"火器化"的军队，使用枪、炮的士兵占总数的一半以上。不知是幸运还是不幸，戚继光时代的明朝没有和蒙古人发生大规模的战争，在戚继光死后，中国军队对西式火药兵器的关注也越来越低了。

枪炮的原理，是利用火药在枪炮管内爆炸产生的气体推动弹丸高速出膛，击中远处的对手。这个原理到今天也没有变化，只是弹药装填和点火方式越来越快捷，枪的射速越来越快。

欧洲早期的火药枪，是从枪口装填弹药，用火绳点火发射。

装填弹药方式为：枪口朝上，把火药粉末（发射药）从枪口倒进去，用通条压实，再把弹丸捅进去。弹丸通常是一枚小铅球，直径十几毫米。为防止弹丸和火药从枪口掉出来，还要用一团破布做塞子，也用通条捅到底。这叫"前膛装填"（英语 muzzleloader，直译：枪口装填）。

用火绳点火：枪管后端装发射药的地方，钻了一个引火小孔。装填好发射药和弹丸后，把枪放平，在引火孔里倒入一点火药。引火孔旁是可活动的火绳夹子，夹着像蚊香一样可以被点燃的火绳（图 2-6-1）。

火绳夹子连着扳机，枪手端枪瞄准，扣动扳机，火绳夹像鸡啄米一样落下，火绳点燃引火药。于是，枪膛里的发射药爆炸，推动弹丸飞出，直奔目标（图 2-6-2、图 2-6-3）。

在没有火柴和打火机的时代，点火不是很轻松的事情。那时必备的打火工具是：一小块燧石（火石，老式打火机也用它点火）、一个小钢片，两者摩擦出火花，点燃专门引火的"火绒"。火绳枪手也一样，每次作战之前，必须费劲儿点燃火绳。

到 16 世纪中叶，法国人发明了燧石发火枪：夹子上的火绳换成了一块燧石，扣动扳机，燧石落下，打在引火孔旁的一块击铁上，摩擦出火花，引燃火药（图 2-7）。

燧石要有足够的速度和力量才能砸出火花，这要靠和扳机相连的弹簧机构。所以燧发枪比火绳枪的技术复杂一点。

燧发枪手再不用分心照顾火绳，操作更便捷。这种打火方式受风的影响稍小，但还是完全不防雨。不论火绳枪还是燧发枪，都怕火药被打湿。两种枪械的威力、射速没有什么

【图 2-6-1 往引火孔中加入火药】
引火孔旁边有个侧开的保护盖，加入火药后关闭，防止失误引燃，射击前打开。

【图 2-6-2 火绳点火的瞬间】

【图 2-6-3 火枪兵的现代动漫画像】
图中近处是日本幕府时代的火枪兵，远处是西班牙火枪兵。注意固定在夹子上的引火绳。两人手里拿的是通条。

【图 2-7 燧石发火枪构造的特写】
请注意，图中引火药仓的盖子已经打开。

区别。

16世纪，西班牙、葡萄牙人航海来到亚洲，带来了火绳枪。亚洲人也仿制火枪，但他们掌握不了复杂的弹簧-扳机联动机构，只好省略了这套系统，手拿火绳点火。单手端枪难以保持平衡，人们就给枪装上两脚架，用跪姿或卧姿点火射击。这种枪就是旧日西藏地区、中东照片里经常见到的"杈子枪"。

康熙时期，准噶尔给清朝进贡的礼物中，常有"准噶尔鸟枪"，应是来自俄国的燧发枪，清朝也称之为"自来火枪"。当时的亚洲国家很少能够仿制燧发枪。

18世纪是燧发枪最辉煌的时候，它参与了美国独立战争（1775—1784）、法国大革命和19世纪初的拿破仑战争，一直使用到19世纪中叶，甚至参与了中英第一次鸦片战争，这几乎也是它的告别演出了。

谁代替了燧发枪？我们后面再说，先来看彼罗夫斯基雄心勃勃的远征。

一万头骆驼

彼罗夫斯基回到奥伦堡之后，对战争准备工作严格保密。公开的消息是准备派遣一个（军队保护下的）科学考察团去咸海。如果希瓦汗王慑于兵威，释放所有奴隶，就要求希瓦承担此行所有军费——当然，彼罗夫斯基不想落得这个结果；最好的目标是占领希瓦、废黜汗王，从臣服俄国的哥萨克部落中选一个族长做汗王，使希瓦成为俄国的附庸。

沙皇为此次行动拨款170多万卢布，其中70万卢布直接给彼罗夫斯基本人。为了保密，这笔钱从陆军部总经费中拨付，绕开了财政部。沙皇给陆军大臣的谕令没有提及款项用途，只说是"用于朕意已决、彼（彼罗夫斯基）所知悉之事"。

在战争打响前，这次行动完全是尼古拉一世和彼罗夫斯基两人的秘密。

彼罗夫斯基制订远征希瓦计划时，最伤脑筋的是进军时机和路线。

从奥伦堡到希瓦，需要穿越上千公里的哈萨克大草原——其实是干旱的荒原，还有很多沙漠。为了解决饮水，彼罗夫斯基决定在冬天进军，可以融化雪做饮水。这也是吸取了1717年的教训，那次远征在夏季，多数骆驼和马都渴死了。

远征军五千人：三千名步兵，近二千名哥萨克骑兵。22门各型大炮，4门火箭炮，还有2门伴随骑兵的轻型炮。所有火炮都装备了2个基数❶弹药。为步兵的燧发枪准备了140多万枚子弹，平均每名士兵280枚，多数靠牲畜驮运。

行军沿途很难得到补给，所以要带上全程所需的食物。当时俄军野战干粮主要是面包干，搭配少量炒米（糁米）。此外有脱水蔬菜、调料、糖、茶等副食，以及俄国人少不了的酒精。每个士兵分配的酒精很少，每月只够喝一顿。饶是如此，驮运

---

❶ 基数：弹药的后勤单位，和弹药的大小有关。比如某型小炮一个基数为炮弹80发，某型大炮一个基数为40发。另外，俄国文献习惯采用俄国量制，如俄尺、俄丈、俄里、俄磅、普特、俄石等等，本文均改为公制。

酒精也要占用不少骆驼。

很多食物、用品由随军酒食商人运送,他们和军队签订承包合同,军队也有义务帮他们征集驮畜。这样可以减少军队中的非战斗人员。

为应付战区渡河,军队携带了折叠式简易渡船,还有大量铁、木匠的工具。此外还有宿营与生活、医疗设施。有些火炮太重,不便拖曳,就拆散用骆驼驮运。

为运输这些辎重,俄国从臣服的哈萨克部落里征集了一万余头骆驼。平均每名俄军需要两头骆驼,由两千名哈萨克随军驼夫照料,据说战争结束后驼夫能领到报酬。

古代惯例,沙漠、荒原上的远征,每头骆驼可以驮载一到两名士兵的食物装备。但到19世纪,俄军装备的大炮、弹药占的重量太多,所以需要的骆驼增长了一倍以上。

而且彼罗夫斯基军队的一万头骆驼,只是随军行进的数量,出征前,在后方运输补给、在草原建立前进基地,都需要大量牲畜,仅马就调用了23 000余匹,并损失了近9000匹,多数是累死的。

后勤压力增大,对运输工具的依赖增强,制约了近代军队在中亚荒原上的推进速度。古代的匈奴单于、突厥可汗、成吉思汗、瘸子帖木儿,可以在几年内横扫数千公里,建立起庞大帝国,因为他们不太考虑后勤问题,弓箭、刀矛等兵器的重量有限,轻装的骑兵部队可以迅速穿过荒原,进入人烟密集区后因粮于敌,靠抢劫和征服获得补给。这种扩张方式风险很大,但收益也更大、更快。近代化的欧洲军队无法复制这种成功。

俄国军官都是贵族出身,对生活质量往往要求苛刻,行军作战时也不例外。除了军火辎重,军官们还要带各种家居用品,如桌椅床帐、餐具、小说报刊,甚至还有私家仆役、厨子。司令官彼罗夫斯基一个人的用品,就占用了140头骆驼,还有12匹马。每个将军可用10头骆驼,校官、尉官依次递减……

为了对付冬季草原的严寒,彼罗夫斯基在士兵的被服上花了很多心思,如准备了絮着羊绒毛的麻布大衣和裤子,皮帽子和毛毡褥垫。但出征日程紧张,1839年秋,奥伦堡城内发生大火,军工厂和被服厂都被烧光。俄国远东很多城市几乎同时发生火灾。俄国人疑神疑鬼,觉得像英国间谍搞破坏,但没发现任何证据。紧张赶工之下,冬装的质量很差。很多防护品没有分发到位。

防寒被服大都是发给步兵的。哥萨克骑兵历来自备战马和被服,他们有自己的一套应付大草原严冬的技巧。

1839年11月中旬,隆冬严寒,远征军分成几批,从奥伦堡陆续出发。

一路南下进入草原深处,积雪逐渐变深,军队在过膝的大雪中跋涉,有些路段雪甚至没过了腰。暴风雪经常肆虐,不下雪或刮风的日子很少。行军途中,匆忙赶制的冬装破绽百出,主要是大衣和裤子上纫的线太少,纫线断裂后,羊毛都掉到了最底层,士兵身上只剩了两层麻布。虽说俄国人抗冻能力较强,也受不了这种折磨。

气温一直在列氏零下 10 度以下,最冷时低于列氏零下 30 多度,温度计已经无法显示。俄国人用列氏温标,零度和摄氏温度相同,但水的沸点为 80 度,所以列氏温度乘以 1.25 就是摄氏温度,显然列氏的冷热程度更剧烈。

遍地积雪提供了水源,但木柴难找,没柴烧就无法化雪做饭。士兵们只好打装备的主意,木板箱、木桶、草垫子都用来生火。这些东西烧完之后,就烧简易渡船、绳索……如果这样走到希瓦,士兵们会把步枪也烧了。

大雪中骆驼无法觅食,它们饥饿难忍,开始啃麻袋驮包。很多骆驼脚掌被碎冰刺破,难以行走。俄国士兵不会照顾驮队。哈萨克人会在骆驼鼻子上拴个活结,联成一长列驼队。骆驼如果走得稍慢,会被穿鼻绳扯疼,只能加紧跟上,但当它摔跤时,活结会自动脱开。俄国士兵不懂这些,把穿鼻绳都打成死结。这样骆驼一摔跤,就把鼻子扯裂了。

饥寒交迫的骆驼纷纷倒毙在雪野之中,它们的驮包也只能被遗弃。负责断后的哥萨克骑兵把这些驮包当作战利品,用面包干喂马,把军用水壶里灌满酒精。

下文是一组远征希瓦的素描,作者伊万·米哈伊尔(1801—1874),他以总参谋部军官的身份参加了这次远征(图 2-8-1 至图 2-8-9)。

部队在大雪里行进缓慢,一个月只走了 500 公里。12 月 19 日,前锋到达恩巴河要塞。这里是奥伦堡和希瓦之间的中点,向南过了河,就开始进入希瓦汗国的势力范围了。俄军夏天建设了这个要塞,用来储备粮食和草料,作为远征军的中途基地。

抵达恩巴要塞时,彼罗夫斯基接到报告:前方发生了战斗。那是在一百多公里之外,而俄军主力还在陆续抵达恩巴要塞的途中,他们早已疲惫不堪,无法立刻赶往前方,彼罗夫斯基只能让士兵们边休息边等待后续部队。

原来,俄国人进军的消息已经传到了希瓦,阿拉库尔汗王决定进行阻击,希瓦军事大臣受命带两三千骑兵北上,其中战斗力最强的骑兵来自土库曼部落。

在恩巴河以南150公里处,俄国人还有一个前沿堡垒,阿克布拉克(意为白色泉水,或者白泉子)。在远征军主力抵达恩巴河的前一天晚上(12月18日),希瓦骑兵包围了堡垒,里面有300名俄军,多半是病号,他们固守了一个晚上,打死十多名希瓦士兵。天亮后,希瓦人又做了几次进攻,仍没有战果。

黄昏时又刮起了暴风雪。十几公里外,一支来自恩巴河要塞的运输队正在靠近。正在围攻堡垒的希瓦军侦察到这一动向,直扑过去。运输队有140名步兵和70名哥萨克骑兵,还有一些哈萨克驼夫,赶着200头拉雪橇的骆驼。日落前无法赶到阿克布拉克,士兵们便准备宿营,人们忙着卸骆驼、挖木柴,都没带枪支。

趁着肆虐的暴风雪,希瓦前锋径直冲进了俄军营地。只有

【图 2-8-1 穿冬装的哥萨克骑兵和步兵】

【图 2-8-2 骑骆驼的步兵】

【图 2-8-4 车载炮弹箱】

【图 2-8-5 帐篷车】生病的军官才能乘坐这种交通工具

【图 2-8-7 军官宿营用的小型帐篷】
俄国军事装备多照搬法国,但法国哪里有这严寒的天气。

【图 2-8-8 哈萨克驼夫】

【图 2-8-3 骆驼驮着拆开的大炮】

【图 2-8-6 4头骆驼拖曳大炮】

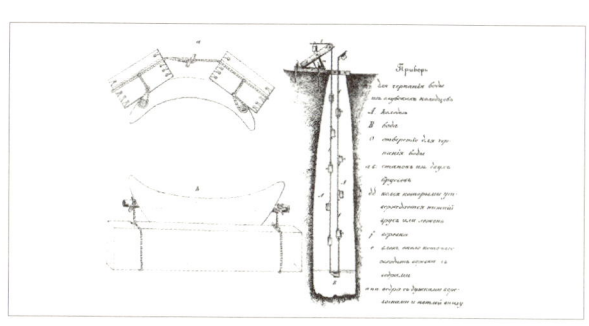

【图 2-8-9 后勤装备示意图】左边是驮载的鞍具,右边是在井中汲水的工具。大部队的人马拥到井边,如何更快地从井里汲水是个难题。

一名俄军发现了敌军,急忙敲鼓报警。希瓦战马被鼓声惊吓,纷纷跑开。俄国人慌忙跑向拉武器的雪橇,取出燧发枪射击。双方在忙乱中投入了战斗。

希瓦骑兵驱赶走了一些骆驼,先退到一个小丘陵后面,打开驮包大吃俄国军粮,还用军粮来喂马。他们在风雪中行军多日,也早已饥寒交迫,人困马乏。俄军用这个机会把驮包堆成一圈,用雪拍实,做成齐胸高的围墙。

暴风雪停了,夕阳在云层后面闪出最后一缕光芒。吃饱的希瓦人翻身上马,向俄军工事冲去。俄军则趴在雪墙后面静静瞄准,等敌骑只有几十米远时开枪齐射,几名希瓦人中枪落马,其余的受惊转向,然后开始下一轮冲击。

俄军工事内还有哈萨克驼夫,他们吓得躲在驮包后面。哥萨克们则抽着烟袋,一边唱歌一边打枪。几番进攻之后,工事前已倒下了30多具尸体,受伤的无人战马嘶鸣着乱跑,在雪地上留下斑斑血迹。

天色全黑之后,希瓦人放弃了强攻,但堆起了一个大雪堆,居高临下地向俄军的篝火射击,造成了一些伤亡。俄军摸黑爬到雪堆上,用刺刀赶走了火枪手,但俄军也不敢再烧水,只能吃雪解渴。

次日凌晨,希瓦人已不见踪影,他们乘夜撤退了。很多人的马被打死,只能在千里雪原上徒步而行,最终只有700人回到希瓦。俄军有5人战死,伤13人。一人是在开战之初被俘,希瓦人刺穿了他的两个膝盖,把他吊在篝火上烤了一夜,尸体都被烧焦。

俄军主力在恩巴要塞停留了 12 天，士兵们都累坏了，需要休整。前方再没有传来希瓦人的动向，敌人的消失和到来一样突然。

彼罗夫斯基还要继续前进。1839 年的最后一天，俄军整队出发，两百多个哈萨克驼夫集中在一起罢工，再不肯走了，当初许诺的报酬没见到，再走下去显然凶多吉少。

彼罗夫斯基命令工兵挖掘尸坑，并要求驼夫们回到岗位。人们猜出凶多吉少，纷纷走散，最后只剩 7 个人站在原地。彼罗夫斯基下令处决为首者。此人平静地走到尸坑边，向同伴们告别后，面对着一排 12 名端枪的士兵。枪声响过，他栽倒坑中。

下一个！——彼罗夫斯基高喊。又一个人走过去，排枪响过，坑里又多了一具尸体。上千名驼夫都跪下来求情，保证以后服从命令，剩下的五人才获得赦免。

负责后勤的齐奥尔科夫斯基少将立即被撤职。此人性情乖张暴戾，一路都在虐待驼夫和俄国士兵。人们怀疑他出于嫉妒蓄意搞垮这次远征，甚至可能在途中毒死过一位军官。远征结束后，齐奥尔科夫斯基回乡赋闲，被厨子开枪打死。这个厨子和他一起参加过远征，也受尽了虐待。

军队继续向南方、向阿克布拉克跋涉。先行者在深雪里勉强踩出一条通道，但经常被倒毙的骆驼堵塞。俄国人这才明白，骆驼原来是种"娇贵"的动物，不能无限承受重载和恶劣天气。

严寒加上补给困难，天花、坏血病、痢疾和伤寒在军队中蔓延。病重的军官可以乘车，患病士兵只能用毛毡裹着绑在骆驼上，骆驼倒下时人也摔个半死。

新兵蛋子和老兵油子

得病和死亡的步兵越来越多。俄国步兵大都来自贫穷的农奴，老实怯懦，没有大草原上的生活经验，不知道如何在荒野里架锅做饭、杀牛宰羊、寻找干粪和柴草，也不会保管被服和用具，冻饿而死的人越来越多。有人精神失常，不知痛痒，在疯疯癫癫中死去。还有类似高山病的症状，患者突发心口痛，呼吸困难，很快就痉挛而死。

哥萨克骑兵却不一样，他们都是生活在草原上的富农，自备战马，世代从军。中国人曾经很熟悉的小说《静静的顿河》，描写的就是哥萨克的村庄和军旅生活。和步兵相比，对于草原和战争，他们都见多识广，有足够的生存智慧。

这次冰雪远征里，哥萨克充分表现了他们的优势。口粮不足，哥萨克们就去步兵运输队里偷。夜晚宿营时，草编的驮包都堆在雪地里，哥萨克们提前看好了要下手的驮包，趁着哨兵到背风处躲风雪，把系着绳子的铁钩子戳到驮包里，然后悄悄拖进自己的帐篷。哨兵即使发现也不敢制止。罐头、白糖、茶叶甚至内衣裤都是哥萨克们的猎物。

不仅要偷吃的，还要偷燃料，骆驼脖子上系的木头号牌都被偷走烧掉了。士兵偷，军官们也偷，而且逐渐变得明目张胆。

在地狱一样的冰雪荒原上，只要能保住命，没人在乎账面上的国家资产。

远征军逐渐走近了阿克布拉克堡垒。雪地上时而露出一条人腿或半截身子，那是一个月前丧命的希瓦骑兵。出征时的 10 000 头骆驼，此时只剩了 5000 头，且都衰弱得摇摇晃晃。彼罗夫斯基的旧伤发作了，胸腔疼痛难忍。

1840 年 2 月 1 日，彼罗夫斯基向全军宣布：进攻希瓦的计划作废，全军准备后撤，原路返回奥伦堡。阿克布拉克堡垒也被放弃，带不走的辎重就地销毁。

4 天之后，全军开始后撤。为攻城准备的所有照明弹、信号弹和火药，都堆在堡垒里销毁。巨大的爆炸震撼雪原，晨曦之中，堡垒变成了璀璨燃烧的大焰火。哈萨克驼夫们都惊异万分。

回程中，疾病仍然折磨着士兵们，减员越来越多。骆驼死了一路。恩巴河要塞也被放弃。

2 月 21 日是俄国人的送冬节（谢肉节），司令部里大摆筵席。彼罗夫斯基在日记里写道："我们用小烤饼来庆祝送冬节……是和鸡蛋、葱、黄油和新鲜鱼子酱一起吃的。"按原计划，这个送冬节宴会本来该在希瓦举行。

4 月，彼罗夫斯基返回奥伦堡，经过 5 个月远征，45 岁的他头发全白了。

在上报材料中，远征期间共死亡士兵 498 人。真实数字远远不止这点儿。彼罗夫斯基为了面子，把死亡名单分摊到了之后的几个月，显得这些人是死在了后方医院里。实际上，俄军共死了 3000 多人，只有不到 2000 人回到了奥伦堡。马死了 200 匹，骆驼则全部死光了。

170 万卢布军费全部花光，还欠下了大量民夫和牲畜开支。把这些计算进去，远征全部开支达 600 万卢布。彼罗夫斯基不甘心，向沙皇报告下次远征计划，而且还是在冬季，需要 19 000 名军人、17 000 头骆驼、9000 头牛，预算 1600 万卢布……

尼古拉一世回复说，经过这番风雪的折磨之后，将军不妨去意大利晒晒太阳（彼罗夫斯基二十多岁时曾病重，在意大利疗养恢复），还提供了 20 000 卢布旅行津贴。彼罗夫斯基只得交卸了奥伦堡的职务。

俄军铩羽而归，希瓦人也受惊不浅。当时为了奴隶问题，波斯也在准备进攻希瓦。阿拉库尔汗王急忙表示愿与俄国和谈。

希瓦地牢里有个俄国少尉阿伊托夫，是之前哈萨克人俘获后卖来的，汗王把此人放出来，请他回国转达和谈之意。汗王还释放了自己拥有的 400 多名俄国奴隶，让他们随阿伊托夫一起回俄国，每人给了一个金币做路费，一袋面粉做口粮。

这些俄国人返回奥伦堡之后，俄国也释放了被扣押的希瓦商人，并向希瓦派出两批使团。开始会面气氛还不错，双方互赠了礼物。第二个使团还带去了一辆欧式四轮马车，汗王非常喜欢，整天坐着到处兜风。

但双方一直达不成协议，最大的争议在哈萨克草原的归属。西部的哈萨克部落有些臣属俄国，有些臣属希瓦，而且这些部落游牧的范围很大，有时在俄国势力范围内，有时在希瓦势力范围内，所以没法按农业地区的方式划定国界。

俄国提出的条件是，锡尔河以北都属于俄国，希瓦则认为恩巴河是双方的边界。双方争执不下。

在第二个使团访问期间，五十多岁的阿拉库尔汗王病死了。希瓦的贵族大臣们群龙无首，有人觊觎俄国使团手里的礼品，有人则想杀掉使者。经过俄国使者的威吓利诱，1842年底，希瓦人终于同意了一个和约，主要内容有：

希瓦停止在草原和里海地区进行抢掠，停止贩卖俄国人为奴；每年向俄国商队抽5%的商税；希瓦保证不对俄国和第三国（布哈拉）之间的商队进行抢劫和收税。俄国对希瓦商队也做了类似承诺。

但不久之后，俄国发现，希瓦人并没有什么改变，抢劫仍经常发生。派使者去质问，也没什么效果，他们已经不记得签署过什么和约了——中亚人还没有签订书面协议的外交观念，这里的游戏规则从来都是征服者全赢，还没有对等的"国际关系"。

猥琐"大博弈"

就在俄军远征希瓦时，英军也开进了阿富汗，并分头派使者（军官）去中亚三国，希望把这些国家拉向自己，以抗衡俄国。

中亚是内陆世界，不知道海上霸主的厉害，就像沙漠居民不怕鲨鱼。三个汗国都没把英国放在眼里。去浩罕的英国使者康诺利受尽虐待,化装逃到布哈拉,和在那里的英使斯托达特汇合。但两人在布哈拉的安全也得不到保障,处境极为窘迫。

当时有个俄国使团也在布哈拉,俄国人想帮这两个英国人一把,带他们回俄国。但二人碍于面子没答应。1842年,布哈拉汗王声称两人证件不全,用当地割喉示众的方式(图2-9-1、图2-9-2)把他们处死了。

去希瓦的英国使者叫艾博特。俄国筹备远征的风声传来,艾博特很担心俄国一举占领希瓦,他知道俄国人的口实是奴隶问题,就向汗王提出:英国政府将出钱购买希瓦的所有俄国奴隶。能避免俄国入侵,还能赚一大笔钱,阿拉库尔汗王当然高兴。但艾博特很快露馅了,他根本没这么多钱,汗王大怒,一脚把他踢翻在地,关进了地牢(图2-10)。

幸运的是,艾博特在地牢里认识了俄国少尉阿伊托夫。之后阿伊托夫被释放,他请汗王把这位英国狱友也放了。艾博特转经俄国回英国,一路吹嘘俄国奴隶被释放都是自己的功劳。在俄国征服中亚之前,英国一直在中亚扮演着这种徒劳无益的搅屎棍角色,包括试图支持浩罕人阿古柏割据新疆。

到俄国和希瓦签署和约时,英国人也被阿富汗人赶回了印度。俄国远征希瓦花去了几百万卢布,英国人却在阿富汗扔进了3亿卢布。俄国人总算可以自我安慰一下了。

经过这一次次失败的远征,俄国人和英国人逐渐发现,之前那些"大博弈"的宏图大略,都是对着地球仪的凭空想象。

【图 2-9-1 尼古拉·卡拉津版画：布哈拉汗国的割喉死刑】

【图 2-9-2 照片：布哈拉汗国的割喉死刑，拍摄者不详】

【图 2-10 维列夏金素描：布哈拉汗国的地牢】
这种地牢顶部开口很小，下面逐渐放大，像啤酒瓶的形状。

真正在中亚的荒漠、阿富汗的乱山里走上一趟，就没有这么乐观了：那里的地理环境根本维持不了大兵团的生活，所以不是两大帝国决斗的好战场。

这些都要经过一轮轮"试错"才能发现。

西天山来客

第三章

- 从西西伯利亚到中亚
- 雷汞与锤发枪
- 米涅弹和线膛枪
- 第一场会战
- 大炮对决堡垒
- 19世纪中叶的"战争之神"
- 千年怛罗斯

大唐贞观二年，公元 628 年。一位僧人翻越重重山岭，来到一个高山围绕的湖泊：伊塞克湖（今吉尔吉斯斯坦境内）。他就是去印度求法的僧人玄奘，《西游记》里唐僧的原型。

融化的雪水从四面高山上流下，注入伊塞克湖。湖水蓝得发黑，清澈见底，玄奘称之为"大清池"。水面下时而能看到房舍、道路和坟墓，据说属于神灵世界，没人敢在湖里捕捞鱼虾。

其实，这是因为湖水没有泻出的渠道，千万年来伊塞克湖一直在扩大，淹没了邻水的村镇。神奇的是，这个湖虽处于高海拔寒冷之地，却终年不冻，玄奘又称之为"热海"。

离开伊塞克湖，玄奘翻过重重山口，来到天山北麓平原上的碎叶城（唐人也称为素叶），今日吉尔吉斯斯坦的托克马克市附近。

玄奘时候的中亚、北疆大草原，是西突厥帝国势力范围。碎叶是个定居小城，居民臣服于突厥可汗，城墙边长一里半，住满了来自各地的商人。"丝绸之路"正处在最繁华的岁月。玄奘经过之后 40 年，大唐击败了突厥，在碎叶建起一座军镇。

1200 多年后，俄国人向中亚扩张的路线，和玄奘之路在碎叶相遇了。之后，俄国人循着玄奘的足迹，沿着天山北麓西行，经过怛罗斯，经过塔什干，直扑中亚腹地绿洲。

从西西伯利亚到中亚

19 世纪 40 和 50 年代，俄国人再没进攻中亚绿洲，但强化了对哈萨克草原的控制。

从奥伦堡到恩巴河，再继续向南，俄国人建设了一系列堡垒。这种草原堡垒都不大，一般相距数十或上百公里，驻军百人左右，配 1 门轻型山炮。

1847 年，俄军堡垒线推进到了咸海，在锡尔河口修建了基地，运来了帆船。

1851 年，奥伦堡从省升格为军区，彼罗夫斯基又到这里任总督，修了最后几段"长城"，并用自己的名字命名了咸海第一艘汽艇（图 3-1）。这里没有煤矿，汽艇燃料是灌木干柴。这是近代工业技术第一次深入中亚腹地，汽艇白天喷出滚滚黑烟，晚上火星四溅，轰鸣声打破了咸海和锡尔河上的亘古沉寂。

借助船只，俄军溯锡尔河而上，希瓦势力被压制在锡尔河以南。再向上游，就进入浩罕汗国的势力范围了。

1853 年，彼罗夫斯基占领了锡尔河畔的一座浩罕要塞，阿克麦切季，将其改名为彼洛夫斯克要塞——还是借这位总督的大名定名。

彼罗夫斯基 63 岁死在任上（1857 年）。他亲历了搅动全欧洲的拿破仑战争，却没能看到俄国步骑兵开进中亚绿洲。私生子的身份可能长期困扰过彼罗夫斯基。他一辈子没结婚，也有一个私生子瓦西里·亚历克斯，比他死得还早。

几年内奥伦堡军区换过几任总督，却没有有力的扩张。

同时，东线的西西伯利亚军区也在向中亚推进。

和奥伦堡军区相比，西西伯利亚和俄国腹地距离遥远，人员物资运输很费周折。但这里仍有优势，就是东线的山麓地区

【图 3-1 版画：咸海中的俄国炮艇和帆船】
图中左边是汽艇"彼罗夫斯基号"，1853 年，它在奥伦堡被拆解，由骆驼背着，经过千里大草原运到咸海。

气候湿润，植被丰茂，自然条件比西线好得多。

巨大的天山山脉横贯中国的新疆，向西又延伸近千公里，直到锡尔河沿岸的土耳其斯坦城（又译：突厥斯坦、土尔克斯坦），是中亚绿洲东北方向的天然屏障。在奥利耶-阿塔（塔拉兹）有通向绿洲地区的山口，是中亚重要商道。

这座巨大山脉，中亚各地人有各种具体名称。比如维尔内（阿拉木图）以南、伊塞克湖以北，是昆格山；伊塞克湖南岸是伊塞克山；向西是吉尔吉斯山、塔拉斯山；俄国人习惯统称为"阿拉套山"❶。为方便起见，本文将其在中国边境以西的部分统称为"西天山"。

西天山北麓有大片草原和森林，主要是大帐哈萨克、吉尔

---

❶ 俄国人的"阿拉套山"，和中文的阿拉套山不是一个地方。中文的阿拉套山只是伊犁以北、温泉县和哈萨克斯坦交界处的一片较小山地。

吉斯各部落的游牧地，山前平原上有零星的农业区和小城镇。自乾隆年间始，这些部落多向清朝称臣纳贡，清军以伊犁为基地，定期在这些地区进行军事巡逻，但没有设立常驻军事据点，这给外来势力入侵留下了空间：19世纪前期，浩罕汗国开始向这里扩张，逐渐排挤清朝的军事存在，对游牧部落和小城农区施加控制，并在西天山北麓建立了一系列军事据点。

19世纪40年代，俄国西西伯利亚军区的部队逐渐进入西天山北麓、巴尔喀什湖地区，要求哈萨克、吉尔吉斯牧人臣服，由此，俄国开始和浩罕汗国发生冲突。

1854年，俄军修建了维尔内要塞。这里南靠群山，气候宜人，盛产苹果，农、牧业都颇有发展空间。俄国人在这里建设移民点，最早迁移来的多是哥萨克家庭，后来，这里发展成一座繁荣的都市，即今哈萨克斯坦共和国的阿拉木图市。

此后，俄国西西伯利亚军区的目标，就是沿着西天山的北麓向西推进，和溯锡尔河而上的西线俄军会师，完成对哈萨克大草原的合围，使绿洲汗国无法再控制哈萨克部落，并为进攻绿洲创造条件。

在东、西两路俄军之间，都是浩罕汗国的势力范围。所以浩罕成了俄国的首要目标，希瓦暂时逃过一劫。

雷汞与锤发枪

就在1839年的希瓦远征以失败收场时，化学正给黑火药枪械带来第一次变革。

雷酸汞 $[Hg(ONC)_2]$，简称雷汞，一种会爆炸的灰色粉末，纯度高时形成晶体，和黑火药相比，它极为敏感，一点摩擦或碰撞都会引发剧烈爆炸。美剧《绝命毒师》里，化学老师怀特就用这种晶体教训了毒贩，索回了毒资。

在战争领域，雷汞的使命就是代替引火绳和燧石，点燃枪膛中的黑火药：雷汞用黄铜皮包裹起来，做成小小纽扣的形状，就是"发火帽"（图3-2）。把它插在步枪点火孔内，扣动扳机，击锤砸中引火帽，引燃枪膛内的黑火药。这种使用引火帽的新式步枪，叫"锤发枪"[1]（图3-3至3-5）。

希瓦败归后不久，俄军定型了自己的M1845式锤发枪，取代了上百岁的燧发步枪。

从外表上看，锤发枪和燧发枪相比没太大变化，依旧是从枪口装填黑火药、弹丸。只是燧石变成了击锤，引火药的位置装上了火帽。

但这时还有一个革新，就是用纸把弹丸和黑火药包装在一起（就像是自己动手做一支卷烟），整体装填到枪膛内（图3-6）。引火帽爆炸力强劲，隔着纸壳仍可引燃火药。这是比燧发枪、火绳枪进步之处。黑火药被油纸或蜡纸包裹，具有一定的防水性，火帽也是防水的，所以锤发枪在风雨天气的适用性稍好，

---

[1] 锤发枪英语是 percussion rifle。rifle 特指线膛枪（即音译的"来复枪"），而早期锤发枪还是滑膛的，这是现代英语词汇的不准确之处。另外，percussion 是英语"敲击"之意，之前中文多翻译成"击发枪"，"击"在中文里有多重意义，既可以是锤子敲击，也可以是撞针撞击，而后来的撞针步枪和这种 percussion 无关，这是翻译时产生的概念模糊。故本文将 percussion rifle 翻译成"锤发枪"，既突出和撞针枪的不同，也避免了英语里误增的"来复"概念。

【图 3-2 雷汞火帽】

【图 3-3 锤发枪点火部分的特写照片】
枪管上的凸起是装火帽的引火孔。

【图 3-4 英国 BrunswickP1837 式锤发步枪】
在中英第一次鸦片战争（1840—1842）里，该步枪和古老的燧发枪一并活跃在战场。

【图 3-5 俄国 M1845 式锤发枪，和它用的铅弹丸】
该锤发枪射程 150 码—200 码（约 130 米—180 米），但几十米外就没准头了，因为早期锤发枪都是滑膛的。

虽然还不能完全防水。

以往步枪装填，要倒入黑火药，用通条夯实，再装填弹丸，发射一次需要一分钟以上。整体装弹的锤发枪，每分钟可以发射2到3发。

前装枪时代，步枪射速很慢。为获得持续的战场火力，步兵要列成2到3排，由军官口令统一指挥，第一排端枪瞄准，后排则抓紧装填火药弹丸。齐射之后，前后排交换位置，继续装弹、射击。举枪、瞄准、枪放下、装弹的一系列动作，都是按操典训练出来的，高度标准化。这个过程像蒸汽机的冲程一样循环往复。可以想象，射速提高两三倍对步兵们的重要意义。

滑膛步枪射程有限，交战双方往往是在几十米距离内列队对射，彼此的衣着甚至脸上的胡子都看得很清楚。被打伤的士兵在地上抽搐哀号，战友们则无暇顾及。这是前膛枪时代的欧洲人从无数战役中总结出来的标准战术，全靠纪律和训练打造"不怕死"的步兵队列。前排士兵的伤亡和战斗保证了后排的装填。必须保持队列的整齐、有序，才能给后排士兵留出装弹的时间。队列一旦因惊恐而混乱，就无法再完成装填和射击，只能被敌军屠杀。

这种战争靠的不仅是武器，更是训练和纪律。殖民时代到来时，亚洲的王国、土著部族大都有火绳枪或燧发枪，也常通过贸易、外交渠道获得新式枪炮，但使用火枪的步兵大都社会地位低下，缺乏训练和勇气，在战场上依旧不是欧洲军队的对手。

欧洲人能够征服各大洲，开创殖民时代，除了技术优势，军队的训练和纪律同样重要。当然,这也不是凭空产生的,而是欧洲列国间惨烈战争优胜劣汰的产物。

米涅弹和线膛枪

步枪采用锤发点火后不久,又发生了另一项革新,就是采用膛线枪管。

从火绳枪以来,步枪基本都是滑膛,即枪管内壁是光滑的。子弹和滑膛枪膛之间难免有空隙,开枪时火药气体泄露,能量受损失。所以很早就有人研究,如果在枪膛里面刻出几道旋转的膛线,弹丸在枪膛里旋转着前进,贴合得就更紧密(这似乎是从螺钉和螺母得来的灵感),而且旋转的子弹飞行也更稳定。

锤发步枪时代,这个想法逐渐实现。19 世纪中期,法国人米涅首先造出了适合线膛枪的子弹,被广泛采用,这种子弹被称为"米涅弹丸"(Minie Balls)(图 3-7、图 3-8)。

和滑膛枪的球形弹丸不同,米涅弹是圆锥形。多数米涅弹底部为空心,开枪时火药气使弹底边缘膨胀,和枪膛贴得更紧密。所以线膛枪射程更远,打得更准。滑膛枪的有效射程一般在 100 米以内,使用米涅弹的线膛枪,则能打到两三百米甚至更远(图 3-9)。步枪的英语"rifle"便是线膛枪之意,音译则是来复枪。

在克里米亚战争(1853—1856)中,俄国对战奥斯曼土耳

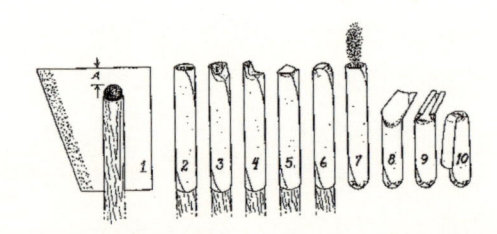

【图3-6 纸卷枪弹制作步骤图】
制作纸卷枪弹的办法和卷烟有点像：用一根木棍顶住弹丸，卷成纸卷，抽出木棍，再往纸筒里倒入火药，最后用线扎好纸筒，一枚整体装填的枪弹就做好了。每个士兵都可以制备自己的弹药，但不能边干边吸烟。

【图3-7 铁芯裹铅的米涅弹照片，弹丸直径18毫米（约0.71英寸）】

【图3-8 米涅弹丸和包好的整装弹】
铅质地软而涩，所以铅弹外面往往裹一层腊纸，增加入膛时的润滑度。

其、英、法三国军队，当时英、法已装备了线膛枪，而俄国军队还是滑膛枪，所以俄军损失颇大。克里米亚战争之后，俄军迅速总结教训，装备了M1856式线膛锤发枪。其实，在锤发枪家族里，线膛和滑膛的结构区别并不大，只要更换枪管和枪弹，一支滑膛枪就变成线膛枪了。

第二次鸦片战争（1856—1860）中，英法联军的主要装备是线膛、锤发、前装枪和米涅弹，这种枪外表和滑膛锤发枪几乎没区别。

19世纪60年代俄国在中亚扩张，正是M1857线膛锤发枪和米涅弹大显身手之时。当然，19世纪60年代的俄军是逐渐换发线膛枪的，在战场上，线膛枪和滑膛枪经常并用。

线膛锤发枪问世十余年后，又迅速过时了，被后膛装弹的撞针步枪（用全金属弹壳的子弹）取代。这是后话。

第一场会战

1859年，俄国高层决定以维尔内为基地，沿着西天山北麓向西推进，攻占那里的两座浩罕要塞：托克马克，皮什彼克（今比什凯克）。

此次行动计划投入俄军2200人，规模并不大，但那里与俄国腹地距离遥远，补给线漫长，后勤压力很大。战争物资先集中到西伯利亚的鄂木斯克市，再经过1000多公里的草原之路运到维尔内。刚出厂的M1857线膛锤发枪也运到了战区。

【图 3-9　美国内战中米涅弹造成的创伤，美国画家 Edward Stauch 作品】

为了策应西伯利亚方面军的这次行动，锡尔河上的奥伦堡方面军也要向东攻击，分散浩罕人的兵力。

浩罕汗国预感到俄军的动向，急忙加强山北要塞的防御，在临近的哈萨克和吉尔吉斯部落中征集兵员、牲畜，并对维尔内俄军进行了一些攻击骚扰。

俄国人已经把多数哈萨克人纳入统治之下，所以俄军得到了一些哈萨克部落骑兵的协助。但山地的吉尔吉斯人，和山北地带的哈萨克人仍倾向于浩罕国。

1860年秋，俄军向西进发，一举攻克托克马克和皮什彼克堡垒，托克马克——玄奘途经的碎叶城，这个堡垒较小，有守军70余人，在几门俄国大炮的轰击下，很快就投降了。缴获的武器有：2门小口径炮、58支火枪、35把马刀、7支长矛、约350千克火药、火枪用的铅弹和小口径炮用的霰弹。

皮什彼克堡垒有驻军627人，武器有铜火炮4门、小口径炮11门、要塞枪（需4人操作的大型火枪，发射霰弹）49支、燧发枪和火绳枪367支、手枪6支、马刀和军刀366把、长矛206根、火药约1800千克，以及枪炮的弹丸。两个堡垒的守军投降后被释放。俄军只破坏了堡垒，没有占领。

从缴获的武器可以看到，当时浩罕军的装备以火药枪炮为主（图3-10-1、图3-10-2），冷兵器为辅，但还没有锤发枪，这是俄军19世纪40年代以前的水平。

浩罕人不甘心失败。他们一边修复被毁要塞，一边向山北地区集结兵力，准备一举攻克维尔内，将俄军逐出巴尔喀什湖地区。

10月初，浩罕主力军一万多人，在将领卡纳阿特·沙率领下，带着10门大炮开出了奥利耶－阿塔（塔拉兹）山口，一路召集哈萨克和吉尔吉斯部落骑兵，向维尔内开去。

俄军在维尔内地区有2400人：9个步兵连，6个哥萨克骑兵连，共有7门大炮和4门火箭炮。由于牧民们有意隐瞒消息，俄国人并不了解浩罕军的具体动向，只模糊感觉到即将有大战来临。

在维尔内西侧有一些俄国移民点，军队部署都围绕保护移民点展开，最重要的是防守卡斯捷克山口，这是维尔内通向托克马克的一条近路。

俄国人把主要兵力放在卡斯捷克山口，驻有4个步兵连、4个骑兵连，携带7门大炮，主要弹药和粮秣基地也设在这里。另外设置了萨乌鲁克－库尔干、乌宗－阿加奇、维尔内3个阵地。

俄国人还通知臣属的哈萨克部落，让他们派骑兵来助战。但这些部落都冷眼旁观。浩罕人兵力强大，哈萨克人并不看好俄国。

浩罕人对俄军的部署了如指掌。他们没有通过卡斯捷克山口，而是从北方绕过山地余脉，直接插入俄军后方。但浩罕军一路奔驰过快，加上雨后道路泥泞，多数大炮的车轴都断裂，没法投入战场。这对后来的战局造成了重要影响。

18、19日，浩罕的侦察骑兵同时出现在卡斯捷克、萨乌鲁克－库尔干和乌宗－阿加奇阵地外围，双方发生了试探性战斗。

俄军指挥官科尔帕科夫斯基中校只带了一小队卫兵赶往卡

【图 3-10-1　版画：中亚的"抬枪",有时被欧洲人称为"小口径炮"】
这种武器比普通火绳枪大,很适合用密集霰弹杀伤近距离之敌,又比火炮轻便,便于运输和操作。

【图 3-10-2　版画：中亚军队在训练使用"抬枪"】
画中前方一组正在装填火药、弹丸,后面一组正在训练肩扛射击。"抬枪"的来历有点不好考证,很难说它和西方传来的火器有什么渊源,只知道它是中国清朝的军队曾大量制作的兵器。19世纪20年代,在道光皇帝和新疆官员的通信中,多次提到要给新疆清军配发抬枪。之后,这种装备逐渐扩散到中亚绿洲。

斯捷克阵地，路上差点被浩罕侦察队俘获。他感到敌人来自北方，但摸不清主力的位置，就派出了一些小规模侦察队，试图将浩罕主力吸引到卡斯捷克阵地。

20日拂晓，乌宗-阿加奇营地外出现了大量浩罕骑兵。为防止他们逼近，俄国大炮发射了霰弹。浩罕骑兵在射程外飞驰，尖叫着向俄国人示威，在马背上做出各种高难度动作。

科尔帕科夫斯基中校判断，浩罕主力已集结到乌宗-阿加奇周边。他立即带三个连和大炮前往增援，萨乌鲁克-库尔干的一个连也受命前往乌宗-阿加奇。20日晚，增援部队陆续赶到（参见战役地图）。

21日凌晨，科尔帕科夫斯基只留100人守卫营地，他带着3个步兵连、4个哥萨克骑兵连、6门大炮和2门火箭炮展开进攻。俄军投入兵力共700人。

此时，已有五千浩罕军队抵达战场，驻扎在乌宗-阿加奇北方5公里处。这里是一片黄土丘陵高地，高差十几米到数十米，几条小河从低处流过，地形比较破碎，地貌特征接近晋陕黄土地区。浩罕军驻在分散的丘陵高地之上，俄军要涉过小河才能接近敌军，还会受到居高临下的射击。

俄军骑兵在侧翼，掩护着步兵前进，马匹拖曳的炮兵跑在最前面。炮兵刚渡过一条小河，一支浩罕步兵冲过来。俄国炮兵迅速卸载、放列、装填、瞄准，一排密集的霰弹打倒了冲在最前面的浩罕士兵。

俄国步兵也冲了上来，有些刚刚换装了M1857式线膛枪。两军列队展开对射。一时间黑火药的硝烟喷薄弥漫，几乎看不到对手。俄国人乘机占领了一座小山丘,在上面架设了1门山炮和1门火箭炮。这里视野开阔,俄国线膛枪和山炮可以射击几百米远的敌军队列,射程远远超过浩罕军的滑膛枪。几年前俄国人在克里米亚遭受的苦头,现在轮到了浩罕人头上。

俄军数量远远少于浩罕军,所以没有明确的阵列和战术,只是沿着比较平坦的路线,向浩罕军最集中的方向攻击。在四面被围攻的情况下,俄军前进了约5公里,最后停留在一个相对平坦的小盆地内。炮兵仍在最前方,由1个步兵连和1个骑兵连守卫。侧翼是火箭炮协同的3个骑兵连,后方则是两个步兵连。

当俄军还在行军状态时,一万余名刚刚赶到的浩罕军又投入了战斗。大批浩罕骑兵跳下马,跑过一片洼地,直扑最后方的俄军步兵。

为堵住浩罕军,俄军步兵拉开了散兵线。但又有一批浩罕骑兵打马而来,直接冲过了散兵线,队列发生混乱,双方士兵展开刺刀白刃战。前锋的1门大炮和一个骑兵连赶来援助,击退了这次进攻。

随后赶来的是浩罕步兵——萨尔巴兹(波斯语:勇士)。俄军变为防守阵型:炮兵和骑兵在中央,步兵在两翼。科尔帕科夫斯基下令占领最近处的一座高地。炮兵推着山炮,边前进边朝高地上的萨尔巴兹开火,科尔帕科夫斯基亲自带步兵冲锋。俄军的两门火炮陷在了山脚下的烂泥中,只能被放弃,但俄军终于占领了高地。

平地上,俄国步兵列成两条散兵线,和一波波冲来的浩罕军混战，军官们也用左轮手枪射击。高地上的大炮安放好之后，对进攻的浩罕军造成大量伤亡。

正午时分，一支新赶来的萨尔巴兹投入了战斗，他们敲鼓吹号，响声盖过了大炮，还挥舞着彩色的旗帜。但在线膛枪和大炮的夹击下，很快溃不成军。这是浩罕人的最后一次攻击，之后就转入全面溃逃。

战斗从凌晨 4 点钟开始，直到下午 1 点，共进行了 9 个小时。俄国军队已经非常疲惫，没有追击，伤兵送回了卡斯捷克阵地，并从那里运来了部分弹药。

浩罕军没有再出现，这次战役宣告结束。投入战斗的浩罕军共有 16 000 人，俄军只有 700 人，人数比例超 20∶1。俄军只有 1 个人战死，伤 26 人，还有 6 人受震伤（可能是耳膜损伤，一般由己方枪炮所致），包括指挥官科尔帕科夫斯基中校。战场上留下的浩罕军尸体 350 多具，此外可能有 1000 多人受伤。

浩罕统帅遣散了哈萨克和吉尔吉斯骑兵，留一部分正规军驻在天山北麓，以及守卫奥利耶-阿塔（塔拉兹）山口，其余的返回费尔干纳盆地。

但他们的厄运没有结束：浩罕士兵出征时穿的是夏装，返回时已是 11 月，一场风雪就冻死了近 300 人。

乌宗-阿加奇战役历来不受人关注，除了捷连季耶夫的《征服中亚史》，几乎没有对它的记载和讨论。但应当注意，它是俄国和中亚军队之间第一次成建制、大规模的野战。之前的战斗总有一方依托堡垒。此战双方损失比例极为悬殊，说明中亚军队在野战方面完全处于劣势。

此次战斗浩罕军没有火炮，也是失利的原因之一。至于双方的武器，滑膛枪和线膛枪的差别，应当说是量的而非质的。浩罕军此战虽然颇有勇气，但兵员素质、指挥水平明显低于俄军。这也容易理解：俄军在西线一直与奥斯曼土耳其甚至英、法军队作战，对手的装备和素质都是世界一流，所以俄军受到过最严酷的战争锻炼。中亚军队恰恰缺乏这种磨练。

经过这次战斗，俄军对中亚军队的数量优势已完全不在意，作战时也不再考虑欧洲军队的各种战术原则，"只要跑上去冲锋就行了"。

浩罕方面，指挥官卡纳阿特·沙向汗王谎报战功，说打死了200多俄军，科尔帕科夫斯基也受了致命伤。浩罕人的牛皮还造成了一些后果：俄国军官"被击毙"的消息传播很广，特别是在追随浩罕的吉尔吉斯部落。到冬季，有些吉尔吉斯部落游牧到俄国人控制区，受到俄军抢掠报复，吉尔吉斯人看到已"被击毙"的俄国军官驾临，都受惊不浅。

大炮对决堡垒

乌宗-阿加奇战役中，浩罕人领教了新枪炮的威力，也开始想办法获得新武器。南方的阿富汗和英属印度关系密切，有很多新式枪炮，中亚的军队经常从阿富汗购买军火。有些阿富汗人也带着新式枪炮到中亚汗国当雇佣兵。

东线暂无战事，浩罕人又把注意力投向西线。而且浩罕人发现，与俄军进行野战没有优势，最好还是借助堡垒打防御战。1861年，他们在锡尔河中游荒漠里修筑了堡垒，以便控制哈萨克人，并阻断布哈拉通往俄国的商路。奥伦堡军区总督别扎克计划拔除这些堡垒，得到沙皇批准。

8月底，几百名俄军进攻亚纳-库尔干堡垒（突厥语"库尔干"为堡垒之意，这个词会在很多中亚地名里出现）。担任攻城主角的是几门大炮。直射的球形炮弹没能摧毁堡垒的土墙，但曲射的爆破弹在堡垒内引起大火，100名守军被迫投降。

俄军缴获的武器中，有新式的线膛枪40支，以及滑膛枪30支、小口径炮11门。另外，已经有100多名浩罕军人突围逃走，他们肯定带了较好的枪械。俄军依旧摧毁了堡垒而没有占领。

1862年1月，锡尔河上的俄军又摧毁了一座正在修建中的浩罕堡垒：金-库尔特。缴获的火炮中有一门大口径炮，使用的是昂贵的爆破榴弹，一颗就值50卢布，俄国人都觉得奢侈。俘虏中有三名叛逃的俄军，一个曾做过副炮长的哥萨克管理火炮，另外两个给浩罕人修理枪械。

1862年10月，维尔内俄军再度进攻皮什彼克。这个要塞两年前被俄军摧毁，但又被浩罕人修好了。俄军照例架起臼炮和山炮，与堡垒展开对轰。但垒墙坚固，俄国人便偷偷挖地道，准备在垒墙下埋炸药。

第三天，俄军的臼炮阵地发生大爆炸，7人被炸死，20多人受伤，288颗榴弹被引爆。这可能是被浩罕人的榴弹命中引起，因为在大爆炸之前，确有几颗浩罕榴弹在附近爆炸。

堡垒投降之后，从俘房里找到了6名俄军，其中一名指挥浩罕炮兵的沃罗比约夫，8年前被浩罕军俘获。缴获的武器中，有一门射程1500米的大型臼炮。俄军臼炮阵地的爆炸可能是它的战功；此外，还有各种炮弹7000发，包括大量爆破弹和榴弹。显然，浩罕人很快学会了制造"开花弹"。

这里，我们来介绍一下黑火药时代的前装火炮。

19世纪中叶的"战争之神"

拿破仑说，大炮是"战争之神"。在黑火药时代，确实没哪种兵器能取代大炮的地位（进入20世纪后，飞机夺去了大炮的桂冠）。

说大炮，先要介绍炮弹。

今天，人们对大炮的观念，是发射能爆炸的炮弹，炮弹落地，"轰"的一声，残肢四处乱飞。但这还不是19世纪中叶大炮的主流。当时的炮弹主要有三种：

第一种是单个的铁球，不装炸药，不能爆炸，西方文献一般称其"球形炮弹"。从火炮诞生以来直到19世纪中叶，它一直是攻城和海战的主要手段，近距离打击敌军也很有效。沉重的铁球重量很大，经常能打穿十几排密集步兵队列，造成一串尸骸和伤兵。1860年第二次鸦片战争，英法联军在天津大沽口登陆，遭到了清军炮台球形炮弹的密集射击，一名英国骑兵军官被炮弹直接命中，脑袋被打飞，血从脖子里喷射而出，身子却仍旧骑在马上前进……

曾有一部苏联电影，可能是反映俄国与瑞典战争的，其中有两军用球形炮弹对轰的场景：妇女儿童在战线后面捡敌军打来的炮弹，用铁夹子和铁圈夹起来（怕烫），送给己方的炮兵再打出去……

直射火炮的实心球形炮弹比较适合"砸击"敌垒墙，大量实心弹砸在一小段城墙上，造成夯土坍塌，给步兵创造攻城条件。俄军攻克中亚堡垒的夯土城墙，主要靠直射的球形炮弹。在进攻浩罕的皮什彼克堡垒时，俄军火炮推进到离垒墙100米处，能精确瞄准垒墙上的炮眼。一发俄国球形炮弹甚至直接打进了浩罕炮的炮膛，牢牢卡在里边。俄军后来费尽力气也没能把它弄出来。

第二种是霰弹（图 3-11-1、图 3-11-2），即发射大量的小铁球或铅丸，射程很近，一般只有 100 多米，但覆盖面大，用于打击靠近的密集敌军。霰弹用的铁球也有大小之别，越大打得越远，但一次能发射的数量越少。

第三种是榴弹，即内装火药、可以爆炸的炮弹。早期的炮弹还没有碰发引信❶。榴弹要靠引火线引爆：炮手估算敌军距离和炮弹飞行时间，把引火线剪到适当的长度，点燃后填入炮膛发射。

引火线起爆的方式很不精确，容易误爆或者瞎火，更难保证在命中目标的瞬间爆炸，所以主力大炮很少用榴弹。臼炮比

---

❶ 炮弹碰发引信和步枪的引火帽原理类似，但引爆药的灵敏度不好掌握，不能像雷汞那样敏感，也不能像黑火药那样迟钝。在诺贝尔等化学家的努力下，碰发炮弹引信在 19 世纪 60 年代之后才逐渐普及。

【图 3-11-1　一枚拿破仑战争时期的霰弹炮弹】
由图可见，这一时期铁球个头比较大，用布包扎后，形似一串葡萄，欧洲人叫"葡萄弹"。注意弹底的圆形木托，它的作用是为了使炮弹和炮膛紧密结合，使铁球更好地被推动和发射。

【图 3-11-2　一枚美国南北战争时期的霰弹炮弹】
由图可见，这时的霰弹炮弹中铁球的个头小一些，用薄铁皮或锡皮包装，底部也有一圆形木弹托。霰弹出膛后，铁球挣脱束缚，形成较宽的散布范围，"呜呜"声如同一群马蜂飞过。炮兵有一些使用霰弹的窍门，比如对付逼近的密集步兵时，会把炮口压低一点，朝敌军脚下射击，铁球碰到硬质地面会弹起来，造成更大的杀伤效果。

较特殊,最适合用爆炸的形式杀伤敌人,但臼炮从来不是炮兵的主流(稍后会介绍这种炮)。

说完炮弹,再来说火炮。

一般历史文献说的野战用"大炮",都是指装在炮架上的身管火炮,有两个轮子。造型古怪的臼炮、火箭炮不在其中。

到19世纪60年代初,俄国大炮还都是滑膛炮,从炮口装填炮弹,射程很近。大炮又可以分两种基本类型:直射炮和曲射炮。

直射炮炮管较厚、较长,装的发射药多,弹丸出膛速度高,弹道平直。但身管太重也有缺点,就是不灵活,很难抬得很高,所以这种炮主要用于小角度打平射,比如用球形炮弹打击敌军城墙,或者用霰弹打击敌步兵。英语大炮 canon 就专指这种直射炮,音译又叫加农炮,口径小一些的加农炮,又叫野炮(图3-12)。

曲射炮则相反,炮管短而灵活,射角很大,弹丸出膛速度不高。中学物理已经说明:抛射角为45度时,射程最远。所以曲射炮也能打较远的目标。但炮弹飞高又落下,速度损失太大,

【图3-12 正在开火的直射炮(加农炮)】
这是黑火药时代的滑膛前装炮,炮管后端喷火的是点火孔。

不适合打实心球形炮弹和霰弹，只适合打能爆炸的榴弹。所以，大型的曲射炮又叫榴弹炮（小型的一般叫山炮）。当然，曲射炮也可以打平射，只是射程会更近。比起相同口径的直射炮，曲射炮的好处是重量轻，便于携带。

和20世纪的技术相比，黑火药时代的火炮射程很近。小型臼炮、山炮射程只有五六百米，大型的加农炮、榴弹炮能达到1000多米。所以那时的炮兵也是和敌人近距离作战，甚至是面对面作战。

如果线膛步枪的射角稍微抬高，弹道有一定弧度，也能打到一公里以上，弹丸还有一定杀伤力。这么远的距离没法精确瞄准，但可以打击成群的敌军。当时步兵军官经常用这种远距离曲射代替炮击（19世纪80年代，马克沁机枪刚刚发明时，也展示过这种曲射的用途）。

上面是比较正式的火炮。下面再介绍臼炮（图3-13）和火箭炮（图3-14）。

臼炮身管短粗，造型丑陋像个蛤蟆，一般不装在两轮炮架上。它只能打高抛物线曲射，弹道比榴弹炮还弯曲，用实心炮弹和霰弹都没什么意义，只适合打榴弹。但从天上几乎垂直落下来的榴弹没什么速度，也难以损伤坚固的工事。所以在攻城战中，臼炮主要用来轰击城内，而非破坏城墙。

19世纪，欧洲陆军也装备少量火箭炮，但目前资料较少。图3-14中是一种轻型火箭炮发射架，主要用作骑兵的伴随火炮，炮弹较小，重1.5千克—2千克，近似二战之后的单兵火箭

【图 3-13 19 世纪 30 年代的臼炮画像】
这是要塞用的大型臼炮,伴随步兵的臼炮就小得多了。注意旁边圆形炮弹上的"肚脐",那是插引火线的地方。

【图 3-14 照片:19 世纪 80 年代的火箭炮,摄于德属东非】
这里的火箭炮造型近似中国的烟花"起火"。在 19 世纪后期的陆军火箭炮里,这是比较大型的。照片中的发射仰角有点大,而且不是在山地,所以不像是实战场景。

炮筒（RPG）。也有十几千克重的炮弹，主要起爆破作用。

火箭弹主要用来打直射，射程很近，也很不准确，经常到处乱飞，或者在发射架上爆炸。在当时的战史文献中，火箭炮都不被计入大炮之列，地位非常边缘。战斗中骑兵运动速度快，一般大炮无法跟上，有这种火箭炮支援，也算聊胜于无了。

另外，当时枪炮虽然普遍使用黑火药，但加工水平有差别。黑火药在运输颠簸中，不同成分容易发生分离，较重的硝石会沉到底层，木炭粉则跑到上层，使用前还要摇匀。欧洲人会把黑火药加工成颗粒状，这样就不会发生分离。而且，粉末状黑火药压实之后，和空气接触面小，燃烧较慢且不充分，颗粒状黑火药缝隙中有空气，爆炸威力就大一些。当然，这也是量的区别。俄国人也常用缴获的中亚黑火药作战，或进行爆破作业。

千年怛罗斯

离开碎叶（托克马克）之后，玄奘继续西行。道路左侧是天山高高的雪岭，一直向天际延伸。山脉背阴处生长着茂盛的雪杉林，牧人赶着羊群在草坡上缓缓移动。山前大路上，时而走过商旅的驼队或牛车。

西行几日后，玄奘到达一处叫"千泉"的地方，这里有很多泉水涌出，植被丰茂，突厥可汗每年夏天都来此地避暑。千泉有很多鹿，脖子上挂着小牌，宣示这些鹿属于可汗，没有人敢伤害它们。

从千泉继续西行,就到了怛罗斯城(今名塔拉兹)。这里控扼通向中亚腹地的山口,也是一座繁荣的商业城市,城墙边长约两华里,穿各种服饰、讲不同语言的商人来来往往,佛教、拜火教和东方基督教(景教)僧侣招摇过市。

在怛罗斯城附近,玄奘还看到了一个"小孤城",里面生活着三百多户中国人,他们的衣服、发型是突厥样式,但语言和风俗还是汉人的。玄奘询问了他们的来历,得知是华北边境居民,隋、唐易代之际被突厥人俘虏,但突厥对他们控制并不严密,这些人便逐渐集中到怛罗斯一带,形成了一个小型的中国人社区。几千年来,中国人不绝如缕地进入中亚,并被当地社会同化。

进入 8 世纪,唐朝势力一度深入中亚。而阿拉伯阿巴斯王朝也在迅速扩张,它攻灭了波斯,开始进攻中亚各小国。本来信奉拜火教和佛教的中亚,在阿拉伯人占领下逐渐伊斯兰化。

公元 751 年,玄奘去世后 100 余年,为了争夺对中亚绿洲的控制权,大唐和阿巴斯王朝在怛罗斯展开会战,结果唐军全线溃败,上万名士兵被俘。很多俘虏为了生计辗转中亚、西亚地区,其中一位杜环,是诗人杜牧的本家前辈,他后来回到唐朝,写下了一部回忆游记《经行记》,讲述了在中亚、波斯和阿拉伯的各种见闻。

当俄国军队开到怛罗斯时,这里刚刚改名为奥利耶-阿塔(图 3-15、图 3-16)。除了清真寺的圆顶,俄国人见到的风光街景和玄奘当年没有太大不同。

浩罕人也明白奥利耶-阿塔的战略地位,决心死守此城。在公元 751 年,大唐和阿巴斯怛罗斯之战 1113 年之后,另一场事关中亚命运的战役即将拉开序幕。

【图 3-15 油画：奥利耶 - 阿塔街景，作者不详】
画中街道上有几个穿清代官服的人。此画的建筑和服饰都有明显的阿拉伯特征，而真正的塔拉兹风格，是中亚绿洲和哈萨克草原、吉尔吉斯山地生活的交融，街道没这么整洁，居民服饰的色彩更艳丽。

【图 3-16 照片：奥利耶 - 阿塔城的马市】
照片拍摄时间约 1870 年，即此城被俄军占领后第六年。该照片来自《土耳其斯坦影集·民族卷》，这个"影集"是俄国吞并中亚后的土耳其斯坦军区的一部"献礼"作品，用黑白照片记录了当时的中亚风貌。由于当时的照相机需要较长时间曝光，多需要"摆拍"，所以被拍摄者往往表情呆板。

第四章

- 锁链闭合
- 门厅失利
- 再攻奇姆肯特
- 人头之旅
- "土耳其斯坦省"
- 鏖战塔什干
- 总督视察新省区
- 试探布哈拉
- 塔什干之尾声

这位戎装少年（图4-1），是米哈伊尔·切尔尼亚耶夫（1828—1898）。他出生于那时俄国的莫吉廖夫省一个贵族家庭，父亲是军官，但家境比较贫穷，属于没什么权势和资产的乡居贵族。

12岁时，切尔尼亚耶夫独自离家，到圣彼得堡的少年贵族军校学习，留下了这张学生时代的影像。沙皇俄国习惯为贵族子弟设立少年军事学校，多数军官都出身于此。清朝末年的"新政"中，各地都开设"陆军小学堂"，也算这种遗风余韵。

切尔尼亚耶夫19岁毕业进入军队。1854年，26岁的他参加了克里米亚战争，在著名的塞瓦斯托波尔保卫战中，因为在对英法联军的作战中表现出色，升为中校军衔（图4-2）。

克里米亚战争结束后，切尔尼亚耶夫调到奥伦堡军区，参与了侦察咸海地区、扩张锡尔河防线的活动。在这近10年里，切尔尼亚耶夫的军衔只升了一格，任奥伦堡军区参谋长，且和顶头上司、总督别扎克意见不合，他的前程似乎遭遇了瓶颈。

1862—1863年，浩罕汗国发生内战，汗王胡达雅尔被赶走，摄政王阿里姆库尔掌权，又扶植了一个少年汗王做傀儡，各附庸游牧部族和布哈拉汗国也卷入了这场争斗。在中亚汗国的历史上，这种统治阶层的内讧和内战很常见，而且往往是汗王家族父子、兄弟之间的争斗。

俄国没能利用这次浩罕内乱。在对中亚的政策上，俄国陆军部和外交部一直争吵不休：陆军部主张积极扩张，外交部则害怕英国不满，强烈反对在中亚开战。俄国刚刚废除农奴制，正处在激烈变革期，各种思潮激荡，难以在对外扩张上形成共识。

第四章 中亚之狐 ■ 93

【图 4-1 米哈伊尔·切尔尼亚耶夫学生时代照片】

【图 4-2 升为中校的切尔尼亚耶夫肖像】
和多数帝俄贵族军官不同，此人少有油画肖像。

直到1864年初，沙皇终于同意攻占土耳其斯坦和奥利耶-阿塔两座城市，打通奥伦堡军区和西西伯利亚军区，沿着锡尔河、卡拉套山、西天山建立一条防线，将哈萨克大草原合围起来。此时，恰逢切尔尼亚耶夫在圣彼得堡出差，他对中亚战场有一套完备构想，赢得了陆军大臣米柳京的支持。于是，他被调往西西伯利亚军区，负责东路沿天山的推进。36岁的切尔尼亚耶夫上校终于有机会大展身手。

他匆忙赶到维尔内基地（阿拉木图），开始整训部队，筹集军粮，准备出征。由于朝廷里的争执，新军事行动得不到什么拨款，没法和当年彼罗夫斯基的奢侈预算相比，前线指挥官们必须从财务账的一切角落里抠出钱来。

锁链闭合

1864年6月2日，奥利耶-阿塔的浩罕守军发现俄军已经逼近。

两军在城外交火。俄军迅速占领了城东的山丘，架起了大炮，隔着塔拉斯河和城市两两相望。大唐和阿巴斯王朝昔日鏖战之地，又将目睹一场战争。俄军骑兵侦察了城防，发现城墙并不坚固，有些地方已经倒塌。浩罕人在城门外设置了防御阵地。

俄军有两千余人，他们没有立即展开进攻，而是休整了一天。4日凌晨下起了倾盆大雨，这是中亚夏日罕见的景观。两军士兵都小心地保护着枪支和火药，以免受潮。大雨中，四千多头骆驼从东方跋涉而来,这是来自维尔内的俄军辎重运输队。

补充了弹药,俄军展开攻城。步兵举着步枪,小心翼翼趟过塔拉斯河。浩罕军试图阻截,但高地的俄国大炮开始轰鸣,炮弹在浩罕阵地上接二连三地爆炸。守军抵挡不住,退往城内,俄国步兵紧随其后,冲入城中。浩罕骑兵慌忙从其他城门逃走,步兵则丢弃武器,躲入了居民巷陌中。

奥利耶-阿塔城就这样被攻占了。

浩罕军此役死亡304人,伤390人,被俘341人。俄军的损失——轻伤3人。这次战役成功的首要原因是炮兵射击准确,压制了浩罕军的火力,使其主力迅速溃退;其次是步兵冲锋迅速,没有贻误战机。

俄军通向中亚的大门已经打开。

在西西伯利亚军区进攻奥利耶-阿塔的同时,奥伦堡军区也开始进攻土耳其斯坦城。

土耳其斯坦城在锡尔河北岸,被荒漠和干旱草原包围着,它是农、牧区交界线上的典型城市:牧民来这里采买绿洲农产品和工业品,出售牲畜;来自绿洲的商人则相反。几百年前,游牧哈萨克人中曾出现过一位伟大的汗王,统一了哈萨克诸部,把都城设在了土耳其斯坦。哈萨克人衰落后,土耳其斯坦城被浩罕汗国控制。

奥伦堡防区的前线指挥官是维廖夫金上校,基地在彼罗夫斯克要塞,负责溯锡尔河推进,攻占土耳其斯坦。他率领1500名俄军,携18门各型火炮出征。这支俄军一路穿越沙地荒野,五六月之交的天气已经很热，加之上游降雨引起锡尔河水泛滥，使俄军吃尽了苦头。

6月9日，维廖夫金部队到达土耳其斯坦附近。短暂交火之后，浩罕军退回了城中。此城城墙高大坚固，城外是绿树成荫的果园和民居。俄军架起大炮轰击，但城墙坚固，直射野炮的实心弹打上去没什么效果，只能破坏城墙上的垛口。曲射炮负责轰击城内，爆破弹引发了多处火灾。炮火掩护下，俄国工兵向城墙开挖工事，准备埋入爆破炸药。浩罕军则经常出城发动突袭，在战壕里进行肉搏，给俄军造成了一些伤亡。

城内有一座阿兹列特清真寺，是15世纪初的瘸子帖木儿大帝所建。为保护古迹，维廖夫金下令不得轰击这座清真寺。城内居民发现清真寺从不落炮弹，以为是神明显圣，大为振奋，还把火药、枪炮存放在寺里。维廖夫金得知，命令向清真寺开炮12发，只有1发失的，球形炮弹在清真寺屋顶上打出了11个弹洞，居民的信心又随之动摇了（图4-3-1、图4-3-2）。

11日夜间，土耳其斯坦的伯克（长官）带着300多人逃走。次日，全城向俄军投降。此役，奥伦堡俄军死亡5人，伤33人，死者中有一位来自总参谋部的大尉。

为奖励攻占奥利耶-阿塔和土耳其斯坦的战功，切尔尼亚耶夫和维廖夫金同时晋升少将。

但切尔尼亚耶夫并不满足。他考察了沿天山、卡拉套山新防线形势，认为山麓地带干旱缺水，不适合建设大型要塞，俄国应该占领条件更好的地区。而且，据说浩罕正在奇姆肯特城集结军队，总数达8000人，由摄政王阿里姆库尔指挥，准备收

【图 4-3-1 土耳其斯坦内城照片】
土耳其斯坦作为旅游景点,其城墙近年被翻新过。图中城墙内的蓝色圆顶即为上图挨了 11 发炮弹的阿兹列特清真寺。

【图 4-3-2 阿兹列特清真寺(Mausoleum of Khoja Ahmed Yasawi)】

复失地（后来证实这个消息是正确的）。虽然没得到上级授权，切尔尼亚耶夫决定攻占奇姆肯特。

门厅失利

如果把中亚绿洲比作一座宅院，天山山脉是它北方的院墙，奥利耶-阿塔和土耳其斯坦是北门口的两座石狮子，那么奇姆肯特就是门厅。俄军如能攻进门厅，也就离"登堂入室"不远了。

切尔尼亚耶夫秘密给俄国陆军大臣米柳京写了一个报告。这个报告原文已经不存，根据米柳京的复电和之后事态的发展推测，切尔尼亚耶夫应是要求进攻奇姆肯特，并且提出：当前在中亚前线的俄军，分属奥伦堡和西西伯利亚两个军区，协调困难，所以应建立统一的前线指挥部。当然，他在暗示自己应承担此职。

报告发出时，切尔尼亚耶夫还给驻土耳其斯坦城的维廖夫金写信，告知自己将迎战奇姆肯特的浩罕军，请维廖夫金部队也进行佯攻，以分散敌军注意力。如果顺利攻占奇姆肯特的话，自己的兵力不足以驻防，还要请维廖夫金所部前往。

维廖夫金见信很不开心，他觉得自己和切尔尼亚耶夫平级，且分属不同的军区，对方根本没资格提这种要求。而且，攻占奇姆肯特的战功将落入切尔尼亚耶夫囊中，自己只承担"打杂"工作，自然心中不平。他给切尔尼亚耶夫回信，声称只有奥伦堡军区有权指挥自己，断然拒绝了切尔尼亚耶夫的要求。

7月7日，切尔尼亚耶夫带着1300名俄军出征了。此时哈萨克人受到浩罕摄政王的残酷压榨，沿途很多哈萨克人要求加入俄军，还主动提供骆驼。

切尔尼亚耶夫看有些人连马刀都没有，纳闷他们怎么打仗。哈萨克人则回答："我们可以呐喊助威！"结果俄军只选了一些装备稍好的骑手。后来开战，俄军才领教了中亚骑士山崩海啸般的吼叫威力。

切尔尼亚耶夫并没有直接前往奇姆肯特，他这千余兵力根本不足以攻击上万人防守的坚城。根据以往经验，双方兵力为1∶1时，俄军是可以进行攻坚战的，但再高就不行了。

俄军停留在距奇姆肯特50多公里的亚斯基，这里是山间隘口，切尔尼亚耶夫想等浩罕军主动进攻奥利耶－阿塔时，便可进行伏击，或者趁浩罕军后方空虚时奇袭奇姆肯特。

一场以少对多的大战即将开幕。但土耳其斯坦城的奥伦堡军搅乱了这一进程。

原来，维廖夫金在发信拒绝切尔尼亚耶夫之后，又动起了脑筋：万一切军失利，他难逃拒绝配合友军之责。而且，他也不甘让切尔尼亚耶夫独占战功。所以维廖夫金又派出了一支近400人的部队，由迈埃尔大尉指挥，前往奇姆肯特方向"佯攻"一下。但这个行动并没有通知切尔尼亚耶夫。

迈埃尔大尉也是个短视之徒。他根本不相信浩罕军已大量集结的情报，觉得那是切尔尼亚耶夫在虚张声势。所以迈埃尔径直进抵距奇姆肯特30多公里的阿雷斯，并给切军送去一份报告，说他将在这里等待切军会师。

切尔尼亚耶夫见信大惊——迈埃尔这点儿兵力几乎是在找死。他急忙赶往阿雷斯增援。夏日酷暑，俄军在干旱荒原上一路狂奔。

迈埃尔却又耍了个滑头，他没在阿雷斯停留，而是继续向奇姆肯特进军。发送报告的目的，也是为了让切尔尼亚耶夫跑一段冤枉路，使之无法和他争攻占奇姆肯特之功。

13日，迈埃尔进抵奇姆肯特以西十几公里处的阿克布拉克（白泉子）❶。迈埃尔毫无敌情观念，在一片洼地宿营。

次日拂晓，迈埃尔发现自己已被浩罕大军团团包围，周边高地也都被敌军占领。双方开始交火，浩罕人的进攻被俄军击退，但浩罕人运来了3门大炮轰击，小口径炮和要塞枪的霰弹也雨点般打下来。俄军只能躲在驮包后面。迈埃尔用大车和木箱子给自己堆了一个掩体，躲进去再不露面。

俄军伤亡逐渐增多，士兵只能靠死马甚至死人做掩体，趁着战斗间隙，在尸体上堆土做墙。铁锹不够，士兵们只能用刺刀挖、用手刨土。

战斗进行到第二天（15日），浩罕军队越来越多，炮击也在增强。俄军13人死亡，伤病者过百。夏日高温之中，死去的人、马尸体发出浓烈臭气，血水和掩体泥土混合在一起，弹药即将用尽，伤兵惨叫不断……

---

❶ 这不是1839年彼罗夫斯基远征到达的那个地方，中亚有很多这种地名。

绝望之下，迈埃尔与浩罕军和谈，他声称自己不是来作战，而是勘测道路误入浩罕界内，他还承诺归还土耳其斯坦城。其实，一名未经授权的大尉根本没这种资格（图4-4）。

浩罕人比较满意，放走了这支伤亡惨重的俄军。迈埃尔军已经无力携带腐烂的战友尸体，只能对浩罕人说："勇敢的战士，不论死者还是伤者，战斗结束后都是兄弟……"其实浩罕人历来会割敌尸的头颅庆功。

再说切尔尼亚耶夫军。当他14日赶到阿雷斯时，一个人影都没见到，却于当夜收到了一封十万火急的求援信。那是被围困的迈埃尔趁黑夜派出的信使。切军急忙拔营赶往阿克布拉克。

15日清晨，切军前锋进至阿克布拉克附近，已经听到了远处的枪炮声，那是5公里外迈埃尔军最后的挣扎。切军前锋却被大量浩罕骑兵包围阻击，无法靠近。此时，如果迈埃尔听到枪声强行突围，是能够与这支援军汇合的。在浩罕骑兵地猛攻下，切军前锋12人战死，12人负伤，但还是击退了敌军。几年以来，西西伯利亚军攻城略地，推进上千公里，还未曾有过这么大的伤亡。

切尔尼亚耶夫主力赶到战场时，远处的枪炮声已逐渐沉寂。16日晨，切尔尼亚耶夫面对着由摄政王阿里姆库尔指挥的更多的浩罕军。切派出400名士兵进行搜索，这些人找到了迈埃尔的营地，只发现死马和死骆驼堆成的防御工事，人却不见了。他们沿着车辙追踪，终于赶上了狼狈回撤的迈埃尔军，把他们带往切尔尼亚耶夫军营。

浩罕摄政王以为已经和俄军达成了停火协议，俄国也将归还土耳其斯坦,所以撤回了奇姆肯特。他还派使者到切尔尼亚耶夫军中,商谈归还土耳其斯坦的细节,甚至说奥利耶-阿塔也要归还(迈埃尔大尉在慌乱中到底许下了什么承诺,已经很难弄清了)。

切尔尼亚耶夫自然回绝了摄政王。他只是西西伯利亚军区的军官,对奥伦堡军区占领下的土耳其斯坦没有发言权。切尔尼亚耶夫提出的停战条件是:浩罕人撤除奇姆肯特集结的大军,释放亲俄的哈萨克、吉尔吉斯部落首领。

谈判最终破裂。在"谈判"的几天里,切尔尼亚耶夫也弄清了迈埃尔军在这些天的具体经历。

7月22日,切尔尼亚耶夫军向奇姆肯特进发。这次仗打得太窝囊,他心有不甘,想看看还有没有攻克奇姆肯特的机会。迈埃尔全军被留在营地工事,切军的伤员也留在那里。切尔尼亚耶夫没有管理奥伦堡军区部队的权力,只是不愿再和迈埃尔合作。

奇姆肯特城(图4-5)宽约1.5公里,为不规则的多边形,像一只螃蟹壳,有完整的城墙、护城沟,在城东南角,还依托高地建了一座要塞。玄奘离开怛罗斯后也到了这里,他叫此地"白水城"(和近代的"阿克布拉克"地名遥相呼应),这里比怛罗斯繁荣,人烟稠密。

俄军重点试探要塞的防守。浩罕军官把步兵召回要塞,派出几支骑兵迎战。俄军则收缩成方阵,步兵围住己方骑兵,用火炮迎敌。

俄军此行带了8门野炮、2门山炮、其中4门野炮摆在了正面。当浩罕骑兵远远开来时,俄军用圆形实心炮弹"砸击",

【图 4-4　韦列夏金油画：阵前对话】
在中亚战场上，这种少数俄军和中亚大部队猝然相遇的战斗有过很多次，有时俄军全军覆没，有时则以少胜多。迈埃尔在阿克布拉克的战斗，应该是最窝囊的一次。另外，注意地上丢弃的白色包头巾，俄国人有时根据战场上遗弃的包头巾数量计算敌军伤亡量。

【图 4-5　奇姆肯特城镇示意图】

然后用榴弹轰击，到最近一两百米则使用霰弹。

两军距离逼近时，浩罕骑兵开始全速冲锋（图4-6）。俄国炮兵用尽力气，尽可能快地装填、发射，炮膛也来不及按条令擦洗。步兵也加速轮番射击。火炮喷出的青蓝色硝烟遮住了人们的视线，只听到浓烟里让人心惊肉跳的喊杀声。当喊声停歇，硝烟散去，俄军发现面前堆满了人和马七零八落的尸骸。

25年之后，切尔尼亚耶夫写道："谁要是没有经受过亚洲人成群结队地冲锋，就无法想象这种非人的喊声对神经产生的作用。我只有在这个时候，才懂得吉尔吉斯人（按：俄国人说的吉尔吉斯人其实是哈萨克人）所提的要用喊声来帮助我们的建议。"

随后，俄军对浩罕要塞进行了火力试探，发现要塞上有8门火炮，南面的城墙上也有8门。浩罕城防力量很强，俄军炮弹又所剩不多，切军只能放弃进攻，返回营地。

次日，迈埃尔所部开始返回土耳其斯坦。这支部队伤病员太多，切尔尼亚耶夫率领全军把他们送到阿雷斯，又派了一个连队全程护送。切军又在阿雷斯驻扎了一天，确信浩罕军没有尾随追击，才拔营班师。

在奥利耶-阿塔，一封来自圣彼得堡的电报等待着切尔尼亚耶夫。

那时只有有线电报，俄军的电报线只架设到了维尔内，然后由传令兵骑马送来。电报是对他出征前报告的回复：陆军大臣米柳京已经报请沙皇，将土耳其斯坦到维尔内的俄军防线归并到一起，切尔尼亚耶夫少将任总指挥。奥伦堡和西西伯利亚两个军区在中亚前线协调不畅的问题终于解决了。

同样内容的电报也发到了奥伦堡和西西伯利亚军区司令部，指令维廖夫金所部划归切尔尼亚耶夫指挥。

电报是7月19日签发的，即切尔尼亚耶夫正在阿克布拉克救助迈埃尔的时候。如果在出征前就有了这个安排，就不会发生迈埃尔擅自行动而引发的惨败，俄军可能已经占领奇姆肯特了。

再攻奇姆肯特

9月，切尔尼亚耶夫再度进军奇姆肯特。土耳其斯坦驻军也受命参加，俄军进攻兵力约2000人，只留下300人守卫奥利耶-阿塔和土耳其斯坦。

切尔尼亚耶夫还从哈萨克人当中征召了1000名骑兵随行——不是指望这些人助战，而是防止他们在后方作乱。

9月19日，两路俄军在奇姆肯特城下会师。此时摄政王的主力已返回浩罕，留守奇姆肯特的军队约10000人。

切尔尼亚耶夫已经熟悉了城防情况，他让部队驻扎在奇姆肯特城南，堵住其后方交通线。然后对东南角的要塞展开重点进攻，只有消灭了这里的浩罕军，才能占领全城。

俄军连夜构筑了炮兵阵地，次日凌晨开始轰击要塞。要塞

【图4-6 韦列夏金油画：突袭】
中亚骑兵武装对俄军营地突然发起冲锋。猝不及防的零散士兵疯狂逃向军营,有些人正用两臂护头,防止被后面追赶的马刀砍掉脑袋。

上的大炮开始回击。俄军惊奇地发现，浩罕军的大炮射程比自己的还远。切尔尼亚耶夫命令炮兵推进到距要塞600米处，以便俄军射程较近的臼炮可以参与作战，用数量抵消敌人的射程优势。

新阵地的泥土特别坚硬，炮位施工缓慢。要塞里的浩罕军也在进行土工作业，向着俄国阵地挖掘堑壕，推着小炮攻击俄军，使得俄国炮兵阵地一直没能完工。

但浩罕军的堑壕工事破坏了自己的要塞墙垣。俄国军官列尔赫发现，只要突入敌堑壕，就可以一直攻入要塞之中。列尔赫是步兵中校、工兵上校，有战场施工经验（俄国陆军中步、骑、工各兵种的军衔是分别授予的），他一方面派人报告，一面把自己指挥的近千名军人投入攻击。

22日上午10点，俄军在没有炮兵掩护的情况下，冒着炮火冲入堑壕，和浩罕步兵交火，战斗很快变成了刺刀白刃战。溃散的浩罕士兵逃入奇姆肯特东南门，城门来不及关闭，就被刺刀捅开，俄国人踩着浩罕兵的尸体冲进了城中。

切尔尼亚耶夫闻讯，立刻带着手头的兵力增援列尔赫。趁着城下混乱，他们爬过护城沟，攀援而上，占领了要塞。到中午时分，俄国人已经在奇姆肯特城内吃午饭了。

4天的攻城战中，俄军有6人战死，41人受伤。缴获各种大炮31门，其中1门是先进的线膛炮，可能来自英国。

切尔尼亚耶夫并不满足，他还要征服下一个目标：120公里外的塔什干城。10月1日，攻占奇姆肯特后的第十天，俄军来到塔什干城下。

塔什干是中亚绿洲北上哈萨克草原的第一站,且在布哈拉和浩罕两个汗国都城之间。占领了它,就可以很方便地切断两个汗国间的交通。

塔什干城接近椭圆形,东西宽约8公里,城墙周长24公里,据说有20万居民(后来俄国人才弄明白,确切的本地人口是五万左右,更多的是外来商人)。城外是绵延几公里的果园,各种果树和葡萄架掩映着农家庭院,小巷深深,宛若迷宫。

这是从草原进入中亚的第一座大都市,也是近代中亚最繁华的城市之一。和它相比,之前攻占的奥利耶-阿塔、土耳其斯坦和奇姆肯特简直称不上是"城市",只是驻军堡垒、农村和牧区市场的混合物。

玄奘和尚到达塔什干时,这里叫"笯赤建国",玄奘记载此地:"地沃壤,备稼穑,草木郁茂,华果繁盛,多葡萄,亦所贵也。"彼时的中亚世界,有上百个独立的城邦小国,"城邑百数,各别君长,进止往来,不相禀命",而在近代,塔什干也有很强的独立性,只在最近几十年才被浩罕汗国征服。本地民众一直瞧不起浩罕统治者。切尔尼亚耶夫希望借这种不和迅速克城。

俄军首先迂回到城东南方,堵住了塔什干通往浩罕城(费尔干纳盆地)的道路。在离城墙700米远的高地上架设了8门野炮。炮击很准确,夯土城墙被打得泥土迸裂。

第二天,炮兵中校奥布赫报告:城墙已被摧毁,他准备发起冲锋。此人作战经验丰富，很受切尔尼亚耶夫信任。切又调遣在奇姆肯特立了头功的列尔赫中校增援奥布赫，他自己也带两连步兵督阵。

近千名俄军沿着小巷鱼贯而行，在果树和葡萄架浓荫的掩护下前进。到达城墙附近，士兵们高喊"乌拉"，全军跑步朝前冲去。两位中校走在最前面，但他们立刻傻眼了：面前的塔什干城墙巍然耸立，根本没有倒塌。

原来，这段城墙前面有一条平缓的沙丘，从远处根本看不到，加上浓密的果树林木遮住了城墙主体部分，从远处只能看到城墙的垛口（雉堞），被炮火打坏的只是一小段城垛口，城墙安然无恙！

两位中校头脑过热，没有停止进攻。俄军很快冲到了护城沟前面。城墙上弹如雨下，奥布赫和列尔赫都被打翻在地，紧接着两名中尉（连级）也中弹倒下。士兵们像是跟着头羊乱跑的羊群，一口气冲到了干涸的护城沟内，便被敌军火力压制住了。他们没有梯子，没法爬上城，又没有军官指挥，一团混乱。

切尔尼亚耶夫带着两连步兵赶到离城墙200米处。观察形势后，他决定放弃进攻。他紧急调来了12门大炮，用各种炮弹朝城墙上猛轰，压制浩罕军火力，给俄军后撤提供掩护。1门浩罕大炮被击毁，3个步枪掩体被轰平，城墙上顿时积尸累累，不时有尸体掉下城墙，摔到挤成一堆的俄军当中。

俄军撤下来后，根据统计，俄军战死16人，伤62人。其中奥布赫中校和一名中尉受伤过重，很快就死了。列尔赫的胳膊和肋部受伤，侥幸保住了性命。

多数人主张修造云梯，再发动一次进攻。切尔尼亚耶夫没同意，浩罕战线上的所有俄军几乎都集中到塔什干城下了，后方空虚。一旦失利，就不是塔什干一城的得失，而是整个防线的存亡。

10月4日，俄军撤退，7日返回奇姆肯特。切尔尼亚耶夫开始筹备下一次进攻。

人头之旅

1864年冬，就在切尔尼亚耶夫和圣彼得堡之间公文往来时，浩罕军又发起了一次大规模进攻。

阿里姆库尔派了一支军队前往南疆地区，率领这支军队的将领是阿古柏，他一路攻灭各支割据武装，占领了喀什，并积极向其他城市扩张。

忙完这些工作，阿里姆库尔带领一万多人的军队赶回塔什干，先巩固了塔什干城防，然后向土耳其斯坦城方向进军，准备报复那些倒向俄国人的哈萨克部落，并伺机攻克锡尔河上的俄国堡垒。浩罕军行动隐蔽，没有惊动奇姆肯特的俄军（切尔尼亚耶夫的司令部就设在那里）。

12月初，寒风肆虐荒原。土耳其斯坦城驻军司令得到报告，说60多公里外的哈萨克村落遭到浩罕人攻击。他不清楚浩罕军的规模和动向，就派出了1个哥萨克骑兵连，携带1门山炮前往，共有 109 名骑兵，全部装备线膛枪。

12 月 4 日晚间，骑兵连到达报警地点，立刻被使用冷兵器的浩罕骑兵包围。俄军依照以往对付大规模敌军的野战经验，用粮草袋堆成掩体射击，打退了浩罕骑兵的第一次冲锋。

但浩罕主力军很快赶到，用 3 门大炮进行轰击，步兵也用步枪齐射。爆炸的榴弹造成很大伤亡，俄军的马匹几乎都被打死。就这样坚持到了第三天。浩罕军用十几辆装满柴草的大车做掩体，步兵躲在后面推行，逐步靠近俄军营地。残余的俄军强行突围，最后有 57 人战死，52 人生还，幸存者多数也负了伤，连长的大衣上被打出了 8 个弹洞。

这个连被包围期间，曾两次派信使突围求援。城防司令派出了 100 多人的救援队，他们见浩罕军人多势众，稍作姿态便撤回了城内。城防司令担心浩罕军来攻城，未再管骑兵连的死活。切尔尼亚耶夫一度要惩办此人，最终还是在官僚机构的掣肘下不了了之。

浩罕摄政王带着 50 多颗俄军人头班师，他绕开了奇姆肯特一带。这么做很英明，因为切尔尼亚耶夫正带着几个连在那里堵截他。浩罕人在塔什干、浩罕城举办了庆功会，展示俄军人头。这还没结束，其中 40 颗人头又被送到了刚被阿古柏占领的喀什，用来鼓励他对抗清朝（图 4-7-1 至图 4-7-3）。

"土耳其斯坦省"

到 1865 年初，陆军大臣米柳京转发了沙皇的旨意，对塔什

【图 4-7-1 韦列夏金油画：斩下俄军人头的汗国正规军】
中亚军人在战场上斩下俄军人头，穿红上衣、白包头者是汗国正规军（萨尔巴兹步兵），戴白毡帽侧立者是临时应募的哈萨克骑兵。

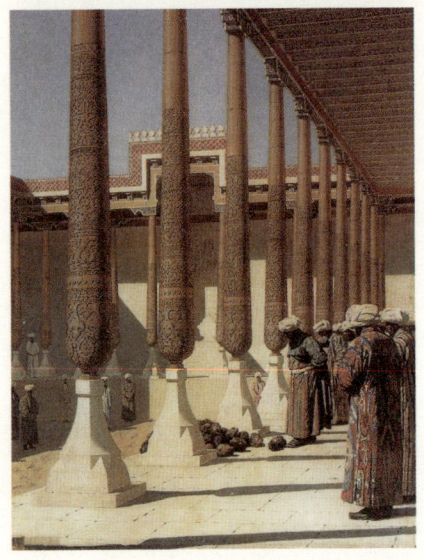

【图 4-7-2 韦列夏金油画：汗王正在查看送来的俄军人头】

【图 4-7-3 韦列夏金油画：庆贺胜利】
图中高杆上是俄军人头，地点是布哈拉汗国撒马尔罕城的希尔多尔神学院，表现的应是稍后俄军与布哈拉汗国的战争。观众有各色人物：骑马的显贵、骑驴的毛拉、骑骆驼的外来客商、拄着棍子的托钵僧、跪坐的乞丐等。

干城下的损失表示遗憾,但嘉奖了攻占奇姆肯特之功,授予切尔尼亚耶夫三级圣乔治勋章(就是照片[图4-8]里他领口上挂的十字勋章)。列尔赫晋升上校,并授予四级圣乔治勋章。

还有更重要的:中亚防线升格为土耳其斯坦省,切尔尼亚耶夫担任武官省长,归奥伦堡军区管辖。驻军经费得到了优先保障,以便巩固新占领区。同时,俄国高层否决了再次进攻塔什干的计划。给土耳其斯坦省的指示是:如果浩罕发生大规模内乱,可以协助塔什干人独立,但不得归并为俄国领土。

中亚离圣彼得堡太远了,前线局势瞬息万变,指挥官有很大程度的自主权,不会严格遵守朝廷的意见。这给切尔尼亚耶夫提供了一展身手的舞台。

1865年春,奥伦堡新任总督克雷扎诺夫斯基到任。他通知切尔尼亚耶夫,秋天时他将视察前线,在他到达之前,不要对塔什干城进行任何行动。显然新总督想给自己增添一点战功。

而在此时,浩罕和布哈拉汗国又打起仗来。布哈拉军攻入浩罕境内,有进占塔什干之意,塔什干居民中也出现了倒向布哈拉的派别。土耳其斯坦省的军官们跃跃欲试,没人想把这个荣耀留给千里之外的总督。

4月底,切尔尼亚耶夫声称要戒备布哈拉人,带着2000名步兵(九个半连)、12门火炮出发了。

半年前攻击过塔什干,俄军对它的形势很熟悉,所以没有急于攻城,而是先攻击上游水源地,那里有一座近400名士兵守卫的尼亚兹别克要塞。

在俄军炮击要塞时,几千名浩罕军开出塔什干前来救援。

切尔尼亚耶夫立即带一半俄军前往截击,在市郊果园击溃了这支军队。当晚(28日),要塞守军投降。俄军缴获6门大炮和7门小炮,只有几名俄军受轻伤。

俄军引开了通向塔什干的河流,试图用缺水的办法把人们困在城内。切尔尼亚耶夫带俄军主力驻扎到塔什干城南,切断了通往浩罕腹地的大路。

果然,阿里姆库尔摄政王带着几千人马和40门火炮赶来了。5月9日清晨,34岁的阿里姆库尔巡视了浩罕军阵,宣布开战。浩罕大炮在1700米远处开火,炮弹在俄军营地周围爆炸。俄军的火炮没有这么远射程,但浩罕炮兵技术不佳,没造成任何伤亡。

俄军四连步兵带4门大炮立即朝前推进,同时用两个连从左侧包抄。推进到据敌800米时,俄军大炮开火,压制住了浩罕炮兵的火力。正面和侧面的俄步兵同时展开冲锋,炮兵则集中射击浩罕骑兵,防止其冲击俄步兵。

浩罕军开始溃逃,炮兵跑得最快。阿里姆库尔试图纠集部队,对抗俄国骑兵的冲击,但腹部中了一枪。此战,浩罕军300人战死,两门"高质量"大炮和两百多支步枪被俄军缴获。阿里姆库尔摄政王当天也伤重而亡。俄军只有10余人负轻伤。

塔什干城内人心动荡。有人悄悄联络俄军,有人去布哈拉汗国求援。

随后一个月里,切尔尼亚耶夫没有急于攻城,而是派兵拔除了通往布哈拉的几个据点,彻底孤立塔什干。他希望塔什干人主动投降,这样,他就没有违反奥伦堡总督的命令,同时还拥有征服塔什干之功。

但塔什干的亲布哈拉派占据上风。布哈拉埃米尔决心插手，大量布哈拉军队渗入了塔什干——它的城墙长达25公里，有12座城门，俄军根本封锁不过来。

塔什干城（图4-9）基本分三部分：西部主要是从事工商业的市民，东北部是浩罕汗王的宫殿，东南部是达官显贵的宅邸。西城居民对战争不热心，普遍倾向俄国；东城人则宁可倒向布哈拉，武装军人主要驻扎在东城，约三万人，其中正规军有5000名职业步兵（萨尔巴兹），以及一万名部落骑兵。城墙上有63门火炮。

【图4-8 戴圣乔治勋章的中年切尔尼亚耶夫】
他是中亚战场上少有的将才，以不多的兵力攻城略地上千里，麾下官兵的伤亡却极小。

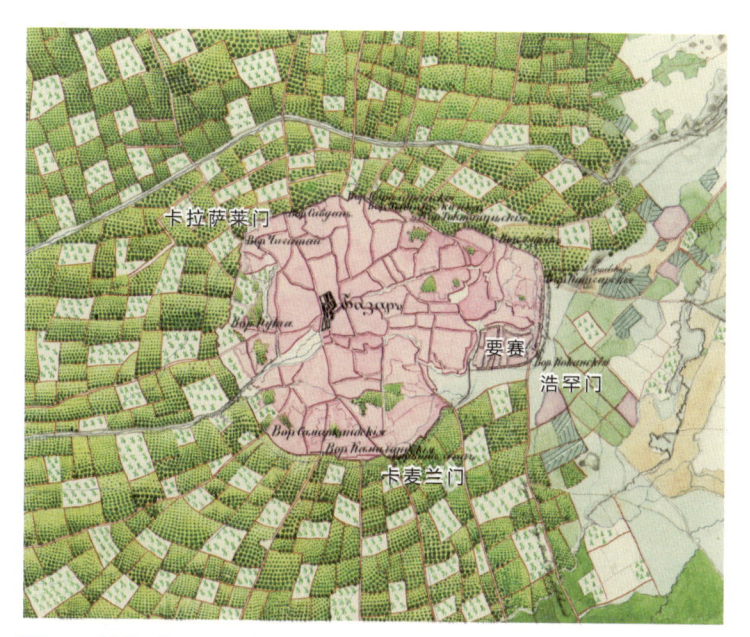

【图4-9 塔什干城示意图】

侦察之后，俄军把主攻方向定在了东南角的卡麦兰门，这里城墙不太险峻，而且之前俄军没有进攻这里，守军会比较松懈。浩罕军人数虽多，但分散在 25 公里长的城墙上，难以互相支援。

攻城战的关键是突然性，俄军计划在午夜进行偷袭。俄军制造了折叠云梯，反复演练黑夜中攀登城墙的技术。主攻部队有 7 个连，分为 3 个纵队，打头阵的是阿勃拉莫夫上尉指挥的 250 人——城郊的道路弯曲狭窄，大部队没法展开。

其余的 3 个连（其实是两个半）负责佯攻城东的浩罕门，吸引守军注意力。

鏖战塔什干

6月14日晚11点，主攻部队开始进发。为了不发出声响，火炮轮子都用毛毡包裹起来。队伍在迷宫般的树荫小巷中穿行。为了给后面的部队做路标，阿勃拉莫夫做了一种特殊路标：折一截果树枝，让它折而不断地悬挂在街道上方。天亮之后，当地居民也不会发现这种暗号。

15日凌晨两点半，阿勃拉莫夫攻城纵队进至距城门1500米处，从骆驼背上取下云梯，由士兵们抬着前进。为防止暴露，俄军紧贴着路两侧的土墙推进，几十名敢死队员走在最前面。

城墙外的浩罕哨兵还在睡觉，俄军敢死队已摸了上来。月光之下，他们没有惊醒哨兵，直接摸向城墙。城墙下的一名浩罕哨兵惊醒，爬起来忽然不见了。俄军意识到，城墙根肯定有一条密道通往城里。他们做了个试验：一个酣睡的浩罕哨兵被刺刀捅醒，发现被几个大盖帽的黑影围着，吓得魂飞魄散，急忙跑向城根，钻进了一个土洞里。这个洞口用土色的毡子遮掩着，很难发现。

敢死队员立刻刺杀了还没醒过来的哨兵，从洞口钻进城内。一部分俄军爬上城楼，清除了守军，破坏了大炮；另一部分搬开鹿寨,砸开了城门。一位举着十字架的马洛夫神父(图4-10)首先走进城门,攻城纵队随之鱼贯而入。庞大坚固的塔什干城就这样被攻破了。

按照计划,阿勃拉莫夫纵队立刻向右沿着城墙推进,去6公里外的浩罕门接应伴攻部队。浩罕军已经警醒了,两军大炮在城墙上对射,俄军一路消灭城墙上的守军,用铆钉铆在浩罕大炮的炮膛里(防止敌军使用),然后把大炮推下城墙。在一个炮垒里,俄军发现了半年前被抢走的一门山炮,属于那个战死过半的土耳其斯坦骑兵连。

浩罕门上,守军正用9门大炮和伴攻支队对射。指挥伴攻支队的是克拉夫斯基上校,他有4门轻型骑兵炮。阿勃拉莫夫纵队迅速把浩罕军赶下了城楼,把绳子垂到墙外。伴攻支队的步兵开始爬城。这时,浩罕门忽然打开了,败兵蜂拥而出。伴攻部队的4门轻型骑兵炮立刻用霰弹开火,打得浩罕兵不知所措。数千名浩罕骑兵也涌出城外,被伴攻部队的39名哥萨克骑兵追击,一直跑进了奇尔奇克河里,很多人淹死。

伴攻支队的炮兵、骑兵作战之际,步兵已爬上了城墙,加入到阿勃拉莫夫纵队中。他们继续沿城墙前进,扫荡了整个北面城墙,沿着城墙跑了15公里,一直推进到城西的卡拉萨莱门,这里是平民街区的起点。阿勃拉莫夫纵队在卡拉萨莱门下了城墙,一路巷战,朝市中心市场推进。这是向居民展示俄军已经占领了全城。

占领卡麦兰门之后,随后两个俄军纵队也开进城内,切尔尼亚耶夫指挥部设在了城门下,他命令热姆丘日尼科夫带领第二、三纵队进攻城内东北部的要塞,那里紧邻汗王宫,是浩罕军的弹药库,也是重兵防守之地。早上7点半,俄军攻占了要塞,大炮立刻朝城内各处开火。

城内的浩罕守军开始各自为战。他们砍倒大树修筑路障,阻击街道上的俄军。屋顶、庭院和清真寺高塔上都有浩罕士兵

【图4-10 安德烈·马洛夫神父照片】
照片中,神父右胸前上方挂着的是攻占塔什干后获得的圣乔治十字勋章。

在开火。

在阿勃拉莫夫纵队穿过市场时,几十名士兵沿着一条小巷迷了路,稀里糊涂走到了一条大街上。50岁的安德烈·马洛夫神父举着十字架走在最前面,皓白的头发和胡须在风中飘扬。俄军其实没有神父参加冲锋的习惯,去年10月,马洛夫神父的女婿——科尔佐夫上尉在首次进攻塔什干时战死,绝望的神父坚持参加这次攻城,而且要走在最前面。

子弹从街垒上射来,打倒了几个俄军。马洛夫神父让士兵们卧倒射击,随之攻占了街垒。不断有走散的俄军加入这支队伍,神父成了指挥官,他手举十字架,没有任何武器,带着士兵们朝枪炮声最激烈的要塞摸去。在运河桥头,一名浩罕军跳出来用火枪顶着神父射击,但火枪只冒出了一点火花,火药没有引燃。

到(15日)下午,阿勃拉莫夫和热姆丘日尼科夫的部队基本占领了东城。亲俄的族长们来到卡麦兰门,向切尔尼亚耶夫表示归顺,并保证,明天将带全城的首领和有声望的人来见俄军。但傍晚时分,枪声又在城内回响起来。几乎所有街道和路口都修起了街垒。经常有零星的顽抗者手持长斧冲向俄军,做自杀式攻击。

晚间,所有的俄军都已疲惫不堪。他们已连续奔跑、作战30个小时,很多人一天里跑了三四十公里。不时有塔什干人发动偷袭,枪声整夜不停。

第二天,俄军仍和顽抗的塔什干人巷战。三个俄军连队在街道上穿行,扫荡残余敌军。城中的要塞也被俄军炸毁。到傍晚，全城基本肃清。

17日，塔什干人的长老和头面人物都来到切尔尼亚耶夫军营，表示臣服于俄国。

在5名哥萨克伴随下，切尔尼亚耶夫骑马巡视了全城（另一说只有两人陪同），包括市中心的清真寺、嘈杂的市场和居民区，晚上还去浴池洗了澡。他的自信镇住了塔什干人，再没有发生敌对行为。

俄军缴获了63门大炮，包括1门炮弹重100千克的大型臼炮，还有30多吨火药，一万多发各型炮弹，缴获了16面大旗，其中1面是布哈拉军的。俄军25人战死，约百人受伤。

塔什干之战，两千俄军用1天攻城，1天巷战，就占领了三万浩罕、布哈拉军固守的城池，且自身伤亡极小，切尔尼亚耶夫的指挥素质起了重要作用。顺利克城的关键，是俄军对卡麦兰门的偷袭，虽然发现门洞有一定偶然性，但事先的周密计划和训练仍是基础。其次，是各支队密切协同，各环节丝丝相扣，佯攻分队在主攻分队配合下进入浩罕门，参与城内战斗；负责扫荡城中堡垒的支队也顺利完成任务。总之，整场战役比拼的是军队整体素质，军人数量和装备则是次要因素。

这场战功为切尔尼亚耶夫赢得了"塔什干之狮"的绰号。中亚人尊崇狮子，但这个象征并不适合切尔尼亚耶夫——他的特点并不是凶悍无所畏惧，而是机诈、敏锐，善于发现一切可乘之机，没有充分胜算就及时退却，等待下一次机会。"中亚之狐"才是他的真实写照。

图4-11 这组水彩画为俄军刚攻占塔什干后一位来访军官留

【图 4-11 塔什干城郊的水彩画一组】

下的写生作品。他在哥萨克骑兵保护下，乘马车进入了塔什干绿洲，沿途时而看到哈萨克牧民，显示塔什干城仍属于农业绿洲和牧区的交界地带。村落里几乎看不到妇女：她们都在院门后、墙缝间偷偷窥视陌生人。这位来访者抵达切尔尼亚耶夫的住地后，受到了本地马肉肠和马奶酒的款待，切尔尼亚耶夫抱歉地说："这里根本没有猪肉……"

绿洲里点缀着枝条笔直向上的白杨树，沟渠、坡坎上裸露出黄土。院落和房屋都是土墙夯筑，院门、屋门窄小，墙上很少有窗户（屋顶可以开小天窗）。乡间小路的细沙土上散布着驴和羊的蹄迹，赤脚农人悠闲地徜徉或聊天。塔什干城又经历了一次主人更替，这对它并不新鲜。

总督视察新省区

塔什干战役之后，浩罕彻底失去了对抗俄国的实力和信心。它的主力军被击溃，造成了新一轮汗王权力更迭：布哈拉埃米尔攻入浩罕，把昔日被赶走的汗王胡多亚尔又扶上位，胡多亚尔再没敢梦想抗衡俄国。

失去了锡尔河、天山一线以至塔什干，浩罕只剩了费尔干纳盆地内的农业地带。阿古柏正在新疆南部扩张，这是有关浩罕未来的一个未知因素，也许在中亚丢城失地的惨败下，浩罕人能够把统治中心转移到南疆？浩罕人确实正在向南疆大量迁徙，成为那里的统治阶层。

塔什干暂时被俄军占领,但并未立刻并入俄国,因为外交部和陆军部还在争吵——外交部不想和布哈拉汗国反目,更担心来自英国的抗议。

为争取塔什干的民心,切尔尼亚耶夫宣布,除了商队过境税,免除塔什干一年之内的所有捐税。商队税每年只有3万多卢布,所以在后面一年里,俄军财务非常窘迫,在塔什干修筑兵营等工程都缺乏资金。情急之下,切尔尼亚耶夫只得以个人名义向城内大商户借钱。俄军背上了不小的债务。几年后进行财务审计,发现拖欠款项近30万卢布(当然,这也不是个很大的数字)。

切尔尼亚耶夫从奥利耶-阿塔打到塔什干,得到的只是维持军队日常开支经费,而没有为作战拨付的专项费用。他对开支精打细算,基本每次出征花费都不超过25万卢布,但还是拖欠了官兵很多薪饷。

1865年秋,奥伦堡总督克雷扎诺夫斯基如期前往土耳其斯坦省视察。切尔尼亚耶夫擅自攻占塔什干,显然让他很不愉快,虽然切尔尼亚耶夫可以解释说,塔什干内部的变局导致自己不得不提前下手。在欢迎总督到来的仪式上,两人为礼节问题发生了一些不快。克雷扎诺夫斯基认为切没有亲自站在仪仗队前面,是对自己不敬,但根源显然不在于此。

对新占领的塔什干,切尔尼亚耶夫主张并入俄国,常驻军队。克雷扎诺夫斯基则更了解俄国朝廷内部的争执,他主张建成"独立"的小附庸国。克在塔什干发表这种言论之后,引起了城内各势力的不同解读。

塔什干的商人阶层，特别是从事中亚与俄国间贸易的商人，都希望归属俄国，中亚的中世纪政权只能摧残一切工商业的发展，而俄国显然是文明开化的代表。

塔什干还有强大的伊斯兰宗教势力，他们以各清真寺为中心，有自己的田产、学校和信息网络，核心是主持清真寺、教授《古兰经》的"毛拉"，担当宗教法官的"哈孜"。但在中亚，宗教势力也受到汗王行政权力的压制。

克雷扎诺夫斯基的"独立"承诺激起了宗教界的野心，他们要求一切宗教和司法事务都归"哈孜"集团管理，他们的权力不局限于塔什干，还要延伸到土耳其斯坦省的全部地区。此外，他们要求居民不得服兵役，只能向清真寺系统缴税。简言之，宗教界的理想就是建立纯粹的宗教统治，他们在塔什干看到了付诸实践的机会。

但这注定不会实现。信仰东正教的俄国不可能亲手建立一个伊斯兰教政权。其次，19世纪60年代的俄国正在进行大规模改革，废除农奴制，推行现代化教育体系，鼓励科技和工商业发展，政教分离也是大势所趋。

克雷扎诺夫斯基总督在前线视察的时间里，周边一片寂静。浩罕和布哈拉没敢做刺激举动，塔什干内部也没什么反叛行为。这让总督很不开心，他此行就是为了建立战功，增加一点晋升的砝码。

几百名俄军正在清理塔什干周边地带，克总督希望他们能引起一点儿事变。但切尔尼亚耶夫已经秘密嘱咐带队军官：不得制造事端！

在塔什干停留许久之后，克雷扎诺夫斯基不得不踏上归途，当然，他收集了一大堆对切尔尼亚耶夫不利的材料。

为了走得慢一点，总督特意乘锡尔河上的汽艇缓缓返程，路上还给切尔尼亚耶夫写信，说不要担心兵力不足，在土耳其斯坦省的后方，有奥伦堡军区的 17 个机动连和 12 门大炮，应当挑动塔什干的居民内斗一下……

切尔尼亚耶夫一直没给上司创造机会。他就像三国的关云长，"傲上而不忍下"，从不配合长官的意志。或者说像个过于自信的足球明星，得球后永远是单刀射门，从不给队友传球。这是一种天才的自恋，认为一切事务只有自己操刀才最完美，绝不容忍任何掣肘和干涉。

切尔尼亚耶夫还有更犯上的行为。他给陆军部打报告，说奥伦堡离中亚前线上千公里，由那里的总督遥控只能贻误战机，所以应撤销奥伦堡总督，把土耳其斯坦省升格为总督军区……

试探布哈拉

俄军占领塔什干之后已逼近了中亚绿洲腹地：向东南，是浩罕汗国的费尔干纳盆地；向西南，则是布哈拉汗国。

布哈拉埃米尔一直想得到塔什干（布哈拉汗王称埃米尔，这是一个具有伊斯兰宗教色彩的元首头衔。"汗"则来自 5 世纪的柔然语"可汗"，后来被突厥语、蒙古语等继承，没有宗教色彩），他一面扶植胡多亚尔为浩罕汗王，一面对塔什干实行经济封锁，还派使团去圣彼得堡，希望向沙皇索要塔什干。使团被奥伦堡军区拦了下来,总督认为布哈拉没这种资格,他们只能和奥伦堡这一级谈判。

但布哈拉老埃米尔很快就死了,其子赛义德·穆扎法尔继位。新埃米尔向切尔尼亚耶夫派遣了一名高级使臣,还在信里表示,欢迎俄国使者访问布哈拉,谈谈双方疆界问题。使臣还向切尔尼亚耶夫透露,某些来自阿富汗方向的欧洲人已经到了布哈拉,如果俄国人不抓紧行动,那些欧洲人肯定会取得外交成果。

切尔尼亚耶夫是个军人,还没经历过东方式"外交"的历练,他真派了一名俄国文官带团出访布哈拉(就在几年前,英法联军也被清朝的这种"外交理念"误导了一次)。

到1865年底,使团已经出发了一个多月,一直没有回音。切尔尼亚耶夫派人询问。埃米尔的回信言辞傲慢:在塔什干的布哈拉使团能够前往圣彼得堡并返回之前,他不会释放切尔尼亚耶夫的使团。显然,埃米尔穆扎法尔设局骗来了一批俄国人质。

1866年1月底,切尔尼亚耶夫决定出征布哈拉,迫使埃米尔释放使团。

俄军此行有14个步兵连、6个骑兵连,共三千余人。他们先开往奇纳兹渡口,走过冰封的锡尔河。从这里向西南,是100多公里宽的干旱草原,俄国人称之为"饥饿草原"(图4-12),它是布哈拉汗国的一道天然屏障。

出征前,切尔尼亚耶夫又给埃米尔写了封信,宣称此行目的是接回自己的使团,而非侵占汗国的土地。进入饥饿草原两

【图 4-12 普罗库金拍摄照片：饥饿草原】

天之后，俄军遇到了布哈拉使者送来的回信，埃米尔声称，俄国使者正在返回途中。

2月初，俄军已抵达吉扎克城近郊。这是穿越饥饿草原后的第一个市镇。埃米尔又有一封信送到，说使团已行至撒马尔罕。俄军于是驻扎在吉扎克城外等待，当地人不肯向俄军出售柴草，俄军攻入了郊区收集柴草。

这样相持了 10 天时间，还没等到使团，显然埃米尔一直在耍花招。天气酷寒，粮草将尽，切尔尼亚耶夫决定撤军。俄军上下都很不满，要求攻占吉扎克，但切尔尼亚耶夫担心，开战可能导致使团成员被害。俄军匆忙班师了。

新即位的埃米尔取得了一个重大胜利，他宣称自己击败了俄军，迫使他们逃命。切尔尼亚耶夫被"剃光了眉毛"，意思是受到了严重的羞辱。让俄军稍感宽慰的是，在返回途中，10000

多名布哈拉骑兵追上来发动了攻击。俄国的骑兵和大炮总算有了一点战果。

俄军返回到奇纳兹驻扎，希望等到使团的消息。

40天后（3月26日），一个人乘坐军用邮车抵达奇纳兹军营，走进了指挥部。切尔尼亚耶夫认识此人，他是俄国军报编辑、参谋总部少将罗曼诺夫斯基。半年前，总督克雷扎诺夫斯基到塔什干视察，便是由此人陪同。

一路用化名的罗曼诺夫斯基此时亮出身份，拿出了陆军部的公文：免除切尔尼亚耶夫的土耳其斯坦武官省长职务，由罗曼诺夫斯基接任。切尔尼亚耶夫应立即回圣彼得堡述职。

俄军顿时哗然，许多军官一时不愿接受这个事实：让一个军报编辑"笔杆子"做中亚前线指挥官。切尔尼亚耶夫意识到，一切已不可挽回，但他提出：与布哈拉的争端可能要付诸战争，罗曼诺夫斯基初来乍到，对部队情况不熟悉，所以他自荐做新省长的传令官，协助他对布哈拉作战。

罗曼诺夫斯基不好拒绝这个建议，但他不想被切尔尼亚耶夫架空，所以迟迟不肯出征布哈拉。切尔尼亚耶夫等了几天，发现新省长拒不配合，只得悻悻离开了中亚。

后来有许多传闻，说切尔尼亚耶夫贸然派出使团和未能攻克吉扎克，导致被朝廷免职。其实这些说法都不准确。他的免职令是2月初签发的，那时俄军还在吉扎克城下。真正导致切尔尼亚耶夫出局的，还是奥伦堡总督克雷扎诺夫斯基的不满。

切尔尼亚耶夫刚刚离开前线，俄军巡逻队就发现一支敌军出现在奇纳兹东南方。新上任的土耳其斯坦省长罗曼诺夫斯基带领7个连队前往阻击。

部队开出营地几公里，熹微晨光之中，发现远处有几十名骑手正缓缓行来。骑手后面有一大片缓缓蠕动的东西，高度不及骑手的马镫。俄军骑兵军官认为，那是一群牧羊人带着羊群。但罗曼诺夫斯基不相信，他认定那是匍匐前进的布哈拉步兵。俄国炮兵迅速放列、开火。骑兵打马冲锋，穿大衣的步兵也笨拙地冲了上去。敌"骑兵"飞速逃窜，俄军俘获了14 000只绵羊，只抓住了一个牧羊人，而且是属于臣服俄国的库拉玛部落。

罗曼诺夫斯基坚持认为，羊群属于布哈拉人，所以是理所当然的战利品。他命令把羊群赶到塔什干的集市上拍卖。长途跋涉之后的羊群瘦弱不堪，没卖出什么价钱。此后几年里，库拉玛部落不停上访申诉，给罗曼诺夫斯基的继任者添了不少麻烦。

罗曼诺夫斯基关于此次"战役"的报告说，遇到了3000名敌军骑兵、三面旗帜和一批小口径炮。"绵羊之战"则作为笑料在士兵中间流传。中亚离俄国腹地过于遥远，这里的长官能够一手遮天，欺瞒朝廷，但阻拦不了民间流行的嘲讽。

此后十几年，是俄国在中亚战场高歌猛进的时代，但切尔尼亚耶夫已和这一切无缘。他被孤傲所误，以至在最年富力强时被踢出局。在他身后，一群才智远不及他的新手们跌跌撞撞，交足了学费，还是吞下了整个中亚。

切尔尼亚耶夫已去，但在中亚，他一直是个传奇。继任的俄国统帅经常收到中亚王公的书信，封面写着"米哈伊尔·切尔尼亚耶夫启"，使他们不禁感叹中亚信息的闭塞。其实对中亚人来说,"米哈伊尔·切尔尼亚耶夫"已经不是人名,而是"俄国大帅"之意。

塔什干之尾声

被俄国攻占之后,塔什干成了俄国经营中亚的中心,后来又成了军区总督驻地。俄国移民纷纷迁来,街区经过重新规划,俄式建筑、园林遍地开花(图4-13、图4-14)。

安德烈·马洛夫神父和妻子、女儿在塔什干定居。卡麦兰门旁边是战死俄军合葬墓,他的女婿也埋在其中。俄军在这里建了一座小教堂(图4-15-1),马洛夫被切尔尼亚耶夫任命为主教。

19世纪80年代,塔什干建成荣军大教堂(图4-15-2),马

【图4-13 卡拉津版画:前往塔什干拓殖的俄国移民】

洛夫担任主教,直到 1899 年死去。1935 年教堂被拆除,原址上建成一座广场,即现在塔什干市中心的独立广场。

19 世纪 90 年代,塔什干的城墙和城门全部被拆除。之后上百年里,它作为中亚中心的地位一直没有变化。苏联时期的塔什干是中亚最现代化的都市之一,苏联瓦解后,它一直是乌兹别克斯坦的首都。

【图 4-14 普罗库金拍摄照片:移民到中亚的俄罗斯人的新居,约 1910 年】
房前屋后的杨树显示,这家人在这里落户的时间还不长。照片中的小伙子穿着领口镶花边的俄式衬衣。后来,这种俄国元素被中亚、中国新疆地区的人吸收,变成了"本地特色服饰"的元素之一。

【图 4-15-1 俄军在塔什干建立的小教堂】

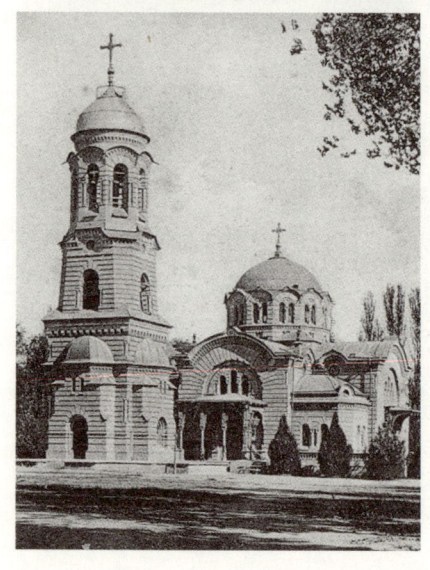

【图 4-15-2 荣军大教堂照片】

第五章

- 火炮变成战车
- 克雷扎诺夫斯基再度驾临
- 喋血吉扎克
- 近看中亚
- 考夫曼的新军区
- 附录:"土耳其斯坦"的前世今生

火炮变成战车

切尔尼亚耶夫离开一个月之后，俄军和布哈拉军展开了第一场大规模会战。

俄军从吉扎克城下退兵后，布哈拉人乐观起来，觉得可以一举打败俄国人。布哈拉军开始袭扰俄军防线，新埃米尔穆扎法尔亲率大军出征，准备占领塔什干。为此他集结了步兵5000人，骑兵35 000多人，还准备了21门大炮。有了这桩功业，他将成为凌驾浩罕与希瓦的中亚霸主。

俄军侦查得知了布哈拉军的动向，罗曼诺夫斯基决定迎战。俄军共19个连开出奇纳兹，数量不到布哈拉军的十分之一。年近二旬的"彼罗夫斯基"号汽艇从咸海开来，运载着粮食和弹药，汽艇溯锡尔河而上，伴随在部队左翼。

1866年5月8日上午，两军在伊尔贾尔接火。这是奇纳兹以南50公里的一片荒原，俄军行军一天便到达了这里。

两军主力逐渐靠近时，俄军变换为作战队形：前锋左翼是6个步兵连，配8门火炮；前锋右翼是5个骑兵连，配8门火箭炮和6门火炮；之后是后备队3个连，配4门火炮和炮兵弹药车；最后是辎重车队，由4个步兵连和2门火炮保护。

俄步兵重点进攻布哈拉军的防御阵地。布哈拉军依靠数量优势，迅速对俄军展开合围，骑兵部队围绕着俄军奔驰，不时发起冲锋。马蹄翻起漫天尘土，踩得大地隆隆作响犹如地震。这些骑兵是临时从游牧部落征发来的"民军"，多使用长矛、马刀和老式火绳枪。他们为汗王打仗是一种义务,要自备战马和兵器,服装也是自备,没有统一样式,指挥骑兵的是各游牧部落的头领。

俄步兵和骑兵失去联系,后备队和辎重队则紧紧跟随着步兵前锋。他们知道一旦队伍分散,不需布哈拉人开枪,潮水般的骑兵也会把他们踩死。在右翼,俄国骑兵也被重重包围,他们面对的是布哈拉步兵。

布哈拉步兵是常备正规军(萨尔巴兹),身穿黄蓝相间的彩色长袍,红色上衣,白布包头。武器多种多样,前排士兵装备锤发枪和燧发枪,后排则是长矛、木棍等冷兵器,也有自备老式火绳枪的。还有一些骑马的萨尔巴兹,但很少在马上作战,都是临敌时下马列队。萨尔巴兹多来自波斯奴隶,也有些本地居民,他们薪水很低,仅足以糊口;军官则是汗王的亲戚或亲信。士兵们对汗王和汗国大都缺乏忠心,但汗王更不信任自己统治的普通臣民,他们太容易受宗教势力的影响,奴隶军正好和本地势力互相制衡。

一个俄国骑兵连拉开横队散兵线冲上去,但布哈拉步兵列成密集队列,顶住了骑兵冲击,迫使骑兵连分散跑开。第二个骑兵连列成更密集的两排队列,但同样无法冲开布哈拉步兵,反而打乱了自己的队列。

骑兵束手无策之际,伴随的炮兵进行了另一次尝试:用6辆拖曳着山炮的马车进行冲锋。车夫鞭打着马匹,冒着枪弹朝布哈拉步兵队列冲去。木头车轮发出的巨大的轰鸣声,布哈拉人终于顶不住了,炮兵马车从四散奔逃的步兵群中飞驰而过。

这是希波战争时期或春秋时代标准的战车冲锋。马车体量庞大，声势惊人，比骑兵的威慑力大，而且车手坐在后面，比冲锋的骑手更安全。但马车前行需要很平坦的地形。伊尔贾尔战场碰巧满足了这个条件。

骑兵突围之时，步兵前锋也在和阵地里的布哈拉军进行炮战。布哈拉炮兵技术不精，炮弹大多从俄军头上飞了过去。俄军炮兵甚至发起了步兵式的冲锋，直接冲进了敌炮兵阵地，夺过了大炮。

已突围的俄军骑兵从侧翼逼近布哈拉阵地。火箭炮、山炮相继朝阵地开火。埃米尔的主力军开始溃退。俄骑兵指挥官发现了前方的布哈拉辎重营地，迅速将其合围，但禁止哥萨克骑兵攻入营地，他知道哥萨克们抢掠成性，放他们进去就剩不下什么东西了。两个小时后，后备队的步兵赶来，清除了布哈拉守军，缴获全部辎重。

到下午5点钟，布哈拉军已经逃离了战场，战斗基本结束。

另一路沿锡尔河护送汽艇的俄军也赶来，对溃逃的布哈拉军开了几炮，阻止了他们逃向东面。如果这些人逃过了锡尔河，将威胁俄军后方的塔什干地区。

大战后的原野上，火药味逐渐换成了烧灼人肉的焦臭味。荒野里到处倒伏着尸体。中亚火绳枪手习惯把引火绳盘在腰间，中弹倒地后火绳会逐渐引燃衣服。棉布长袍燃烧时不起明火，而是像木炭一样闷烧，死去或受伤的布哈拉兵就这样被慢慢烧焦了。当然，这种情形不止发生在伊尔贾尔，每次大战后都是这番景象。

伊尔贾尔战役是一场大规模野战，俄军只有1人战死，12人受伤。战场上散落的布哈拉军尸体达1000多具。整个过程几乎和6年前的乌宗-阿加奇战役一样，只是布哈拉军比浩罕军的伤亡更大。在战后召开的全体军官会议上，罗曼诺夫斯基对骑兵和后备队指挥官进行了严厉批评。他指责骑兵部队没能合围住敌步兵，后备队则擅离职守（指进攻敌辎重营地）。显然这些批评都难以服众。

伊尔贾尔战役之后，罗曼诺夫斯基决心乘胜前进，他把目标锁定在忽盏城。此城处在费尔干纳盆地的西出口，是布哈拉和浩罕两汗国间的必经之路。忽盏原属浩罕，前年，布哈拉老埃米尔干涉浩罕内争，顺便占领了忽盏。所以罗曼诺夫斯基考虑，攻占忽盏应该不会引起布哈拉太强烈的反对（俄国使团毕竟还扣留在布哈拉，他担心埃米尔撕票），而浩罕已经被俄国打怕了，肯定也不敢再生事端。俄军在伊尔贾尔战场休整了4天，然后开往忽盏。

罗曼诺夫斯基最发愁的是钱。为了筹集远征所需费用，塔什干的军需主任只能以私人身份向当地富商借钱。这也是切尔尼亚耶夫去年用过的办法。

和以往的攻城战相似，忽盏在一天（5月24日）之内就攻了下来。布哈拉守军约2500人战死；俄军战死5人，伤100余人。大多数军人受伤的原因，是攻城梯子短了一点，够不到城墙顶端，俄军在攀爬时遭受了雨点般的石块的打击。

克雷扎诺夫斯基再度驾临

罗曼诺夫斯基这次进军并未向奥伦堡总督汇报,属于擅自行动。战役结束后,他立刻给远在奥伦堡的克雷扎诺夫斯基总督报告了战况,并暗示会等总督到来后发动下一轮攻势。

和去年一样,克雷扎诺夫斯基宣布秋天将到前线视察。当然,前线战机瞬息万变,省长很容易找到擅自行动的借口。总督只能卡住财务源头,他规定土耳其斯坦省的军事经费必须按照呈报的计划开支,不得有任何例外。奥伦堡的军需官严密监督着土耳其斯坦省军需处的账目。

克雷扎诺夫斯基在考虑下一个作战目标,是仅剩一隅之地的浩罕,还是基本完整的布哈拉?现在俄军已占领了忽盏,以这里为基地,可以很方便地进攻其中任何一个目标。

总督首选的对象是浩罕,它仅存的费尔干纳盆地是富饶的农业区,盛产粮食、棉花和蚕丝。他指示罗曼诺夫斯基:不要和浩罕达成任何和平协议,要用傲慢和鄙夷的态度和汗王通信,以便激起他的愤怒和反抗,俄军便有充足的理由占领整个汗国了。

此时,胡多亚尔又在布哈拉人的支持下夺回浩罕王位。他很识时务,对俄军予取予求,暂时没有引火上身。

布哈拉埃米尔也丧失了斗志,他主动释放了扣留的俄国使团,并和罗曼诺夫斯基达成了和平协议,其中最现实的内容,是布哈拉要向俄军赔偿最近一次战争的开支。但布哈拉没有马上支付这笔钱。罗曼诺夫斯基已经拖欠了士兵薪饷和供应商、债主大量钱款,财务极为窘迫。土耳其斯坦省有自己的财政收入，主要是商税和对游牧部族征收的牲畜税，但按照总督的指示，这些收入不能用于军事开支。

1866年夏天，罗曼诺夫斯基逐步建立了塔什干的民政管理体系。伊斯兰宗教界扩张权力的梦想没有实现，俄国人建立了一个司法联席会，由俄国行政长官任主席，当地人推举3名代表委员，来自清真寺的哈孜（宗教法官）只能占一个名额。重大行政和司法事务都由这个联席会讨论通过。这种制度能吸收当地精英参政，也避免了某一势力独大，使俄国人能比较顺利地统治中亚。

19世纪60年代是俄国的改革年代，各种新思潮空前活跃，激进的革命党试图推翻沙皇的统治。1866年4月4日，圣彼得堡发生了一起对沙皇亚历山大二世的刺杀事件，但未能成功。消息传到中亚，塔什干举办了一次庆祝大会。被征服的中亚各部族，以及周边小邦国的代表都呈上了各具民族特色的书面贺词，颇有"万邦来朝"的气氛。

8月中旬，奥伦堡总督再次驾临塔什干。克雷扎诺夫斯基带来了沙皇的指示：可以将新占领区并入俄国。去年征服的塔什干，今年刚占领的忽盏，都举行了"自愿"归并俄国的仪式。

之后便是总督一直渴望的"建功立业"了。他一直想亲自攻城略地，去年没能实现，今年必须加倍补偿。

刚到塔什干，克雷扎诺夫斯基就给陆军大臣米柳京发去了一封信，声称据土耳其斯坦省长报告，浩罕汗王对俄国极端无礼，所以应该攻入费尔干纳地区。但省长罗曼诺夫斯基对浩罕很有好感（他可能接受了胡多亚尔汗王的贿赂），否认自己有过这种报告，并请求辞职。

于是总督急忙改口，说该惩治的是布哈拉汗国……两人对此达成了共识。

两个月以来，布哈拉使者一直在和罗曼诺夫斯基省长谈判，没有支付战争"赔款"。现在，克雷扎诺夫斯基下了最后通牒：10天之内不交纳赔款，便要发动战争！

从塔什干到布哈拉城有500公里，往返一趟超过10天，何况还要搜罗一大笔金银钱币运来，时间根本不够。所以克总督要的就是战争。他还有新的理由：布哈拉埃米尔送来的礼物太微薄了，就是"几块厚缎子"，简直是对大俄罗斯总督的人身侮辱……

俄军主力都集结在忽盏城。最后期限到来前3天，克雷扎诺夫斯基和罗曼诺夫斯基带队上路了。此行共有25个连队（都不满员），共3000余人，携带28门各型火炮，兵力规模和之前攻占塔什干、忽盏时差不多。此外，部队还征用了800头骆驼和600辆牛车运送粮秣。

第一个攻击目标是乌腊提尤别城（又译：乌拉秋别）。出发后3天，俄军前锋已进抵城下，派了一名骑兵进城送劝降书。

一名布哈拉骑兵迎接了他。当递交书信时，布哈拉骑兵忽然抽出马刀砍来。俄军骑兵用马鞭格挡，马鞭被砍断，但人未受伤，他急忙打马而去。

攻城战开始了。

乌腊提尤别的夯土城墙很高大，而且护城沟紧挨着城墙，更增加了城墙的高度。几个月前用云梯攻忽盏城，俄军伤亡上百人，代价显然过大。所以这次俄军还是指望用大炮轰开城墙。俄军刚装备了一些线膛前装炮，这种炮比滑膛炮精准，炮弹穿透力更强。俄军建造了几个炮位掩体，尝试用线膛炮轰开一段城墙。

但实心弹"砸击"城墙的效率并不高。为了使炮弹准而有力，必须打近距离直射，炮位建在城墙百余米处，完全处在城上步枪的射程内。4门线膛炮轰击了一晚上，只在城墙上打出一米见方的塌陷。在另一处阵地，2门线膛炮、6门滑膛山炮和4门臼炮齐轰，打出了两处较大的塌陷。可见想彻底轰塌城墙是不现实的，最后还是离不了云梯。

俄军以南城墙为主攻方向，准备了三个攻城纵队，每队两个连，约250人。规定一个纵队负责进攻塌陷处城墙，之后，另外两个纵队开始用云梯爬城。

10月2日是个满月之夜。凌晨时分，3枚信号火箭冲天而起，总攻开始。俄军大炮同时停止了轰击，攻城纵队朝城墙进发。带领两个云梯纵队的，是两个未经战阵的年轻近卫军军官。他们过于急躁，高喊着"乌拉"冲在了最前面。城上守军被这两支纵队吸引，枪炮火力都向他们打来。

跑得最快的云梯纵队来到城门下，架起了梯子，军官们带头爬了上去，但梯子上爬满了人，立刻断了。刚上城头的8个人立刻遭到守军围攻，他们冲开人群躲到了一个门洞里，暂时保住了性命。没梯子的情况下，士兵们只能砸城门。守军从城上扔下的大滚木成了攻城槌，就这样俄军砸开城门，救下了门洞里的8个人。

另一个云梯纵队也爬上了城墙，但恰好攻入了布哈拉军的一个大型营地,遭到敌军重重围攻。双方展开刺刀白刃战,伤亡都很大。

本应最先爬上塌陷处的攻墙纵队,却最后登上城墙。带队指挥官是有战斗经验的纳扎罗夫少校,他没高喊"乌拉",而是带着士兵们悄悄逼近城墙。守军注意力被另外两支纵队吸引时,他们已经悄悄爬上了坍塌处,夺取了大炮,并击退了大量布哈拉人的反扑,自身几乎无一伤亡。

天亮时,几路俄军已经攻入城中,佯攻部队和后备队也开始入城。经过激烈的巷战,全城被俄军占领。残存的布哈拉军逃出城外,退往汗国腹地。城内外的布哈拉军尸体有2000多具。俄军死亡17人(包括3名尉官),伤200余人。两路用云梯攻城的纵队伤亡最多。

纳扎罗夫少校受到指责,说他的纵队行动太慢,使另外两路遭到了重大损失。纳扎罗夫则振振有词地为自己辩护:那两路云梯纵队承担的是辅助任务,不该跑那么快,而且他们冲锋时还高喊"乌拉",怎么能怪别人?

俄军在城内吃上了早饭。布哈拉人没有预料到俄军的突袭,战斗打响时还在做饭,城墙下的大锅里煮着开水,摆着成堆的馕和其他食物。多数俄国人此前还没见过馕,觉得这是一种奇怪的烤面饼(馕是在烧热的地坑里烤熟的,图5-1)。

这一役标志着俄军正式进入中亚腹地。

从乌腊提尤别开始,玄奘的取经之路和俄军分道扬镳了:玄奘一直向南,直奔阿富汗;俄军则转向西,试图攻占中亚的绿洲腹地,首先是布哈拉汗国的重要关隘——吉扎克。

【图 5-1　普罗库金·戈斯基拍摄照片：中亚街头卖馕饼的小贩，约 1910 年】
小麦面粉做的馕饼，是今天中亚和新疆的主食，但在 19 世纪，小麦面粉还是奢侈品，当时普通人吃的多是玉米面或高粱面做的馕，小麦粉馕则是类似点心的副食，偶尔解馋之物。

普罗库金·戈斯基是最早尝试彩色摄影的摄影师之一，当时的彩色摄影技术比较复杂，需要先冲洗出 3 张三原色单色照片，再叠加合成为彩色。1910 年—1911 年，普罗库金·戈斯基游历了当时的俄属中亚地区，拍摄了一系列珍贵的彩色照片。

喋血吉扎克

占领乌腊提尤别后,俄军立即向吉扎克进军,前锋于10月11日进抵城下,展开侦查和修筑炮垒。到14日,炮兵和全部辎重赶到。

吉扎克城位于一个山口附近,过了这个山口向西,就是布哈拉的腹地:撒马尔罕和布哈拉城。俄军首先迂回到城西,堵住了去往撒马尔罕方向的道路。

吉扎克的外围城墙高约7米,守军没有在此设防,而是重点防守高约20米的主城墙(俄军本来无法靠近测量,但因城墙是夯土版筑,每个夯层高约2米,共有9层,由此计算出了墙高,可是这个测量数字还是很难令人信服)。这道主城墙之内,还有两层内城墙。

城内守军有一万余人,其中萨尔巴兹步兵两千左右,还有几百名阿富汗炮手——阿富汗人受英国影响较深,对欧式枪炮很熟悉,此外还有几千名波斯奴隶组成的军队。

8个月前,切尔尼亚耶夫在吉扎克城下无所作为,使布哈拉人对城防有了一些信心。埃米尔已经命令城防司令阿赖亚尔汗,必须死守此城,直至弹尽人亡。与此同时,几千名布哈拉军正带着18门大炮赶来增援。

面对开来的俄军,阿赖亚尔汗先派出了一名使者,声称埃米尔已示意可以投降,需要等进一步指示,在此之前,希望俄军不要围城。但有了切尔尼亚耶夫的前车之鉴,俄国人已经不吃这一套了。

此时俄军的粮秣已经不足，所以分出了一部分兵力在周边农村地区搜集粮食。攻城重点选定为通向乌腊提尤别和撒马尔罕的两座城门，还在通向塔什干的城门外设置了佯攻部队。鉴于乌腊提尤别攻城战的教训，俄军还是寄希望于轰塌城墙，而不能再用云梯直接冒险。

守军也在坚壁清野，拆除和焚毁主城墙之下的民居，清理出一条百余米宽的暴露地带。但俄军还是占领了乌腊提尤别和撒马尔罕门下的几座庭院，趁夜色改造成攻缺炮垒。每处炮垒有两门线膛野炮破坏城墙，还用小型臼炮轰击城头和城墙后的守军。

16、17日两天，炮垒都在轰击两处城墙，逐渐造成了一些塌陷。攻撒马尔罕门的炮兵指挥官较有经验，命令炮兵晚上也要隔三五分钟打一发霰弹，使城上守军难以施工修补。攻乌腊提尤别门的炮兵则没这种警觉，第二天早上发现，昨天轰出的缺口已经被守军用树干和装土的口袋、筐子修补了起来，还要消耗更多的炮弹。

炮击一整天，可以造成 4 米见方的城墙坍塌，两天则可以轰出近 10 米高的塌陷。塌落的泥土又在城墙下部堆成了斜坡。这样用两天时间，就可以在 20 米高的城墙上打开一条坡道。

布哈拉守军除了抢修塌陷，还出城对俄军炮垒进行了攻击，但规模不大，被俄军轻易击退了。俄军还发现，城墙上的守军实行了交替换岗，夜间也始终不放松戒备。这和以往中亚的守城方式很不一样，所以猜测有英国人在暗中指导。

17日，俄国军官讨论了攻城方案。罗曼诺夫斯基提出，以往攻城都是在黎明时分，但这次守军的夜间值班很完备，且每晚都在抢修塌陷的城墙，所以进攻不宜再定在黎明，而应改为正午时分，由此确定了次日的攻城方案。

18日天亮之后，俄军炮兵继续开火轰击守军刚刚修补的缺口。实心炮弹打得树枝四溅横飞，土筐和土袋子被一个个掀下城来。

上午10点，塔什干门外的俄军展开了一次佯攻，3个骑兵连徒步走到城下，故意大声喧哗。布哈拉军则沿着绳子攀下城墙，主动进攻俄军。双方展开了一场规模不大的肉搏战，守军有几人战死，俄军则有10余人受伤。

中午12点钟，俄军大炮相继停火。布哈拉人也放松了警惕，开始准备吃午饭。两队主攻俄军秘密就位，每队都有4连步兵，并辅以少数工兵和徒步骑兵。此外还有5个连的后备队。

两处俄军工事距离城墙都有200米左右。士兵们按云梯低声报数，抬起梯子，无声地爬过掩体，朝着同样安静的城墙小跑。

跑过四五十米的距离，城墙上突然冒起阵阵硝烟，守军枪炮齐发，弹丸带着风声飞来。俄军齐声高喊"乌拉"，加快了奔跑速度。后备队也高喊着向城墙冲去。由于城墙已经被轰出塌陷，再加上梯子的协助，两个方向的俄军都顺利爬上了城墙。

在乌腊提尤别城门旁，俄军刚刚攻上去，城墙上就发生了大爆炸，16名俄军被严重烧伤。据说是绝望的守军点燃了火药，也有人认为是操作失误所致。

在撒马尔罕门附近的缺口，一个枪骑兵（即骑马的步兵）连担任前锋，他们的连长刚刚换成一个新来的军官，士兵们都不服气，故意把连长推到第一个爬城。新连长刚登城就受到了几个长矛手的围攻，他打光了手枪的子弹，却没有士兵上前协助。连长回身向城下呼喊，被一支长矛刺穿了背部。这时士兵们才冲上去消灭了守军。

这位连长没死，但落下了残疾，10余年后，在觐见沙皇时用匕首自杀。

两处缺口都取得突破，俄军迅速沿着城墙推进。守军则陷入了绝境：因为吉扎克城内还有三道城墙都迅速被俄军占领，守军只能沿着城墙之间的夹道逃命。

4000多名骑马和徒步的守军沿着夹道逃往塔什干门，但城门早已被堵住了（为防止俄军攻城）。4000多人马拥挤在夹道尽头，俄军迅速赶来列队齐射，米涅弹打得人堆中血肉四溅，尸体在夹道里越堆越高，变成了一座尸山，尸体堆中不时伸出抽搐的胳膊或人腿，马蹄或马脸……

3000多人被打死。尸山后面、夹道尽头还躲藏着约1500名守军，都吓得神志模糊。杀红了眼的俄军稍稍冷静下来，这些人才保住了性命（图5-2）。

俄军缴获了一些欧洲产的锤发线膛枪，比起俄军使用的M1857步枪毫不逊色，所以俄军怀疑英国在暗中支持布哈拉。城中并没有发现英国人——至少没有活人，但俄军还是发现几个死者明显有欧洲人的特征……

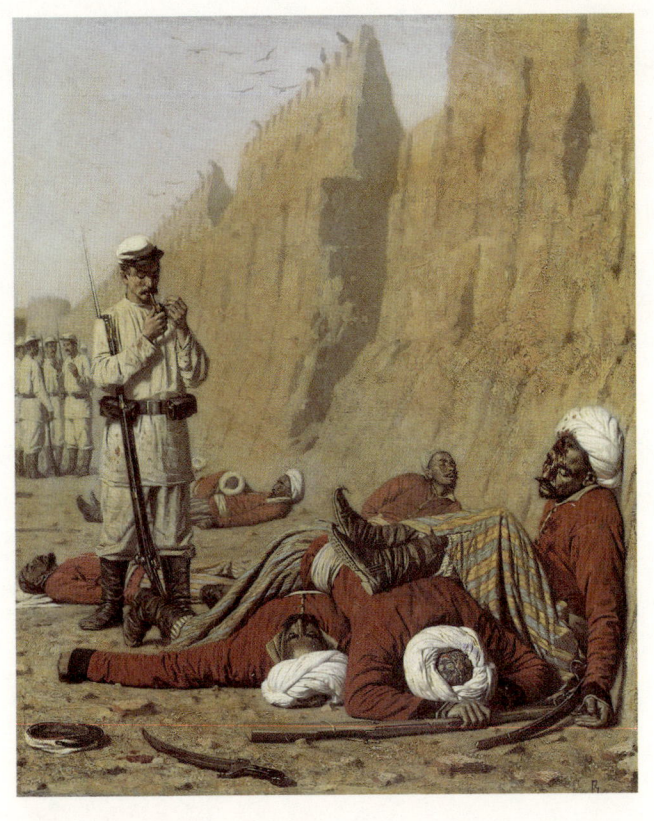

【图 5-2 韦列夏金油画：攻城战结束】
画中红衣的萨尔巴兹尸体狼藉，军服带血的俄国士兵正在点燃烟斗。左下角的地上遗弃着一把中亚战刀，留有一摊血迹，一顶俄式军帽。

到今天，各种英国政府档案都已解禁，可以证明俄国人多虑了，当时英国并未直接援助布哈拉。

城内正在鏖战之时，布哈拉援军也赶到了城外，和守卫营地的俄军稍做对峙，就急忙后撤逃走了。

俄国士兵在城内发现了一个金库。这个发现没有报告，所以很多士兵都突然拥有了一大堆中亚银币，多得没法携带，只能找军官换成纸币。还缴获了大量马匹，以至每个俄国步兵都有了一匹马。

俄军共有6人战死，近百人受伤，比进攻乌腊提尤别的伤亡要小。然而吉扎克守军数量、城墙高度都远超过乌腊提尤别，主要是俄军以足够的耐心轰塌了城墙，才减少了伤亡。

这次出征宣告结束。总督和省长带着俄军返回塔什干。在吉扎克留下了13个连的驻军，这里成为俄国战线的最前沿。

1866年底，克雷扎诺夫斯基和罗曼诺夫斯基相继离开了这里，去圣彼得堡述职兼活动自己的仕途。

1866年的军事行动，为俄国增添了3座城池、方圆100多公里的土地，且严重削弱了布哈拉军的实力和埃米尔的威信。但是，绿洲社会对俄国人的敌视也迅速增长，发展成埃米尔无法控制的运动——吉哈德（圣战）。

近看中亚

随着逐渐深入中亚，俄国人对绿洲社会的了解也在逐渐加深。这里虽然有布哈拉、希瓦、浩罕3个汗国,但它们的政权机构都非常简单,对社会的控制能力很低。

初到中亚绿洲的游客,第一印象往往是雄伟的汗王宫城、广场上残忍的刑罚展示,会觉得这里的汗王都是大权独揽的独裁者。其实这只是硬币的一面。

在另一面,和近代化的欧洲国家相比,甚至和两千年来的中国相比,中亚汗王的政权结构非常简单:汗王任命几个亲信(往往是亲属)担任掌管税收、军队、水利工程的大臣;汗国分为几个大区,由汗王任命的亲信做伯克管理。这就是汗国有限的一点国家政权,再下面,基层社会就处于自治状态了。

关于汗王如何管理大臣,有一个有趣的事例:浩罕汗王曾抱怨近年的税收越来越少,他怀疑是税收大臣贪污,处置方法也很简单:派人埋伏在路边,打劫了收税返回的大臣,把所有的钱送进王宫——果然比账面上的税收额高。受过惩戒的大臣则继续任职。

绿洲社会"自治"的单位是宗族和家族。不仅牧区有部落,农村有宗族,城市居民也生活在宗族体系之中。城内的不同街道、街区,就是不同宗族的范围,他们往往又和特定的职业相结合。大臣、伯克们收税、征兵,都要通过各宗族的长老进行。

伊斯兰宗教界承担了很大一部分教育和司法功能。清真寺的毛拉(经师)招收弟子,教授《古兰经》,也调解民间争端,还有专职的"哈孜"裁决债务、婚姻、斗殴等诉讼(图5-3)。这些都不在汗王的政权体系内。各地的清真寺也是独立的,有各自的管区、地产和管理组织。

习惯了大一统王朝的中国人，很难理解这种自治模式——社会怎么能没有"王法"？

其实它基本是整个伊斯兰世界的常态，就是王权和部族、宗族自治并存。伊斯兰教理论也支持这种状态：《古兰经》是最高的裁决标准，高水平的宗教学者可以从中寻找对现实问题的指导，王权也不能垄断对《古兰经》的解释权。在当代个别国家，政权和特定宗教派别结合得比较密切，有政教合一的特色。

除了正规的清真寺系统，中亚还有一种宗教人士，对社会有很深的影响，就是所谓"苦行僧"或"托钵僧"（图 5-4）。他们没有职业和家庭，靠乞讨为生，穿戴得破烂肮脏，沉迷在宗教狂热中，举止疯疯癫癫，犹如济公和尚。托钵僧们有自己的一套所谓师承脉络，但多数人是文盲，根本不能阅读经书（何况正规的《古兰经》是阿拉伯文）。

上层人士不会欣赏这种人，但底层愚民会相信他们有某种奇异的"通神"能力，所以在民间颇有号召力，经常煽起民间暴动。另外，草原上的游牧部族粗疏无文，很难接受正统的伊斯兰教教义，但常有疯疯癫癫的托钵僧跑到草原上传教，游牧者倒很容易受他们影响。

俄军步步进逼之际，布哈拉埃米尔受到了国内的广泛批评。他在伊尔贾尔之战率先逃命，大大降低了自己的威信。到吉扎克失守，汗国内部局势已趋于失控。俄军占领吉扎克之后，双方已开始进行谈判，但内部的反对声浪使埃米尔不敢批准条约。

【图 5-3　戈斯基拍摄照片：布哈拉清真寺里正在授课的毛拉，约 1910 年】

【图 5-4　韦列夏金素描：中亚街头的苦行托钵僧，约 1871 年】
左图是一个苦行者向一个女乞丐"乞讨"；右图是两个苦行者在交谈。
这些人有自己的一套信息网络，往往能在社会动荡之际掀起风浪。

1867年，中亚战线上相对安静，没有大的变动。奥伦堡总督和土耳其斯坦省长都回了后方，指挥权临时委托给了一位名叫曼陀菲尔的少将，他没有太大的权限，所以在这一年里，双方只在交界线上有一些零星的战斗。

埃米尔试图争取更多盟友，一起对付俄国人。布哈拉使者为此前往奥斯曼土耳其、阿富汗和周边各汗国、部落。但奥斯曼土耳其和阿富汗人不想跟俄国作战，浩罕已经被俄国打怕了，希瓦和布哈拉一直不和，所以也拒绝援助埃米尔。只有南邻的一个半独立部族，沙赫里夏勃兹人，决心和俄国人打仗。五百年前著名的瘸子帖木儿大帝，就出自这个部落。

为筹集军费，埃米尔动了很多脑筋。除了向商人加税，他还用了操控市场的办法：事先悄悄收购了很多坚加（一种银质货币），然后放出消息，说下次收税时，坚加的价格要增长一倍。人们纷纷兑换坚加，但多数已经被埃米尔收藏，市面上流通的很少，导致其比价迅速增长了三倍。这时埃米尔再倾销出手里的坚加，大大赚了一笔。

中亚绿洲的人口、经济规模较小，又和外界比较隔绝，很容易掀起这种金融动荡，而王室又是最主要的操盘手。埃米尔还向毛拉们加税。新毛拉获得职业资格，往往要向官府缴一笔钱，以往的中亚和新疆都有此传统。但加税引起了宗教界普遍不满。

1868年3月，在国内的一片反对声中，埃米尔召开了一个特别会议（这个背景有点像法国路易十六的"三级会议"）。参加者除了管理各地的伯克，还有宗教学者和大商人。埃米尔在旁边一个房间垂帘旁听。来自民间的参会者群情激奋，毫不顾忌埃米尔的面子，纷纷批评他的无能，要求立即与俄军开战。埃米尔还在迟疑，哀求主战派再等一等。

汗国局势则日益失控。在有些城市的礼拜仪式上，主持祈祷的毛拉宣布，要对俄国人发动吉哈德——"圣战"（图5-5-1、图5-5-2）。

撒马尔罕城的圣战派群情激奋，不再服从埃米尔的政权，最后被汗国军队开枪镇压了下去。但在毛拉和托钵僧们的煽动下，汗国残境内烧起了"圣战"之火，声焰所及，甚至俄国军队里的穆斯林士兵也开小差投奔了敌军。

在布哈拉城，埃米尔经过街道时，市民们都聚在一起叫骂，女人骂得尤其难听，埃米尔还要提防不时飞来的砖头。他辗转到别的城市，发现处境更糟，有些臣属于布哈拉的小邦国也要求独立。

万般无奈之下，埃米尔正式宣布进行"圣战"。其实他对民间运动已经没有了掌控能力。

对于欧洲或者俄国，殖民扩张并不具有太多宗教色彩。俄国人的目标并非宗教征服，而是政教分离。俄国军队里有伊斯兰教信徒，主要是较早归化俄国的鞑靼族人，也有稍晚些归化的哈萨克人。俄国在控制草原时，经常鼓励绿洲的毛拉们向哈萨克部落传教，以取代萨满教和藏传佛教的影响。同一时期，英国殖民当局也曾在撒哈拉以南非洲倡导伊斯兰教。在欧洲征服者眼里，比起土著民族那些五花八门的巫术信仰，伊斯兰教和基督教算是有关联，是一种更高级、更系统的宗教形式。

第五章 炮口转向布哈拉 ■ 159

【图 5-5-1 卡拉津作品：骑着毛驴的毛拉】
由图可见毛拉形象被漫画化了，后面是两个持枪的土库曼游牧民。

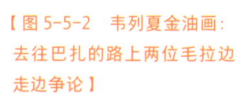

【图 5-5-2 韦列夏金油画：去往巴扎的路上两位毛拉边走边争论】
该图中是不那么漫画化的毛拉形象。中亚男子习惯剃光头，戴小圆帽，再加大布包头。

在 18 世纪，欧洲人拥有绝对的军事优势，在他们看来，"圣战"不过是伊斯兰世界的无聊闹剧，到了 20 世纪，它却成为让全世界闻风丧胆的恐怖号角。

考夫曼的新军区

一年多时间里，俄国扩张的步伐停了下来。新征服地区的管理制度亟待完善：这里离奥伦堡 2000 多公里，却处处听命于奥伦堡总督，造成了诸多不便。

到 1867 年，沙皇决定，将土耳其斯坦省升格为军区，和奥伦堡平级，长官为总督，治所在塔什干市。军区下设两个省：锡尔河省（锡尔河中下游，1865 年以前的奥伦堡军区辖地）和七河省（巴尔喀什湖地区和西天山北麓，以前的西西伯利亚军区辖地）。

从要塞城市升格为省、再从省升格为军区，奥伦堡用了一百多年，土耳其斯坦只用了 3 年。

中亚的大门已经打开，开疆拓土的事业大有可为。有后台的军官们纷纷钻营到新军区任职。原省长罗曼诺夫斯基述职后没有返回中亚，他只干了 8 个月。

49 岁的冯·考夫曼将军（图 5-6）被任命为土耳其斯坦军区第一任总督。他是德裔，曾经担任陆军大臣米柳京的办公厅主任，"朝中有人好做官"。

沙皇吸取了以往中亚的教训——朝廷掣肘太多，通讯又不

【图 5-6 冯·考夫曼肖像】

发达（有线电报还没架设到中亚前线），使指挥官无所适从——所以给了考夫曼很多授权，比如，他可以直接决定与中亚汗国开战或缔结条约。

为了向中亚显贵们展示俄国的伟大形象，给考夫曼的任命书也是特意制作的：银质镀金的封套，红色火漆压印着沙皇国玺。厚纸册页用金色锦缎精装，粗金线装订，缀着金丝璎珞。正文是烫金的粗体字，沙皇亚历山大二世的美术体签名。页面的四边用俄国各州各省的五彩徽章围成外框。

当接见游牧部族及中亚汗国的使臣时，考夫曼常常展示这份任命书，给观众造成"一种特殊的恭敬和虔诚的心情"。关于总督"金书"的故事在草原和绿洲上传播，人们都相信，这个窄头小脸、其貌不扬的男子，确实是"白沙皇"在中亚的全权代表。

中亚人给考夫曼起了"亚雷姆·帕季沙"的绰号,意思是"半个沙皇"。"半个"也是中亚语言里很经典的概念,如一个描述男权的谚语:丈夫是妻子的"第二个胡大",胡大即指真主。这些半真半假的传闻终于使他们淡忘了切尔尼亚耶夫。

后来的切尔尼亚耶夫命运如何?

就在考夫曼走马上任塔什干之时,不到40岁的切尔尼亚耶夫已经被解除了现役。他尝试过改行:通过了司法公证人考试;创办过一份报纸,批评俄国军界各种弊政。他还以志愿者身份参加过南斯拉夫人反抗奥斯曼土耳其的战争。

54岁那年,他终于回到了中亚,成为考夫曼的继任者、土耳其斯坦军区第二任总督。那已是和平年代,他用了两年时间证明,当年的战争英雄并不适合做和平年代的管理者。

附录:"土耳其斯坦"的前世今生

一片草原、一座城市、一个省、一个军区、一个梦

150年以来,"土耳其斯坦"逐渐变成了中亚绿洲的代称。下面就说说"土耳其斯坦"含义的变迁。

土耳其斯坦,又译突厥斯坦、土尔克斯坦。从词源上说,这个词来自隋唐时期的波斯语。"土耳其"和"突厥"是同一个词,"斯坦"则是地区之意,合称为"突厥人居住的地方"。

那么，在说波斯语的人眼里，突厥人的地盘在哪里？

其实不是阿姆河、锡尔河之间的中亚绿洲。自古以来，这里的农业居民都说波斯语，属于波斯文化圈。波斯属于农业文明，他们眼里的突厥人，是生活在草原上的蛮族游牧者；他们认为的土耳其斯坦，是锡尔河以北、现在的哈萨克大草原。

被蒙古征服之后，哈萨克草原已不是严格意义上的突厥人属地了。后来迁到哈萨克草原的哈萨克人、乌兹别克人，虽然说的是突厥语族的语言，但都自认为是蒙古人，出自成吉思汗家族。所以15世纪以后的"土耳其斯坦"，被压缩、限定在锡尔河中游北岸的一小块狭长地带，即今天哈萨克斯坦的土耳其斯坦市。

同时，一支说突厥语的"奥斯曼人"攻灭了东罗马帝国，建立起奥斯曼王朝。欧洲人叫他们"突厥"（土耳其）人。其实奥斯曼人从未自认为是突厥，但后来被叫习惯了，才接受了欧洲人的这个说法。奥斯曼土耳其中的"土耳其"和中亚的"土耳其斯坦"无关，地理上也不相连。

中亚绿洲也在不断变化。说突厥语的游牧部族一波波征服绿洲，并且定居下来。所以在中亚绿洲里，突厥语逐渐压倒了波斯语，成为主流。即使这样，生活在绿洲里、说突厥语的居民，也不认为自己生活的绿洲是"土耳其斯坦"。

明朝后期，1602年，耶稣会传教士、意大利人利玛窦用中文绘制了一幅全球地图：《坤舆万国全图》（图5-7），上面标注了"土儿客私堂"，就是土耳其斯坦的音译。

图5-7中蓝圈内是"土儿客私堂"，红圈内大致相当于今新

疆。利玛窦时期，亚洲内陆还未经精确测量，很多方位都不准确。比如把以撒马尔罕为中心的中亚画在了新疆的北边，其实应在西边。图中没有画出咸海，只画了一个很大的里海，而且画得离新疆太近了。

但对于"土儿客私堂"和撒马尔罕的相对位置，《坤舆万国全图》则是对的，今土耳其斯坦市就在撒马尔罕市的北方。从此图可以看到，17世纪初的土耳其斯坦只是一座城市，范围很小。

图中"土儿客私堂"紧邻一列东西走向的大山，标注是"阴山"。这不是河套以北的阴山，而是西天山和卡拉套山。不过，今土耳其斯坦市在卡拉套山南麓，"土儿客私堂"则被画在了山北麓，这是地图不够精确所致。

以上是"土耳其斯坦"的最初意义。它的范围又是怎么被"搞大"的呢？这是俄国军政区划演变的结果，而且是无心插柳的偶然结果。

俄国人是从哈萨克草原向中亚绿洲推进的，所以在占领绿洲之前，先占领了土耳其斯坦市。1865年，俄国人占领下的土耳其斯坦市升格为省，1867年又由省升格为军区。数年之内，这个军区占领了部分中亚绿洲，并把希瓦和布哈拉汗国变成了它的政治附庸（本书正是在讲述这个过程）。这样一来，中亚绿洲才和"土耳其斯坦"建立了联系，因为中亚绿洲成了这个军区的属地。

俄国征服中亚之后，英法美等西方国家只能通过俄国了解中亚，新"土耳其斯坦"的概念便这样传到了西方。

苏联成立之后，为防范中亚地区的民族独立意识兴起，又全面禁用"土耳其斯坦"这个词，中亚地区被划分为五个加盟共和国，只有古老的土耳其斯坦市依旧存在。

可见在20世纪以前，从未有过"土耳其斯坦"这个国家或政治共同体概念。东突独立、建国思潮并没有历史资源可寻。"土耳其斯坦"和中亚绿洲的概念发生重叠，是俄国人统治时期的事情，而且是一系列张冠李戴、移花接木的结果，这一概念的含义由此不断增生、转移。

但另一方面，俄国人新建的这个"土耳其斯坦"大军区，也变成了泛突厥民族主义者政治上的梦想。最早鼓吹泛突厥思想的是俄国境内的鞑靼族知识分子。鞑靼人原来统治俄罗斯人，后来反过来被俄罗斯人统治，文化上受俄国影响较深，近代民族主义出现也比较早。

在新疆维吾尔族的漫长历史上，从没有把自己生活的地方叫"东土耳其斯坦"时期，这是近一百年内从西方引进的新词，接触过西方文化的城市知识分子才听说过。维吾尔族传统上将自己生活的地区叫"六城"，就是指南疆偏西部的和田、喀什、阿图什、阿克苏等绿洲地区。阿古柏刚占领喀什后建立的小政权，叫"哲德沙尔汗国"，"哲德"是六，"沙尔"是城。由于后来泛突厥思想的影响扩散，在20世纪三四十年代，新疆局部曾出现过两个打着"东土耳其斯坦"名称的短暂的小政权，这给这个已经很混乱的词又增添了一些新外延。

【图 5-7 《坤舆万国全图》的中国北方和中亚部分】
该图来自美国国会图书馆网站（https://loc.gov）。

第六章

- 新人们的春游
- "绵羊神"之丘
- 影像撒马尔罕

这是韦列夏金的一幅油画：伊塞克湖的黄昏（图6-1）。

夕阳下，天空、湖水、草地和人马被染成金黄，背阴的山坡则呈现幽深的暗蓝色。画面侧重表现色彩和光影，忽略了风景和人物的具体特征，是19世纪60年代法国刚刚流行起来的"印象派"风格。

瓦西里·韦列夏金（图6-2），1842年出生于俄国诺夫哥罗德省一个贵族地主家庭，当过海军，退伍后在圣彼得堡美术学院和法国学习绘画，1866年从巴黎归来。他对异域充满好奇，喜欢描绘各种风土人情。从巴黎归来后的第二年，新土耳其斯坦军区筹建，韦列夏金通过家族在军界的关系，又以准尉军阶加入了中亚军队。这幅"伊塞克湖的黄昏"可能是他去往塔什干途中、在阿拉木图附近游览时创作的作品。

如我们前面已经看到的，韦列夏金真正进入中亚之后的作品，还是老派的"新古典"或"现实主义"风格。他肯定意识到了，对陌生的中亚世界，他的使命是真实地记录，而不是将它模糊变形。对于今天的我们，这实属万幸——印象派适合表现日常生活里已经看腻了的主题，而那个年代，真实、清晰的中亚影像才是最可贵的。

在浮躁、矫情、充斥着哗众取宠之辈的现代美术史上，韦列夏金没有用概念或主义包装过自己，所以没什么名气。他最喜欢表现两种题材：战争和异域之民。离开中亚之后，他游历过世界很多地方：西亚、印度、日本。韦列夏金其实很厌恶战争，也不喜欢那个年代甚嚣尘上的民族主义，他笔下的战场忧伤而凄凉，没什么乐观精神和"英雄主义"色彩（图6-3），所

【图 6-1　油画：伊塞克湖的黄昏】

【图 6-2　青年韦列夏金照片】

以俄国上层和沙皇也不喜欢他。但有些人注定要和不喜欢的东西终生纠缠，韦列夏金在战场游历中多次受重伤，最后，在1904年的日俄战争，他伴随着旅顺口俄国舰队的覆灭而死。

新人们的春游

1867年底，考夫曼总督到达塔什干，新成立的土耳其斯坦军区正式运作起来。

考夫曼出身军人世家，年轻时就读于军事工程学院，在克里米亚战争期间担任工兵营长。1861—1865年担任陆军部办公厅主任，时值陆军大臣米柳京推进俄军的现代化改革，特别是军事管理体系改革，考夫曼参与制定了一系列新措施和条令。

之后，他擢升为将军，短暂担任过维尔纳军区总督。此维尔纳并非维尔内（阿拉木图），而是波罗的海边的立陶宛一带，他在那里强制推行俄化政策，如推广西里尔俄文字母，禁止拉丁字母，引起了很大反对，不久便调任新成立的土耳其斯坦军区。

从考夫曼的经历看，他是一位军界的技术型人才，有技术素养和上层人脉，熟悉俄国军事官僚机器的运作规律，但缺乏担任前线主官、独当一面的经验，中亚将为他提供新的磨炼机会。

伴随着考夫曼来到中亚的，是一群充满梦想和好奇的年轻的军官、工程师、艺术家，包括《征服中亚史》的作者、30岁的捷连季耶夫中尉，以及25岁的画家韦列夏金和卡拉津。接下去几年里，他们亲历了一个时代的变迁：浩罕、布哈拉和希瓦

【图6-3 韦列夏金作品：在中亚战死的俄国士兵尸体】
上图是已经灭绝的中亚虎，它主要生活在戈壁的芦苇湿地里。韦列夏金的战场题材作品里，另一个不可缺少的元素是漫天乌鸦，它们是战地食腐者，军队永恒的伴侣。

丧失独立，中亚绿洲世界彻底被俄国征服。

抵达塔什干、了解情况之后，考夫曼确立的首要目标，是和布哈拉达成一项协议，迫使埃米尔承认被俄国吞并的领土所有权。但布哈拉国内动荡，埃米尔被激进的民意绑架，已经不可能和俄国谈判。

沙皇给考夫曼的指示是，不要再谋求领土扩张，而要使布哈拉不再敌视俄国，让俄国商人有贸易自由，并征收对等的合理商税。俄国在自己境内对中亚商人征收的税率是 2.5%，且没有地域限制，多年来，俄国一直谋求中亚汗国对俄商也执行此标准。当然这只是一个行动大纲，总督有权选择战争或和平。

考夫曼觉得仍有必要和布哈拉继续打一仗，让埃米尔明白，和俄国对抗没有前途；同时还要占领一些布哈拉的土地，为自己增加一点开疆拓土的功勋。虽然沙皇的指示没包含此点，但历届中亚指挥官都没有因为擅自扩张领土而受处分的，自己又何必受限制呢？

1868 年春，考夫曼下令，辖区军队向吉扎克集结。他于 4 月 18 日离开塔什干赶赴前线。城内的伊斯兰经学家为了表明亲俄立场，为总督举行了诵经、祈祷胜利的仪式。

4 月底，三千余名俄军在吉扎克集结完毕。俄军面临的最大的问题是运输，俄军没有足够的骆驼，当下又是灌溉季节，绿洲道路处处被灌溉水沟切断，小轮子的俄式四轮马车经常陷在沟里（图 6-4）。当地双轮牛车的轮子高 1.5 米甚至 2 米以上，很容易过沟渠，甚至能涉水渡过小河。所以俄军租用了很多民间牛车并雇佣了车夫，约定的牛车使用期为一个月，每辆车租金为 15 个—25 个银币，车夫需自备伙食。

【图 6-4　戈斯基摄影作品：中亚风貌】
上图是中亚的高轮大车，适于崎岖泥泞的道路；下图是俄式四轮马车非常简化的中亚版本，车厢都省略了，车上的乘客有俄属中亚人的风貌。

俄军计划于 27 日出发。26 日晚间疾风暴雨，野营帐篷几乎都被刮倒，包括考夫曼总督的帅帐。全军在风雨里熬到了天亮，然后云开雨散，天空湛蓝如洗，全军按计划开拔。每人带了 4 天的面包干份额。

4 月到 5 月，是中亚最适合户外活动的时节，既没有冬季的严寒，也没有夏季的酷热。但这里昼夜温差大，且气候变化无常，所以士兵们还是带了冬季大衣。除了严冬，俄国步兵似乎没有携带被褥的习惯。

俄军标准制服是白色长制服上衣，腰间扎武装带，挂着子弹包、火帽包、水壶等物件；肥大的棕色灯笼裤，扎绑腿或穿高腰皮靴。此外，还配有白色硬沿帽，脑后垂着一大块布护住脖子，能遮挡日晒和尘土，还能减少一点野外蚊虫的骚扰（图 6-5）。

离开吉扎克向西，山势越来越窄，这里是吉兰乌蒂峡谷，一条同名的小河在荒凉的山谷中流淌，带来了一丝绿色。

队伍行进在雨后清爽的空气中。道路泥泞，且不时要涉过小河，26 日的暴雨使河水上涨，以往卷起裤腿就可涉过，这次水流却没过了腰带，步兵们只能举着步枪和袋子涉水，下半身全部泡湿。骑兵没这番苦恼。

峡谷高处，山岩上的一幅摩崖石刻（图 6-6）引起了俄国人的注意。石刻是三百年前的布哈拉汗王阿卜杜拉所刻，他用波斯语夸大其词地歌颂了自己的功业。

从这个铭文也可以看到，所谓"突厥斯坦"（土耳其斯坦），在中亚只是一个范围很小的地方，布哈拉统治者绝对不会认为自己的国家就是土耳其斯坦。而开始把中亚纳入土耳其斯坦

【图 6-5　韦列夏金油画：中亚的俄国步兵和军官肖像】
士兵抱的是 M1857 式前装锤发线膛枪，它投产十来年就开始过时了，即将被别旦Ⅱ式后装线膛枪取代。军官一般装备左轮手枪和马刀。19 世纪的军装还没有"保护色"概念，沙俄罗曼诺夫王朝（1613—1917）以白色为尊贵，留下了白俄、白沙皇、白匪等词汇，也影响了军服颜色。英国王室以红色为贵，那个时代的英国军装多是鲜红色。

【图 6-6　吉兰乌蒂中的摩崖石刻】
石刻内容："让荒漠中的过路者和水陆旅行者知道，在回历九七九年（公元 1571 年），哈里发手下的副将、全能真主的侍从、伊思干达尔汗的儿子、伟大的可汗阿卜杜拉汗带领一支三万人的军队，同德尔维希汗以及巴拉克汗的其他儿子们率领的军队在这里进行了一场战斗。在他们的军队中，有速檀的 50 名亲戚，还有来自突厥斯坦、塔什干、费尔干纳和钦察草原的 40 万战士，由于星宿的幸会，君主的军队获胜，打败了上述诸速檀。杀死他们的人是如此之多，以至于在整整一个月中流往吉扎克的那条河流的表面一直留着被杀者和后来被俘者的鲜血。让这个事实为众所周知。"（译文来自王治来《中亚通史·近代卷》）

(军区)名下的,正是考夫曼总督这支正在进军的部队。

接近中午,前方的峡谷陡然收紧,形成一座天然隘口,当地人叫"帖木儿大帝之门"(图6-7)。俄军在山口稍作休息,吃了午饭。据说当年帖木儿大帝屡次出征草原,以及准备征服中国,都是从这个山口经过。两千多年来,草原游牧部族一次次征服中亚绿洲,也都取道这里。

对韦列夏金来说,这次行军更像是一次深入异域的徒步写生。在"帖木儿大帝之门"下,他完成了进入战区的第一幅作品:在峡谷间静静流淌的吉兰乌蒂河。山口之外,就是陌生而神秘的中亚腹地了。

14世纪里,瘸子帖木儿(图6-8)征服的铁骑东至印度,西至黑海。他庞大帝国的都城就在撒马尔罕,他的陵墓也在那里。随着俄军向中亚绿洲深入,他们也逐渐进入帖木儿大帝身影下的土地,帖木儿的名胜与传说比比皆是。

"绵羊神"之丘

下午4时,俄军走出山谷,抵达一个小型堡垒:亚纳-库尔干。这是俄军最前沿的基地,有几个连队驻防,其中有不少病号。1867年初,土耳其斯坦省的军营里疫病流行,这里也不例外。

俄军在亚纳-库尔干停留了两天,病号被送往后方,多数堡垒驻军也被编入了出征部队。

【图 6-7 韦列夏金油画：帖木儿大帝之门】
他略去了嘈杂的俄军部队，只描绘了未被外来者打扰的峡谷风貌。这还是科班训练留下的影响。随着旅程的深入，他越来越重视描绘陌生环境里人的情态，甚至是一些琐碎的细节。

【图 6-8 油画：瘸子帖木儿大帝看望他的俘虏——奥斯曼（土耳其）苏丹（局部图）】
图中持杖站立者为帖木儿，该作品由俄国（俄占波兰）画家 Stanislaw Chlebowski 1878 年所绘。

布哈拉人已经获悉了俄军的动向,埃米尔的使者一拨又一拨赶到营地,请求俄军不要再开进。考夫曼一律予以回绝,声称必须有埃米尔批准的正式和约送来,才会考虑停战。

布哈拉的使者其实也是探子。俄国人不把对手放在眼里,所以从不介意这些人进军营。与之相较,俄军的使者想进布哈拉军营就没那么容易,想出来就更难了。

4月30日,俄军朝撒马尔罕方向开去,有21个步兵连,5个哥萨克骑兵连,共3500人,携带着16门火炮。

离开峡谷之后,没了一直伴随部队的小河,部队逐渐进入荒原。天气切换到夏日模式,骄阳当空,大地炙热,士兵们的水瓶只能装半升水,水很快喝完了(这是一种军用制式玻璃水瓶,外面有毛毡套以防碰碎),而且被太阳晒热的水根本不解渴。

捷连季耶夫中尉从老兵那里学了一种办法:在打水时把玻璃瓶的毛毡套也浸湿,行军时,毡套的水分蒸发带走热量,使瓶子里的水不会升温太快。随后几年里,俄国人将积累更多在干旱地区行军的经验和教训。

行军到下午,侦察骑兵发现了几个小水洼,是前几天下雨后的积水。有经验的军官禁止士兵们喝这种水,但已经没法阻拦渴极的士兵,他们拥挤在水洼边,争抢已晒得发烫的脏水,直到只剩一片泥浆。

下午5点钟,队伍到达一个谷地,一条小溪蜿蜒流淌。部队就在这里扎下了营地。

次日(5月1日)晨,部队继续开拔,如果没延迟太多,当天下午就能抵达撒马尔罕城下。

中午，部队进入了一片鲜花盛开的草原。不远处还有绿荫果园、村舍农庄，那里已经是撒马尔罕郊区，萨尔巴兹的红制服隐约其间，骑马的武士也在天际线上跑动。战斗越来越近了。

再往前，是泽拉夫尚河（图 6-9）的广阔河滩，布满了巨大的卵石，泽拉夫尚河分成几股网状水流，自东向西流去。南岸是一座几十米高的小山——恰潘 - 阿塔高地，小山那边就是撒马尔罕城。

"恰潘 - 阿塔"在中亚草原文化中指"绵羊之神"，小山上有座它的神庙，这是当地民间信仰，并不符合正统伊斯兰教教义。几百年前，布哈拉汗王家族从大草原来，征服了这片绿洲，他们希望祖先的守护神能保佑自己。

似乎草原之神真的显灵，俄军纷纷开始拉肚子（图 6-10）——路上喝的脏水引发了痢疾，不时有士兵跑出队列解决内急，全军走走停停，速度颇受影响。韦列夏金也体会了里急后重、全身虚脱的感受。

布哈拉使者还在不停赶来，劝说俄军罢兵返回。其实布哈拉人正准备挖开泽拉夫尚河北堤，水淹俄军经过的地区，但挖水坝一时不能完成，所以要拼命推迟俄军的行程，使他们留在北岸。

两军现在隔河相望，距离 1500 米。照例，在一番虚情假意、各怀鬼胎的谈判之后，双方摆开了阵列（图 6-11）。

布哈拉军也早已部署完毕：在泽拉夫尚河南岸、背靠恰潘 - 阿塔高地修筑了炮兵阵地，40 门大炮用树枝伪装好，渡口

【图 6-9 照片：泽拉夫尚河和对面的恰潘－阿塔（绵羊之神）高地】
高地后面便是撒马尔罕城，照片来自《土耳其斯坦影集》。

和通往撒马尔罕的道路都在射程之内。一名五年前投奔布哈拉的俄国逃兵是他们的技术指导。

俄军全线推进到北岸，准备强行渡河。忽然黄尘弥漫，马蹄声如雷。大群布哈拉骑兵从尘土中冲出，直扑右翼的几个哥萨克骑兵连。

俄骑兵的伴随火箭炮首先开火，几枚火箭发出尖利刺耳的叫声，拖着火尾巴摇摇晃晃飞过去，震慑住狂奔的骑兵，尖叫声一时停歇下来。哥萨克们乘机下马列队、瞄准开火，米涅弹嗖嗖作响地飞过热风黄尘，把几匹战马连人打翻在地。

惊恐的布哈拉骑兵急忙右转，冲过泽拉夫尚河逃往南岸。布哈拉炮兵阵地开始齐射，炮弹落在逃命的己方马队中，更增添了混乱。

这一段泽拉夫尚河其实有几处浅滩，但俄军战前没顾上侦

第六章　撒马尔罕不遥远　■　183

【图 6-10　韦列夏金速写：拉肚子的士兵】
随军画家往往用速写素描记录下生动的场景，待从容时再画成彩色油画。韦列夏金在中亚的时间不算长，但留下了很多素描底稿，到他死于日俄战争时，有些底稿仍未变成彩色油画，部分作品只完成了一半。

【图 6-11　韦列夏金速写：侦察】
画中描绘的可能是 1868 年 5 月 1 日撒马尔罕郊外的战斗，左侧平地上的白帐篷是俄军营地。伏击者的衣着各异，有绿洲的定居者，也有来自草原的游牧民。

察，就贸然开始了渡河。步兵们小心翼翼涉过了齐胸深的河水。

在这次进军时，虽然有几位经验丰富的团级校官（比如指挥步兵的阿勃拉莫夫中校，是在切尔尼亚耶夫时期崭露头角的），但考夫曼总督没什么实战经验，连级的尉官们也大都是新来的年轻人，老将们不能事事躬亲，很多问题还要新人们从头学起。

以渡河为例，其实在几年前的天山北麓战事期间，俄军也遇到过涉水渡河的难题，并有一些简单易行的办法，就是骑兵搭载步兵过河，马屁股上多坐一个人就行了。这样不会打湿衣服和装备，而且行动迅速。

在俄军渡河队列左翼，捷连季耶夫上尉负责带两个骑兵连进行掩护。布哈拉人的炮弹打在河水中，溅起高高的水柱，子弹不时在水面上弹跳而过。捷连季耶夫没有指挥骑兵作战的经历，根本不知道自己该干什么——不敢冲向对岸的敌军，甚至不敢催马渡河……

几年之后，他受命撰写中亚战史，便留下了这一处青涩的回忆："他完全不懂得军事，一点也不了解骑兵在战斗中的作用、任务和使用它的方法。"他没好意思写下自己的名字，只说是"一位指挥骑兵的年轻军官"。

当然，负责审读战史的考夫曼总督也不会难为他。不管是31岁的骑兵上尉，还是50岁的将军，大家都是中亚战场的新学生。

考夫曼是工程兵出身，总能从技术角度解决问题。他命令骑兵们成纵队进入河中，在步兵上游站成一排，靠马肚子减弱水的冲击力。很难说这么做是否有效，但下游方面也这样站了一排骑兵，负责拦住被水流冲走的步兵。方法倒真起了作用，很多人靠抱住马腿捡回了一条命。登岸步兵的皮靴里灌满了水。最方便的办法是躺倒在地，两脚朝天，让水倒流出来。

俄军刚刚登上南岸，布哈拉守军就作鸟兽散了，丢下了20门大炮，遍地枪械、弹药、军服和靴子。俄军有两人战死，30余人受伤。几乎没发现布哈拉军尸体。双方没发生太多正面交火，所以伤亡都不大。

但如果真展开战斗的话，俄军将遭受较大损失，因为火炮在渡河时都陷在了泥沙里，很多士兵的弹药也被打湿了。俄军的辎重车队还停留在北岸，如果双方在南岸激战，俄军没有火炮支援，弹药和食物也会很快耗尽，后果将不堪设想。

此战，只有布哈拉埃米尔受损失最大：军队中的波斯奴隶都趁着败仗逃脱了，这些奴隶都是有市场价格的。

入夜，天气迅速凉了下来。俄军在高地下露天宿营。辎重车队还在北岸，帐篷等宿营设施没法运过来，甚至连干粮也没有，士兵们忍着饥饿，裹紧湿透的大衣，在湿漉漉的草地上入睡。有些人渡河时把大衣丢掉了，只能裹着单衣熬过一夜。

中亚战场的新人们度过了最为充实的一天，明天将是艰苦的攻城战。

到凌晨时分，露浓风凉，俄军官兵们都冻得半死，很多人得了重感冒、发起了高烧。还有意想不到的事情：一群布哈拉人摸到了俄军营地。

这些人是撒马尔罕的各族长、清真寺代表。他们不是来偷袭，而是代表撒马尔罕向俄军投降：昨天，埃米尔军队的无能表现，使撒马尔罕长老们彻底失望，他们觉得已经不可能抵挡俄军，趁早投降，至少可以避免战火焚城和俄军的报复性劫掠。所以，昨天布哈拉败兵逃回城里时，撒马尔罕人关闭了城门，拒绝他们进入，城里的主战派都参加了昨天的战斗，也都被拒之城外了。

考夫曼喜出望外，立即答应了撒马尔罕人的请求，要求族长们回去，召集城内的体面人物到最近的城门，准备一个"俄国式"的欢迎仪式（比如城市代表捧上面包和盐），宗教法官们则被留在了营地做人质。

到太阳初升时，两名撒马尔罕人打马飞奔来报告：据说有二万多忠于埃米尔的沙赫里夏勃兹人正往城里开来，所以请俄军速速进城。于是考夫曼发布紧急命令：分出一半俄军前往撒马尔罕，另一半停留在高地，等待辎重部队渡河。

俄军迅速开进城市。从彼得大帝到切尔尼亚耶夫，多少代俄国人梦寐以求的中亚名城，帖木儿帝国的旧都，居然被一群笨拙的军官带着一支感冒腹泻的军队轻易占领了。

影像撒马尔罕

和中亚所有城市一样，撒马尔罕（图 6-12）城外也环绕着密密麻麻的果园、农舍。新春时节，树木刚刚抽出嫩绿的新叶，粉色的桃花、杏花，白色的梨花、苹果花盛开如云。

曲曲折折的小路通向城门。撒马尔罕周边的地势不很平坦，城墙也依循了高地和陡坡，所以轮廓并不很方正。

从任何一座城门进入，大路都通往市中心的雷吉斯坦广场（The Registan Square）。这种放射状的街道布局，自然不可能有正南正北、方方正正的街区。它还影响了所有的小巷和房屋的朝向。

对于一个来自中国北方的游客，找不到方向大概是件很苦恼的事情。但几乎所有的中亚城市、村镇都是这种格局。好在俄国的城市传统也不太讲究方向，所以俄军很适应中亚这种蜘蛛网式的街道（图6-13）。

城内街道、小巷四通八达，密密麻麻，土坯房屋和庭院见缝插针，错落分布。很多小巷最后变成了死胡同，这座城市对外来者几乎是迷宫。穆斯林民居很重视私密性，院墙很高，门很小，临街的窗子小而且高。伊斯兰教教义也保护这种隐私权，按照穆罕默德的教导，除非受到邀请，不能贸然去别人家中做客。

不同的民族、宗族、家族分布在各自的街区、街道和小巷，做着自己的本分职业。比如犹太人，他们是穆斯林城市里的下等人，有自己的生活街区、犹太寺院（会堂），由自己的长老管理，主要从事裁缝、鞋匠、首饰匠等手艺工作。当局对他们有歧视性政策，比如规定犹太人不能骑马；不能缠腰带，只能用绳子束腰（图6-14）。

此外，务农和经商的萨尔特人，当禁卫骑兵的土库曼等游牧部族，汗王家族的乌兹别克显贵，都各有自己的街区。

城市最西端是驻军堡垒，建在一片略为高起的台地上，俄

【图 6-12　戈斯基拍摄的一组撒马尔罕郊外景象照片】

军占领后也把它作为军营，汗王宫殿也在这里。虽然埃米尔平时住在布哈拉城，但撒马尔罕的繁华和声望都不亚于布哈拉（图6-15），也有汗王预备的行宫。这里还有当年帖木儿大帝的王位，是中亚领袖的象征。

城市中心是雷吉斯坦广场（图6-16）。平时，市民在这里休闲聊天，交换各种信息。广场上也有各种摊点。到节庆日子或者发生重大事件，人们就在广场举行集会。

三座宏大建筑呈品字形分布。这是一种突厥风格的拱形"门厅"，自11世纪突厥语游牧人进入中亚和西亚后流行起来，高高的拱形据说来自对草原毡帐的记忆，它的附属建筑是高高的立柱和葱头状的穹顶大厅。

这些建筑都是用晒干的泥砖砌成，外面贴以彩色马赛克瓷砖。伊斯兰教教义要求不能创作任何人、神或动物的形象，所以使用的图像多为抽象的几何图案和花纹。但中亚对伊斯兰教的理解不像阿拉伯地区那么严格，建筑中还是常出现动物图案，比如右边的希尔多尔神学院（图6-17-1至图6-17-3），拱形门厅上是两只彩塑老虎。俄国人占领中亚时，这些老建筑已经比较残破，很多瓷砖图案都剥落了。到二战之后，苏联政府对其进行了修缮。

神学院在中亚有多重作用。它不仅是神学家（乌里玛）教授《古兰经》的场所，还有自己的地产收入，它的宗教法官（哈孜）负责调解和裁决纠纷。著名的伊斯兰神学家，或者汗王等显赫家族的人物，死后也常常葬在神学院中，有专门为他们的灵柩修建的厅堂。

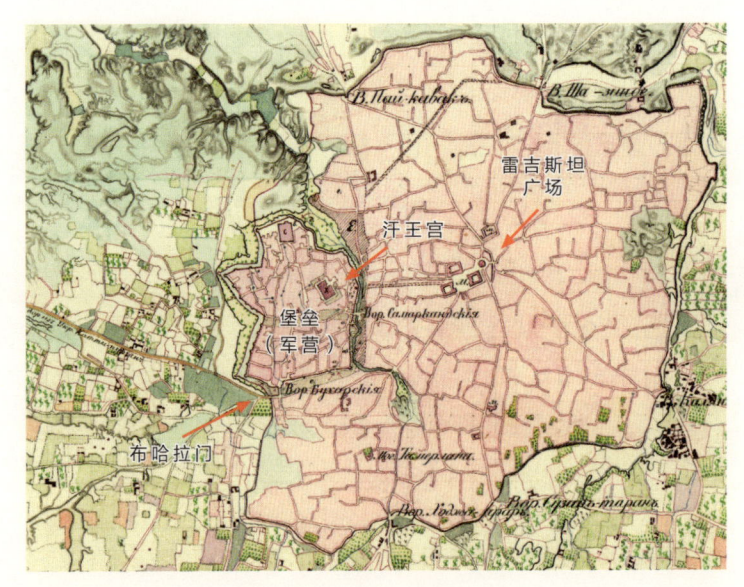

【图 6-13　俄军刚刚占领时的撒马尔罕城结构示意图】

【图 6-14　戈斯基拍摄照片：撒马尔罕的犹太人，约 1911 年】
图中拉比（教士）正指导儿童读书。这已是俄国占领下的中亚，犹太人不需再用绳子做腰带。

【图 6-15 戈斯基拍摄的一组撒马尔罕城内风貌】

【图 6-16　现代照片：雷吉斯坦广场】

图中三座拱形门厅建筑是三大伊斯兰神学院：正对的是兀鲁伯神学院（Ulugbek Madrassah），始建于 15 世纪的帖木儿王朝；右边是希尔多尔神学院（Sher Dor Madrassah），左边是提拉－卡里神学院（Tilla－Kari Madrassah），都建于 17 世纪中期，相当于中国的明清易代之际。

在中亚，对显赫人物的灵柩和墓地的崇拜很盛行，人们认为，他们死后会有某种神秘力量。但阿拉伯地区的原教旨主义者经常反对这种崇拜。

俄军进驻撒马尔罕之后，在城内外散发了安民告示。几天之内，周边乡村纷纷派来代表团，表示归顺，还按地方风俗给新征服者送了礼物：最贵重的是一头牛，多数是一篮子鸡蛋、几块盐或者几个馕饼。中亚绿洲经常改朝换代，统治者家族内部也经常内战，所以民众对更换统治者的礼节已经演练熟了。

占领第二天，考夫曼举办了盛大宴会，招待城内名流和宗教界领袖。按照中亚习俗，每人都得到了赏赐：一件昂贵的花布长袍。

考夫曼还给重要人物颁发了有沙皇头像的银质奖章。第一

第六章 撒马尔罕不遥远 ■ 193

【图 6-17-1 韦列夏金油画：雷吉斯坦广场上的希尔多尔神学院】

【图 6-17-2 戈斯基拍摄照片：希尔多尔神学院拱形门厅下休闲的人们】
照片中，中间站立者应当是主持神学院的经学家，约 1911 年。

【图 6-17-3 现代照片：夕阳下的希尔多尔神学院】
此时的神学院已经整修一新。

枚奖章发给了撒马尔罕的首席宗教法官（哈孜克梁），但他不敢接受——伊斯兰教教义禁止人物造型。考夫曼只好打圆场说，正统的伊斯兰教徒可以不公开佩戴奖章，保存在身边也足以表达对伟大沙皇的敬意。他还解释，俄国境内也生活着很多伊斯兰教徒（鞑靼族），沙皇保护所有人宗教信仰的权利。

后来，当哈孜克梁谒见俄国军官时，都要把挂在衣服里面的奖章拿出来展示。其他人则公然把奖章挂在胸前。

地方人士也经常邀请俄国军官参加聚会，俄国人渐渐发现，在伊斯兰教的外衣之下，酒类消费并没有销声匿迹，只是更为隐蔽。除了实惠的茶馆，撒马尔罕的另一个社交场所就是鸦片烟馆（图 6-18-1、图 6-18-2）。鸦片主要来自阿富汗和英属印度。在本地人的怂恿下，很多俄国人都尝过几口鸦片烟，觉得焦糊味很难忍受。

公共区域都是男人的世界。伊斯兰世界极为重视男女之大妨（图 6-19）。俄国上层那种女性主导的社交沙龙（从法国贵族学得），在中亚完全不可想象。其实俄国人连中亚城市里女人长什么模样都不清楚：女人如果上街购物，必须用面纱和长袍把自己紧密包裹起来，只从面纱缝隙里窥探外面的世界。

男主人都战战兢兢，担心自己的妻子或女儿被人诱拐——这种担心不是没有道理，"西门庆"经常就是汗王。在俄国占领之前，有位俄国女子到中亚游历，在大街上闲逛时，一个包裹得紧紧的本地妇女向她搭讪，建议她给汗王陪睡一次，报酬据说很诱人，显然这位王婆也能赚得佣金。

这里，社交场合没有任何女人的身影。妓女采取很隐蔽的暗娼的形式，只有很熟悉的本地人才能找到。在繁华城市里，俄国人倒开始怀念大草原和沙漠，那里的女子野性未驯，反倒会有些艳遇。

女性被限制在家中，男人的社交场合又需要有人提供歌舞、色情服务，于是就出现了男扮女装的艺人，叫"巴茶·拜兹"（bacha bazi）（图 6-20-1 至图 6-20-3），这个词来自波斯语，和晚清民国时的"男旦"类似。他们梳妆打扮成女性，主要表演跳舞，有时也唱歌。

初到中亚的俄国人或英国人，也应邀参加过这种聚会，他们对当地人情不自禁地迷恋巴茶的样子颇感新奇。在 19 世纪后半叶，所谓"维多利亚时期"的欧洲，上层社会对风化问题比较保守，尤其忌讳同性恋，这使他们和中亚人没什么共鸣——换今天就不一样了。

巴茶出身的人当中，最著名的应当是浩罕将领阿古柏，19 世纪六七十年代，他一度占领南疆大部。此人早年做巴茶舞者时，给浩罕汗国的一些上层人物充当娈童，由此积累了人脉。他后来"打天下"时阴谋诡计极多，善于见风使舵、朝秦暮楚，大概也和这种兼跨两性的经历有关。

就在俄军占领撒马尔罕时，阿古柏刚刚废除了浩罕汗国派来的傀儡统治者，建立了自己的"洪福汗国"，而且获得了英国人的支持，枪支弹药从英属印度经克什米尔高原源源不断地运来。

俄国人已经大大削弱了浩罕汗国，而且绝不希望在自己的势力范围附近出现新兴伊斯兰政权，所以对阿古柏没太大好感。后来左宗棠的清军开始反攻时，俄国提供了很多帮助。

【图 6-18-1 韦列夏金油画：鸦片烟馆里的聚会】
看衣着，画中人物应该是乞讨的托钵僧。

【图 6-18-2 韦列夏金油画：鸦片烟馆里的瘾君子】
画中人物显然是下层穷人。

【图 6-19 家门前的撒马尔罕妇女】
由图可见旁边狭小的院门。

【图 6-20-1　韦列夏金油画：一位中亚巴茶肖像】

【图 6-20-2　韦列夏金的油画：巴茶和他的仰慕者们】
和清代的男旦类似，巴茶都是小男孩，等胡子长出来，就很难从事这项工作了。

【图 6-20-3　戈斯基拍摄照片：一位中亚巴茶和乐队】

绿洲深处的枪声

第七章

- 一路向西
- 教训俄国人的机会来了！
- 画家的巷战
- 埃米尔臣服
- 离乱新疆

一路向西

布哈拉汗国的经济腹地是泽拉夫尚河谷,撒马尔罕城在其东,布哈拉城在其西,从空中俯瞰,这片绿洲像一根东西横卧的大骨头,长约250公里。它也是整个中亚世界的经济、文化中心,生活其间的人口占中亚的一半以上。和它比起来,希瓦和浩罕汗国算是小国寡民了。

占领撒马尔罕之后,俄军召开了校级以上军官会议,讨论下一步的动向。有中亚作战经验的军官都认为,既然已经攻入了泽拉夫尚河谷,就应该一路西进,占领尽可能多的肥沃地区,甚至可以攻占布哈拉城。

但对于新到来的军官,这个方案太大胆冒进了。他们的经验都来自教科书和欧洲战场,对待1∶1数量的敌军都应谨慎,更何况敌军多过俄军10余倍。能占领撒马尔罕已经是很大的幸运,不能指望幸运之星永在。下一步应当是和布哈拉人议和,争取一个好价码。

考夫曼总督也属后一派,他给埃米尔开出的条件是:要么,俄军放弃撒马尔罕,撤回吉扎克,即不占领泽拉夫尚河谷,布哈拉方面为此支付460万卢布赔款,分8年付清;要么,承认俄国现在占领的土地归俄国所有,并支付12万卢布赔款。

显然,对布哈拉埃米尔来说,任何一个条件都像割肉一样痛苦。

但埃米尔还指望和俄国人决一死战,除了自己那点儿残兵剩勇,他还得到了半独立的沙赫里夏勃兹人的支持,而且他希望在俄国人统治下的穆斯林掀起"圣战"。

布哈拉军队首先防堵住了泽拉夫尚河谷腰部的小城、撒马尔罕以西65公里处的卡蒂-库尔干，并试图从北面迂回包围撒马尔罕，切断俄军和后方基地吉扎克的交通。

5月里，撒马尔罕俄军像救火队一样四下出击，驱赶出现在周边的布哈拉军队，占领了卡蒂-库尔干，戈洛瓦乔夫将军带领16个连（占了此行俄军的一大半）镇守此地。

捷连季耶夫上尉也在卡蒂-库尔干，他负责指挥两个投诚的阿富汗雇佣军骑兵连，顺便记录下了戈洛瓦乔夫的诸多愚蠢行为。比如，酷热天气里让军队露天扎营，而旁边就是果园树荫，结果许多士兵中暑。当布哈拉人来进攻时，戈洛瓦乔夫总命令炮兵在最大射程开火，往往几十发炮弹才能轰倒一两个骑兵。他还带着步兵追击敌人的骑兵，布哈拉人故意放慢速度，拖着俄军在烈日里跑上一个中午，结果晕倒的人太多，只能放弃追击。

到5月下旬，卡蒂-库尔干受到的攻击越来越多，布哈拉人显然在集中兵力。考夫曼收到报告，命令各处俄军都向卡蒂-库尔干集结。

在战区的俄军共3000人，但有很多病号。从渡河之夜的着凉感冒开始，时疫一直伴随着这支外来部队。撒马尔罕城内的堡垒被改造成了军营和医院，但考夫曼担心增加士兵负担，军营加固工作一直没做完。这让驻军在稍后吃了不少苦头。

此时，关于撒马尔罕人将要暴动的传闻越来越多。最警觉的是城内的犹太人。俄国人到来之后，犹太人不再遵从原来的歧视政策，扔掉了束腰的绳子，有人还买了马骑着在城内游走。当地人对此恨得咬牙切齿。

5月里，武装"圣战"者大量渗入城内，等待暴动的机会。城内各族长则抱着骑墙观望的态度，不得罪任何一方，也不向俄国人透露信息。只有犹太人感受到了变化，每天都有犹太人跑到俄军营地报警，说城里人即将大暴动，要杀光所有犹太人。俄军统帅将信将疑，考夫曼亲自去市场和街道上视察，当地族长一边声称一切安好，一边微笑着摸摸胡子，把手放在肚子上，这是当地表示恭敬的礼节。

考夫曼深信撒马尔罕安如磐石。5月29日，他决定带几个连去卡蒂－库尔干，只留下600人和2门大炮守卫城市。俄军火炮和马车列队驶出城外，没人注意到，街道两侧的墙壁上已经凿出了很多洞。那是为暴动准备的枪眼。

沿途村民都跑光了，预示大战即将开幕。行军两天之后（5月31日），考夫曼到达卡蒂－库尔干。这里集结了2000名俄军（其中有300多骑兵），有14门大炮和6门火箭炮。

次日（6月1日），俄军惊奇地发现，集结在卡蒂－库尔干附近的布哈拉军忽然不见了，没人知道他们去了哪里，俄军也没有派出侦察部队。这天也是要求埃米尔做出答复的最后期限。俄军上下都不知道接下来要干什么。

深夜，熟睡中的军官和士兵被逐个唤醒了。命令传达下来：全军立即集合，沿大路朝布哈拉方向前进！

完成集合时是凌晨两点钟，没有月亮，黑夜伸手不见五指。

全军整队向西开去。不准点火，所有命令都是低声传达。俄军行进在大路上，右手边是泽拉夫尚河的一条支流——努尔帕依河，河对岸是黑沉沉的绿洲村野；左手边是一片荒原，白色沙地点缀其间。

在俄军身后，天际开始微微发亮，一条淡绿色的带状云伸展在暗色的天空中。前方，大路左边出现了一个隆起的高地，泽拉－布拉克（图7-1）。

前锋俄军从高地前走过。有人注意到，高坡上似乎有一片窄长的暗红颜色，几乎与大路平行。人们小声争论那是什么。有军官端起望远镜，借着熹微晨光努力观察——原来是2000名列成三排的萨尔巴兹步兵！他们的步枪用双脚架架在地上，士兵则不声不响地躺在枪后面。

布哈拉人肯定提前知道了俄军的计划。他们为何不堵住大路，而是躲在高地上？也许是等俄军全部过去之后，再从后面偷袭。但布哈拉人那应该再藏得隐蔽一些，而不是大大咧咧横陈在高坡上。

俄军前锋迅速离开大路，列成与敌军平行的战斗队形，一面派人去后面报告总督。全体俄军都停止了前进，左转成作战姿态。

天色逐渐亮起来，高地上的形势看得更清楚了：在离大路最近的这些敌军右后方，还有4000名萨尔巴兹，也排成相同的队列。他们身后是炮兵阵地。更多的骑兵埋伏在山脊线后面。

俄军司令部召开了紧急讨论会。一位来自陆军部的将军提议，全体俄军向敌阵地右翼运动，把他们向北驱赶，最好是逼进努尔帕依河淹死。因为这条河河岸陡峭，水流很急。这个意见被考夫曼否决了，理由是行程过大。最后俄军按保守方案执行：俄军右翼（即前锋）对敌左翼；俄军左翼对敌右翼，全线向前平推（图7-2）。

战斗照例以布哈拉炮兵轰击自己的骑兵开始。中亚骑士们从来都积极投入进攻，当他们一边放枪一边冲向俄军骑兵时，技术拙劣的布哈拉炮兵开火了，一颗炮弹在马队中轰然炸开。受惊的骑士们拨转马头，洪流般冲向空阔地带，在那里盘旋一周、观察情况之后，又开始下一轮冲锋。

俄军左翼的炮兵也开火了，但指挥官阿勃拉莫夫上校下达

【图7-1 战场泽拉-布拉克高地照片】
照片中自北向南方向，可以看到近处的大路。

命令太早，敌军还没到射程范围内。

右翼俄军和布哈拉军距离最近。大炮轰鸣之后，布哈拉指挥官吹响了牛角号，左翼萨尔巴兹一齐站起来，端起步枪，列着整齐的队列向俄军走来，直到枪身上扳起的击锤和燧石都能看清楚。

俄军右翼指挥官很沉着，敌军距离200米时仍未下达开火命令。这时传令官跑来，要求右翼紧急回援左翼。这显然是个瞎指挥的命令：右翼俄军一旦离开，就会受到敌军居高临下的射击和追赶，敌军将士气倍增。所以右翼指挥官拒绝了这个命令，同时下令开火。

双方的步枪对射时，右翼俄炮兵也开始射击。100米内最适合炮兵霰弹发挥火力，铁弹铅丸喷射如急雨，密集的萨尔巴兹队列被撕开了好几个缺口，他们慢慢停住了脚步。

布哈拉军官急忙吹号，大声叫骂，甚至用刀砍自己的士兵。于是迟疑的萨尔巴兹又打出了一排齐射。但俄军大炮进行第三轮霰弹齐射时，萨尔巴兹队列全体向后转，开始整齐地撤退。右翼俄军的步兵和骑兵立即开始冲锋，大炮也向前推进。

右翼俄军激战之时，左翼却颇不顺利。这里距离敌军本来就远，阿勃拉莫夫早早命令士兵们立正、射击，枪弹根本打不到敌军。在攻克塔什干的战斗里，阿勃拉莫夫作为连级指挥官表现英勇，但显然不适应指挥团级战斗。

之后，俄军右翼后方的一个营遭到了大量布哈拉骑兵包围，这里本来是行军队列的中央部分，安置着一些伤兵，没人保护的伤兵都被砍死了。临近的一个野炮营急忙过来救援。布哈拉左翼步兵也配合骑兵展开进攻。最后靠着野炮和线膛炮的猛烈轰击，才打退了布哈拉人。

布哈拉军终于开始全线退却了。俄军步兵试图追赶，但布哈拉军还在高处，很难追上。萨尔巴兹们一边疾步逃走一边回头射击。哥萨克骑兵派上了用场，一直追击了八公里，草原上星星点点全是被砍翻的红制服萨尔巴斯。

但俄军中有经验的骑兵很少，多数是初上战场，只敢攻击掉队和受伤的敌军，经常有五六个哥萨克围着一个人猛砍，全身溅满鲜血。这些新兵紧张和兴奋得情绪失控，敌人的哀求和长官的命令都听不见……这是捷连季耶夫对自己参加首场大战的记忆。

9点多钟，战斗接近尾声，考夫曼总督朝高地策马而去，只有一个小卫队陪伴他。对面忽然跑来了一大片"红制服"，开始以为是布哈拉军的又一次进攻，走近时发现是逃命的左翼萨尔巴兹。双方互相打望了一下，谁也没动手。考夫曼一行在敌军的人流里缓缓走过。

当他们登上高地时，遭到了一个步兵连队的齐射，连队里都是神经过度紧张的俄国新兵。幸好这些新兵枪法不准，没有造成伤亡。

布哈拉军的撤退比较有序，大炮已经从西方大路运走了。但步兵从南方草原撤退，那里水井很少，天气炎热，很多人渴死。最后回到埃米尔身边的只有1100多人。

没有战场上两军伤亡的统计数字。

泽拉-布拉克一战获胜后，俄军正好长驱直入，占领布哈

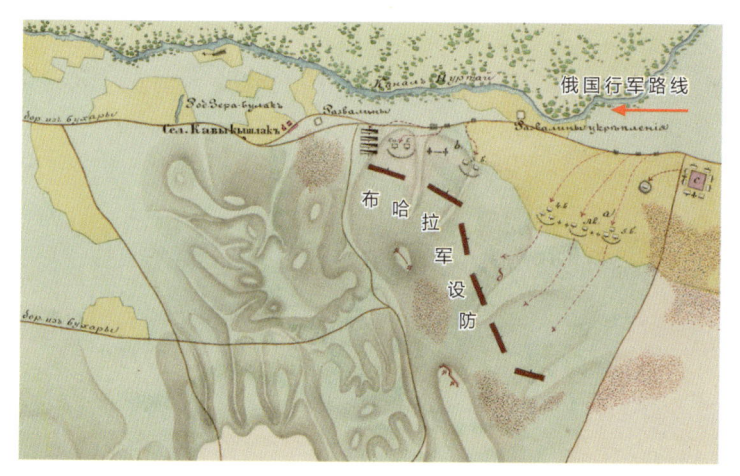

【图 7-2 俄军与布哈拉军对阵示意图】

拉。但考夫曼犹豫了：当地人盛传撒马尔罕将发生暴动，而且留守撒马尔罕的俄军再没送来消息。显然，身后 80 公里远的撒马尔罕已经同俄军主力断了联系。

但考夫曼心底里还是不相信撒马尔罕会出事。如果现在放弃进攻，显然是功亏一篑。布哈拉埃米尔的军队就在前面不远。中亚是个谣言世界，符合当地人理想的虚假消息最容易泛滥，考夫曼已经领教。如果俄军主力立即回师，布哈拉人就会疯传，埃米尔在泽拉 - 布拉克打败了俄军，迫使他们仓皇逃命。那样，更多的本地武装会加入埃米尔的队伍，被打败的散兵游勇也会重新组织起来，对俄军发动凶悍的进攻。这种情况在中亚已经出现过很多次了。

所以，6月2日，俄军仍停留在泽拉－布拉克。而就在这天，撒马尔罕全城发生了暴动，数万人围攻留守的几百名俄军。

6月3日、4日，俄军主力依旧在泽拉－布拉克休息，5日则转回卡蒂－库尔干休息。

考夫曼一直等不到撒马尔罕驻军的报告，亲俄的当地人言之凿凿地告诉他：撒马尔罕确实发生了暴动，驻军危在旦夕。

6日，考夫曼终于下令回撤。60多公里的路程，急行军一天就能到达，但俄军还是走得不急不慢。沿途村庄空无一人，俄军到处搜寻村民丢下的粮食、牲畜。

一支趁火打劫的当地人队伍尾随着俄军，争抢战场上散落的武器、用具，在村庄里打家劫舍，有时甚至对零散的俄军下手。就像一群非洲鬣狗紧跟着狮群，希望能伺机抢下一点肉骨头。他们主要来自俄国占领下的塔什干、乌腊提尤别、吉扎克等地。

同在19世纪60年代，第二次鸦片战争时，英法联军从天津到北京的征途中，也被同样的食腐大军一路尾随。这也是前现代东方社会的一大特色。

俄军的回程路走了两天。7日傍晚抵达撒马尔罕郊外，考夫曼终于收到了驻军指挥官施坦佩尔少校的报告，这是他发出的第七封信了，前六封都被拦截。考夫曼这才知道城内的近况。但他还是下令准备宿营，明天早上进城。

对撒马尔罕的留守部队来说，这几天实在是过于漫长。

教训俄国人的机会来了!

撒马尔罕人一直悄悄关注着俄军动向。考夫曼的主力离开后,他们觉得机会来了。

清真寺毛拉们定下了集合和开战的日期,传抄了很多份起义檄文送到各地。上万名撒马尔罕市民和郊区农民投身暴动。这是一次全体大众的"圣战"狂欢。宗教界的宣传鼓动起了主导作用,多数参与者则是毫无主见的底层民众。俄国人的一次经历很有代表性:

十几天前,阿勃拉莫夫上校带着一支俄军从撒马尔罕出发,攻击在附近集结的沙赫里夏勃兹武装。行军途中,他见到一伙撒马尔罕人拿着棍棒走在前面,问这些人在干什么。

回答是:听说沙赫里夏勃兹人刚刚打败了俄国人,我们也要去收拾俄国人!

阿勃拉莫夫下令枪毙这些乐观的家伙,又觉得不值得浪费子弹,便释放了他们。

这些人拖着棍子走出几十步,又转了回来,对阿勃拉莫夫说:沙赫里夏勃兹人撒谎,着实可恨,所以我们要参加俄军,去教训沙赫里夏勃兹人!

这个愿望被满足了。

如今,当地人又看到了"教训"俄国人的机会。暴动参与者越来越多,两万多名武装的沙赫里夏勃兹人正在赶来;还有上万名来自东部山地吉尔吉斯族的希布察克人。参加暴动的总人数达六万多,多数人没有枪支,只有棍棒。

考夫曼的主力离开撒马尔罕时，留下了5个连、600多名俄军守城，其中有很多非战斗人员，如工兵、军乐团、后勤人员和工匠。此外，还有住院的400多名伤病员。

施坦佩尔少校负责指挥驻军，从名字可以看出，这也是德裔俄国人。他和考夫曼用德语通信，中亚人截获了他们的信件也无法阅读，保密效果不错。

俄军给撒马尔罕守军留下了2门野炮和2门小型臼炮。考夫曼本来一门炮也不想留，但阿勃拉莫夫上校劝阻了他。其实城内并不缺乏军火，缴获的24门布哈拉大炮就在仓库里（最好的已被考夫曼带走了），但炮膛里都打了铆钉。仓库还有大量火药、枪弹和炮弹。

城内粮食也不缺乏，但食盐很少，马的饲草也很少。军营里没有可靠的水源。暴动期间，俄军为此付出了一些代价。

撒马尔罕有七八米高的城墙，但年久失修，有大段塌陷和很多缺口。城内堡垒（军营）的情况也差不多。军营有两个城门，一个紧邻着布哈拉门，另一个朝向城内的市场，就叫撒马尔罕门。军营地势不算太高，站在周边清真寺的高塔或者拱门上可以俯瞰军营，枪手也可以居高临下狙击（图7-3）。

5月30日，考夫曼的主力离开的当天，驻防俄军开始紧急加固营垒，他们开始拆除靠近军营围墙的民居，挖断斜坡，疏浚水道，并加固炮垒等（图7-4）。这显然不是一日之功。

俄军已经听惯了犹太人的警告和哀鸣。到6月1日，局势全面失控。城内犹太人各宗族的族长报告说，大量沙赫里夏勃兹人正涌进城内，商人们都关闭了店铺，逃离城市。俄军一个

第七章　绿洲深处的枪声　■　211

【图 7-3　撒马尔罕城示意图】

【图 7-4　照片：俄军营垒的南门】
由于营垒南门靠近城门（布哈拉门），所以也被称为布哈拉门。照片里还能看到城墙上被焚烧过的痕迹，以及民居建筑被拆毁后的残迹。

连奉命巡游全城，没有遇到对手，很多居民还保证没有任何沙赫里夏勃兹人。

上午时分，从军营里已经可以看到，东北方城外的恰潘-阿塔高地上出现了很多步兵和骑兵。到中午，山坡已密密麻麻站满了人。全城百姓都带着家当和牲畜逃离，潮水般从各城门涌出。

犹太人请求到军营避难。施坦佩尔同意了。这些人拉家带口全搬到了军营里。军营周边的施工也停止了，因为要节省兵力，准备即将到来的战斗。

全城街巷萧然寂静，雷吉斯坦广场拱门和高塔兀然耸立，夕阳的最后一抹微光投射其上，五彩光芒流动。太阳缓缓落入地平线，灿烂的金星闪耀在暗蓝色天际。撒马尔罕成了一座死城。

施坦佩尔下令鸣炮，向黑暗中逼近的对手挑战。

一枚骑兵火箭扶摇而起，啸叫着直冲云天，炸裂成漫天繁星。垒墙上的野炮也轰了一响，炮弹划出暗红色弹道，许久后，天际迸出一丝微光，犹如雨云到来前的闪电。

一夜无事。

画家的巷战

2日拂晓，当地人报告，大量沙赫里夏勃兹人正在接近东门。施坦佩尔立刻带两个连穿城去阻击。俄军刚出城就遭到射击，士兵们开枪还击，但树木葱茏，地势起伏很大，看不清敌人。

带路的当地族长不停叫嚷，说不要向这里或那里射击，那都是和平居民。施坦佩尔不信任这些族长，认为敌人正借机向城门集结，以便截断部队的归路。他立即带队进城、返回军营。

街道上出现了拿棍棒的当地人，石块从屋顶砸向俄军。暴动者正从各城门涌进城中，男人们的叫喊声、鼓声、牛角号声很快响彻全城，各色武装人员都向军营扑去。军营的布哈拉门和撒马尔罕门成为首要攻击目标。每个营门驻守了两个连，营墙还有很多缺口，每个缺口部署了一二十人。

第一波攻击发生在撒马尔罕门北侧（图 7-5-1 至图 7-5-3）。

暴动者穿过居民区和一片坟地，潮水般扑向军营的城墙。他们不用云梯，每人手、脚上都绑着铁爪子，沿着夯土墙的缝隙攀援而上。还有些人在民居上开凿枪眼，射击墙上的俄军。

俄军在这里部署了一门野炮，又紧急推来两门卸了铆钉的布哈拉炮，用霰弹射击爬上城墙的布哈拉人。

缠着白头巾的进攻者也爬上了布哈拉门。这段墙下有很多民宅和店铺，沿着它们很容易爬上去。各色旗帜飘扬在堡垒墙上。守军进行了几轮整齐的步枪射击，进攻者扔下旗帜跳到了墙外。如果他们有勇气跳到军营里面，俄军就难以应付了。特别是弹药库，一旦被引燃，半个军营都会被炸飞。

进攻者撤退时烧毁了城门。他们点燃了几个装火药的口袋，布哈拉门立刻燃起大火，整座城楼都将被烧毁。几名俄国工兵冲上去拆掉了燃烧的大门。俄国大炮立刻朝大门外射击，并且逐渐推进到门外。为了掩护大炮，俄军用土袋子堆起了一道护墙。

【图 7-5-1 尼古拉·卡拉津版画：撒马尔罕的巷战】

【图 7-5-2 韦列夏金油画：俄军靠近城墙缺口，战斗一触即发】
许多人认为这幅画描绘的是俄军攻占希瓦（1873年），但那时韦列夏金早已离开了中亚，这幅画描绘的其实是1868年撒马尔罕的巷战。

【图 7-5-3 韦列夏金作品：战斗结束】
这幅图中的战场和上面彩图的是同一个地点，但是战斗已经结束，布哈拉和俄军士兵的尸体倒伏在地上。

这一天里，俄军22人战死，50余人受伤。伤者多被子弹命中头部或胸部，这是在城墙垛口间作战受伤的特征。

6月3日凌晨，凄厉的鼓角和叫喊声响彻全城。这是布哈拉人进攻的前奏。这次，营垒的西墙（也是撒马尔罕城的西墙）也受到了攻击。俄国人从武器库里搬来了布哈拉炮弹做手榴弹，点燃引火管后扔下城墙。

撒马尔罕门被彻底焚毁。几个暴动者跳过火焰、冲入了营垒，被士兵的刺刀捅死，然后俄军用大炮和障碍物堵住了缺口。

布哈拉门的攻势最为凌厉。大门已被焚毁，暴动者爬到屋顶上射击、往下扔石头，然后冲向营门外的工事。俄国大炮就在几米外喷射霰弹，进攻者扔出了点燃的火药袋，火焰瞬间吞没了炮兵。营门失守。

俄国人又端着刺刀冲上去，画家韦列夏金准尉跑在最前面。暴动者退却了，俄军一直追到大街上。大炮的霰弹一遍遍扫荡街道，打得树叶粉碎翻飞，散落在满地尸体上。炮兵中尉斯卢仁科被枪弹打下马背，高喊了一声"乌拉"就死了。

医院里的俄军伤病员都参加了战斗。躲在埃米尔宫殿里的犹太人哭天抢地，犹如世界末日到来。施坦佩尔写了加急求援信，让化装的信使（主要是当地人）送往考夫曼处。这些人大都没能活着出城。

下午3点，各处的攻势都渐渐停止了，人流开始撤向城外，集中到恰潘-阿塔高地上。俄军欣喜若狂，士兵们端着步枪穿过城区，甚至走到了东门外，确实再没见到敌军。

人们开始放心地吃午饭，军官命令伙房分发了酒精，随军酒食商人也拿出雪茄烟和红酒犒劳士兵。

到5点钟，暴动者们又涌入了城内，再次开始进攻军营。射击和爬城一直持续到夜间。俄军已经减员150人，有战斗力的只剩400多人，还不知道战斗要持续多久。

施坦佩尔少校做了最坏的准备：所有军火都搬到了埃米尔宫殿里，不能动的伤病员也被抬了进去。一旦军营失守，俄军将点燃库存火药和炮弹——就在两年前，新疆叛乱初起，阿古柏军攻破喀什噶尔城，办事大臣奎英等满汉官吏就选择了这种方式作为终场。俄国人大概也听说了这个悲壮的故事。

6月4日，布哈拉人（包括沙赫里夏勃兹人）仍在进攻，但势头已逐渐低落，进攻者也伤亡巨大，疲惫不堪。而且，布哈拉主力在泽拉-布拉克惨败的消息已经传来，人们没有一举战胜俄国人的信心了。沙赫里夏勃兹人担心归路被切断，纷纷退出城外。

下午，看到攻势减弱，俄军决定趁机烧毁军营垒墙下的民居，开辟出一片开阔地带。有些地段是贫民窟的棚户，但临大路的都是殷实商号。韦列夏金和士兵们一起纵火。这天，施坦佩尔又派了几个骑手出城送信，只有最后一个成功了。

入夜，大火在军营外熊熊燃烧起来，大片大片的灰烬如黑色雪花从天而降，落满全城。一个波斯人悄悄在城下喊话，说俄军已经在卡蒂-库尔干那边打了大胜仗，暴动者们要撤退了。这是驻军第一次得到考夫曼部队的消息。

5日凌晨，俄军继续出动，焚烧距布哈拉门400米的大市场（巴扎）。韦列夏金端着步枪走进一座临街小院落，和6个裹头巾的士兵面面相觑，然后厮打成一团。等士兵们赶来时，6具尸体已经躺在了他脚下。

6日、7日，城内只有零星的战斗。开始获悉考夫曼主力正在赶来，周围村落的波斯人愿意帮驻军送信，提供了几只羊和一些奶，还建议俄国人到城外采摘一些苜蓿。俄军喝了几天臭水，已经有坏血病的苗头。

夜间城里还有零星的枪声。到8日早晨，枪声沉寂下来。几名中亚装束的骑兵悄悄进了布哈拉门，来到军营之下。这就是捷连季耶夫上尉的侦察队。

埃米尔臣服

撒马尔罕的巷战结束后，布哈拉汗王（埃米尔）赛义德·穆扎法尔终于屈服了。他认识到自己的军队实在不是俄军对手。现在汗国内部反对他的情绪越来越高，有些边远的半自治地区公然脱离了埃米尔的统治，他的长子甚至也拉起了一支人马造反，要取代不称职的父亲。赛义德埃米尔内外交困，觉得国内的动乱更为致命，俄国人的威胁不是那么急迫，而且也许可以利用。

于是埃米尔向考夫曼总督派出使者，提出了和谈乃至投降的要求。考夫曼有点被投降的说法吓住了，因为按照他给朝廷的请示，这次进军的目标是让埃米尔放弃敌对姿态，而不是彻底征服布哈拉汗国，这时的俄国朝廷还没允许吞并布哈拉。

考夫曼对埃米尔提出的条件是：俄军已经占领的撒马尔罕和卡蒂-库尔干要并入俄国（土耳其斯坦军区）；埃米尔在一年内缴纳价值50万卢布的金银。6月23日，也就是撒马尔罕的巷战结束半个月后，双方正式签订了停战文本。

这段时间里，俄军对撒马尔罕进行了报复和清理：放任士兵自由抢劫两天，士兵们都摆地摊卖自己抢来的财物；公开枪决了19名参与巷战的俘虏，每人挨了6枪，这些俘虏是在俄军进城后还拿着武器乱跑的人。其实俄军俘虏的人很多，有不少是在民间鼓动起兵的头面人物，在考夫曼和埃米尔签订和约后，这些人都被释放了，考夫曼不是个很"铁腕"的征服者。

为维护摇摇欲坠的布哈拉汗国，俄军还征讨了一些威胁埃米尔统治的地方势力。那位造反的王子打了几次败仗，流窜了很多地方都无法立足，最后跑到新疆投奔了阿古柏，他的结局不太清楚，也许伴随着阿古柏政权一起终结了。

统治稍微稳定之后，赛义德埃米尔开始感觉到丧失撒马尔罕的痛苦了。撒马尔罕绿洲太富饶，几乎是布哈拉汗国的半壁江山，而且它历史地位高，是当年瘸子帖木儿大帝国的都城，对中亚统治者来说，丢掉撒马尔罕实在是丢面子的事。

再有，布哈拉汗国的核心疆域，是泽拉夫尚河两岸的一系列沙漠绿洲，撒马尔罕城在布哈拉城的上游，俄国人在这里掌控着水源，布哈拉汗王残存的那点疆域，完全要靠从俄国人手里放下来的河水灌溉，这等于永远被人掐住了命门。

所以赛义德埃米尔千方百计活动，他派人到奥斯曼土耳其帝国，希望奥斯曼皇帝（哈里发）派兵驱逐俄国人。奥斯曼土耳其和俄国是老对手，这几十年里已经打过好几次大战。哈里发知道俄国人的实力，而且中间隔着波斯，布哈拉实力又太弱，不是合格的同盟军，所以哈里发对赛义德爱莫能助。

赛义德埃米尔还派自己的四儿子出使俄国，不仅向考夫曼总督，还向俄国朝廷君臣请求归还撒马尔罕。俄国朝廷的态度是：这是考夫曼总督职权范围的事。于是埃米尔的残念只能落空，他不得不适应自己的新角色：沙俄帝国的政治附庸。

俄国在撒马尔罕城驻扎了1000多人的部队，指挥官是阿勃拉莫夫，他几乎参与了俄国进占中亚绿洲的全过程，最后因撒马尔罕的战功晋升为少将，对于家族门第不太高的军官，这几乎是中彩票一样的几率。所以年轻军官们也都梦想有继续攻城略地的机会。现在的中亚小政权已经不敢和俄国作对，俄国朝廷扩张的兴趣也大大降低，支持俄国势力继续蔓延的，主要是前线军官们的个人野心。

布哈拉汗王接受了沙皇附庸的身份，一直在俄国总督的卵翼下生活，它甚至比沙皇家族更长久。俄国商人可以在布哈拉汗国范围内自由经商，汗王还承诺在辖区内废除奴隶贸易，但民间的奴隶贸易从来没有中断过，汗王靠贿赂俄国使者来隐瞒真相。这时贩卖俄国人做奴隶的事情已经大大减少，但从波斯捕捉奴隶的行为从未停止。

考夫曼迫使布哈拉汗王臣服之后，开始给希瓦汗国施加压力，俄国人最急迫的要求是让希瓦人停止购买俄国奴隶。因为游牧部族里一直有铤而走险之辈在俄国控制区劫掠奴隶，把他们卖到希瓦绿洲。汗王就是最大的买主，他有奴隶耕作的大田庄，也需要阉割的奴隶做宫廷内侍。其次，一些曾经和俄军作战的抵抗武装逃到了希瓦绿洲，得到了汗王的庇护，考夫曼要求希瓦停止支持这些人。

波斯人也对希瓦人蓄奴的做法深恶痛绝，曾经几次发动对希瓦的远征，但结局都不太好，有时波斯军队在沙漠里全军覆没，被俘虏的士兵又变成了汗王的奴隶。收拾希瓦的主动权还将落在俄国人手里。

考夫曼曾派人给希瓦汗王送过几次信，都没有得到答复。征服布哈拉的第二年（1869年）秋，考夫曼派出一个布沙耶夫使团前往希瓦，言谈中触怒了汗王的大臣，使团被扣留。这时的俄军正在测绘布哈拉汗国周边地区，《征服中亚史》的作者捷连季耶夫大尉是测量队副队长，他特意详细绘制了从布哈拉去往希瓦的地图，为以后攻打希瓦做准备。希瓦人对测量队在荒漠里的活动很警觉，以为是俄国人准备进军了，汗王因此释放了已经扣押3个月的布沙耶夫使团。

离乱新疆

土耳其斯坦军区征服布哈拉汗国之后，本可以直接进军希瓦，但这时中国新疆的叛乱正势如燎原烈火：1864年开始，新疆南部塔里木盆地很多城市发生叛乱，清朝官员和驻军几乎被杀光,来自浩罕的阿古柏武装又消灭了各支叛乱势力,基本征服了整个南疆;在新疆北部,伊犁地区的塔兰奇人(被准噶尔蒙古和清朝从南疆迁来的维吾尔人)叛乱,杀光了清军官兵,成立了一个割据的小苏丹政权;不远的塔城地区,东干人(回族)叛乱,大肆屠杀满、汉官民之后,又放弃塔城,流动到了乌鲁木齐地区。

清政府能控制的只剩了北疆的东部和北部地区。清军从外蒙古重新占领塔城,维持着一扇和俄国人打交道的窗口。这就是1876年左宗棠收复新疆之前的局面。

俄国人对这些反清叛乱没有好感,因为新疆一旦出现独立的伊斯兰宗教政权,会对俄国统治下的中亚形成威胁。所以在攻打希瓦之前,考夫曼的土耳其斯坦军区首先要解决来自新疆的威胁,最直接的就是伊犁的苏丹政权。

1871年夏,考夫曼派出近2000名俄军,一路打进伊犁地区,消灭了这个小政权,苏丹阿比利·奥格利亚投降后被安置到维尔纳(阿拉木图)。此后俄军控制伊犁近10年。1876年,左宗棠率清军全面收复新疆之后,清廷又从俄国人手里买回了伊犁。

在这期间,画家韦列夏金到过清军控制下的塔城,战乱遗留下的废墟、尸骨仍随处可见,它们都被韦列夏金用画笔记录了下来(图7-6-1至图7-6-10)。

【图 7-6-1 战乱后的塔城】

【图 7-6-2 战乱后的塔城】

【图 7-6-3 战乱后的塔城】

【图 7-6-4 清军士兵】

【图 7-6-5 清军军官】

清军士兵和军官,长烟袋是必备之物。士兵的衣服破烂,军官腰里挂着象征文雅身份的折扇。这还是骑射时代的传统军队。等左宗棠的军队到来,就是西式装备了。

【图 7-6-6 逃难到俄国的索伦族儿童】

他们和锡伯族一样,老家都在东北,乾隆帝克定新疆之后,把他们迁徙到了北疆戍边。

【图 7-6-7 藏传佛教（喇嘛教）的寺庙内景】
北疆的蒙古族都信奉藏传佛教，和藏地一直保持着文化联系。

【图 7-6-8 喇嘛肖像】

第七章 绿洲深处的枪声 ■ 225

【图 7-6-9 喇嘛的肖像】
很多北疆蒙古人也出家为僧。

【图 7-6-10 战争的缩影：献给过去、现在和未来的所有征服者】
新疆塔城之行让韦列夏金看到了战争最阴暗、最残酷的一面。此后他就离开了中亚，继续周游世界进行创作，直到最后死于日俄战争。

第八章

再试希瓦

- 沙漠王者
- "现代"枪炮出世
- 土耳其斯坦军区备战
- 会师地点变更

沙漠王者

阿姆河在沙漠里穿行上千公里，最后注入咸海，在它最下游临近咸海的 300 公里内，形成了一片宜居的绿洲，这就是希瓦汗国的核心地区。沿河分布着密集的市镇和村庄。为了充分利用宝贵的河水，居民从河里引出了很多水渠，把尽量多的沙漠戈壁变成绿洲。

在 13 世纪的汉语里，希瓦被写作"花剌子模"，这是从元代蒙古语转写来的，和"希瓦"本是同一个词。在 12 世纪后半期，花剌子模扩张成一个大帝国，征服了整个中亚、阿富汗、波斯，在鼎盛时期还扩张到了印度北部，甚至试图征服伊拉克。但好景不长，之后就是成吉思汗的时代了。此后希瓦绿洲再没有辉煌过，它有时被周边崛起的绿洲征服（比如建都撒马尔罕的瘸子帖木儿大帝），有时能维持自己独立绿洲小国的地位，俄国势力到来时就是这样。

在 19 世纪 70 年代，希瓦绿洲上生活着大约 40 万人，他们大半是乌兹别克人：说突厥语，信仰伊斯兰教，自认为是成吉思汗后裔；还有 10 多万本地土著"卡拉卡尔帕克人"，直译就是"黑帽人"，因为男人都戴黑色翻毛羊皮高帽——其实在亚欧大陆深处，圆筒形黑色羊皮帽流行的范围很广，从俄国的哥萨克一直到新疆南部的维吾尔绿洲，但造型都稍有差异，希瓦一带高筒黑羊皮帽的特征是羊毛都比较长，戴在头上像个圆球，很威风，除"卡拉卡尔帕克人"之外，乌兹别克人也已经习惯了戴这种黑皮帽（图 8-1-1、图 8-1-2）。传说这里还有奴隶近 10 万，主要是从波斯抢来的，并没有精确的统计数字。

汗国的首都希瓦城，位于绿洲里比较靠近上游的位置，距

【图 8-1-1　希瓦汗王穆罕默德·拉希姆·巴哈杜尔二世（Muhammad Rahim Bahadur Khan II，1864 年—1910 年在位）和他的大臣们的合影】
这张照片应当是他晚年拍摄的。

【图 8-1-2　希瓦汗王年轻时的版画肖像】
图中汗王胸前挂的徽章肯定来自西方世界。

离咸海约200公里。这种控扼水源的地理位置有很大优势，王室可以用威胁河流改道的方法迫使下游绿洲臣服。

绿洲的外围是浩瀚无际的戈壁、荒漠，生活着饲养骆驼和羊群的游牧人，它们构成了希瓦汗国的外围边疆。跨过沙漠，向东是布哈拉汗国，向南是波斯（伊朗），西到里海海岸，北方则更广阔模糊——到19世纪60年代，俄、希势力基本上以锡尔河为边界。

在这广阔的外围荒漠里，北方主要是游牧的哈萨克人（大帐），南方是游牧的土库曼人，他们都分成很多部落，向希瓦汗王缴纳一些贡品，保持着松散的臣服关系。为争夺对游牧部落的控制权，希瓦和布哈拉汗国之间战争不断，和波斯也常发生冲突。俄国人征服布哈拉的战争给希瓦汗王提供了机会，他趁机加强了对土库曼人的直接统治。

俄国朝廷一直对希瓦汗国的桀骜不驯耿耿于怀，所以布哈拉臣服之后，俄国参谋总部开始制定进军希瓦的全盘规划。19世纪70年代初，欧洲枪炮技术日新月异，比起30多年前的彼罗夫斯基远征，已有脱胎换骨之感，俄国人有信心实现当年彼罗夫斯基未竟的功业。

"现代"枪炮出世

针发枪——后膛装弹步枪的先声

以使用米涅弹为代表的前装线膛步枪，最辉煌的时代是19

世纪五六十年代，在 19 世纪 70 年代就被后装枪取代了。"后装"的英语是 breechloading，直译是"侧装"，也就是从枪管后部装弹，区别于从枪口的正面装弹。

枪械从燧发到击发（锤发）、从滑膛到线膛、从前装到后装，三次重大技术革新，发生在短短四五十年之间，昭示了 19 世纪枪炮兵器技术的"大跃进"，最先进的枪械 20 年后便成为过气老古董。

前膛装弹缺点不少，比如：士兵必须站着装填弹药，这在两军对射时加大了伤亡概率。当然，使用整装弹的情况下，也可以卧倒装填，但毕竟要把枪顺过来，增加了麻烦。19 世纪中叶，军人们还是习惯整齐地列队对射，这也是传统的力量。

在 19 世纪 80 年代之前，枪炮普遍使用的还是黑火药（中国人的发明），黑火药燃烧后残渣很多，前装枪不便清洗。弹丸不能和线膛枪的枪膛太严丝合缝，不然很难塞进去，而这会带来火药气泄露，损失射程。

所以在 19 世纪上半叶，很多人都在研究从枪管后方装弹。这要求枪膛后段可以打开、关闭，开枪时火药气难免泄露，除了靠设计，还需要机械加工技术的进步来解决这个问题。

最早搞出实用后装枪的，是德国（普鲁士）人，他们在 19 世纪 30 年代就开始研制名为"针发枪"的后膛装步枪，但这一观念太超前了，而且还有些技术上的小问题，不如前膛枪可靠，很多军方人士都不愿接受。美国内战时期，也有一些后膛装步枪投入实战，发生的问题也很多，没能普及。

最先批量装备"针发枪"的还是普鲁士军队。1866 年，普鲁士与奥地利作战,每分钟射速 6 发—8 发的普鲁士后装针发枪大出风头,欧洲各国见状,立刻转向后装枪。

后装枪几乎都是靠撞针击发底火(即镶在子弹底部的火帽),为什么特意叫普鲁士的这种枪为"针发枪"(Needle-gun)?因为这种最早的后膛枪和后来的不太一样:它还没有金属弹壳,"底火"没在子弹底部,却在子弹肚子里。

最早的针发枪弹,还是士兵用纸包临时加工的(图 8-2)。最前端是弹丸(这还是滑膛枪的球形弹,当然也可以换成线膛枪的米涅弹);往下是一个木托,负责和滑膛枪管密切贴合、推弹丸出膛,这也是滑膛枪时代普遍采用的;下面半截是黑火药;火帽则埋在黑火药和木托之间。射击时,撞针先刺穿火药,顶到火帽引发爆炸。

为什么把火帽放在中间,而不是底部?大概是受纸质"软包装"的影响,纸包的火药太软,火帽如在底部,被撞针顶到时,火药变形起了缓冲作用,不容易点火引爆。金属弹壳不会变形,但那时还没有金属弹壳的概念(图 8-3-1 至图 8-3-4)。

别旦枪出世

后膛装弹,让枪的使用更加方便,射手不需要频繁倒换枪身;射速也得到了提高,每分钟能发射 6 发子弹,比用整装弹的前装枪快了一倍以上,而且比前装锤发枪少了引火孔,枪膛的闭锁性能更好。从此,步枪击发时枪管尾部不再冒出那股标志性的青烟。

19世纪60年代，各种后装枪纷纷出世。当时对新武器的研发，英、法、美、德走在前列，俄国只是引进技术而已。在这轮后装枪普及浪潮中，俄国倒没有落后。1867—1870年间，俄国军方验证定型的后装枪不少于五种（包括一种针发枪），其中美国工程师别旦提出的有两种，后来影响最大、产量最多的，是1870年的别旦II型（图8-4-1至图8-4-5）。

别旦II型步枪口径为10.75毫米，全弹长58毫米，弹丸部分重24克，发射黑火药重5克。该枪射速每分钟6发—8发，弹丸出膛速度437米/秒，有效射程约280米。该枪有4种改型，除了步兵用的基本型，还有哥萨克型（骑兵马背作战用，枪体和子弹都较短）、龙骑兵型（给骑马步兵用）、轻骑兵型。

后膛装枪普及时，锤发线膛枪才流行了20多年，就成了明日黄花。为了废物利用，各国也试着把锤发前装枪改造成后装枪：枪管后段锯开，改成向侧面打开装弹，但仍用锤发火帽点火。

别旦枪用了十来年，又过时了，因为枪械开始进入无烟火药时代。19世纪80年代，化工技术的发展带来了更清洁的无烟火药，拥有约一千年历史的黑色火药宣告退场。只有发射药比较清洁，不需要频繁清理枪膛，才可能出现连发速射枪（机枪），枪械的发展史遂告完满。不过老式别旦枪还有它的市场，因为它结构简单，黑火药又来得容易，可以自己装配子弹，所以在中国的边疆地区，牧人、猎人乃至流寇武装都长期使用它。

【图 8-2　后装枪子弹】

【图 8-3-1　针发枪的撞针和弹药展示】
由图可见弹药的各部分构造：弹丸、木托、红色火帽。

【图 8-3-2　普鲁士 M-1854 式针发枪】
这是后膛装步枪的先行者，它的枪管后端构造和锤发枪明显不同，突出的不是击锤，而是枪栓的手柄。

【图 8-3-3　枪栓向后拉开的状态图】
这时撞针弹簧已收紧，将用纸包装好的"子弹"放入枪膛，闭合枪膛，就可击发。

【图 8-3-4　针发枪原理图】
由图可见撞针已刺穿火药（棕色）直抵火帽。

【图 8-4-1 俄国别旦 II 型后膛装弹步枪】

【图 8-4-2 枪栓拉开时的照片】
图中,前面竖立的是射击表尺。

【图 8-4-3 子弹入膛】
别旦枪没有弹匣,每次只能装填一发子弹。

【图 8-4-4 早期的别旦 II 型枪弹】
由图可见,枪弹的发射药和弹头是分离的。这里只有发射药,装在硬纸筒里,底部为金属,火帽安装在上面,还可以拆卸,这是锤发枪时代的遗风。

【图 8-4-5 后期整装的全铜壳别旦枪弹】

火炮的进化

火炮的技术原理和步枪相似。19世纪50年代线膛步枪普及之时,人们也在研究线膛火炮,但火炮体积大,技术问题也多。英国人威廉姆·阿姆斯特朗的方案很超前,直接搞出了一系列后膛装弹的线膛火炮(那时后膛枪尚未普及),用来发射实心弹和榴弹。

1860年,第二次鸦片战争期间,英国军队装备了少数阿姆斯特朗后装线膛炮(图8-5),算是进行战场测试。这种火炮表现不错,射程远(近3000米)而且准确。

但阿姆斯特朗后装线膛炮问题也很多,主要是后膛装弹机构太复杂,装填速度很慢,而且锁栓结构也不结实,经常被炸变形甚至断裂。还有一个缺点就是太昂贵。英军总结了阿姆斯特朗后装线膛炮的表现,认为它缺点大于优点,不值得装备。19世纪60年代初,英军廉价卖掉了已装备的阿姆斯特朗后装线膛炮。阿姆斯特朗只好回过头来,靠研制前膛炮解决生计。

英军淘汰的阿姆斯特朗后装线膛炮,有些被日本人购买,正在搞维新的日本人如饥似渴,要弄到欧洲人手里最先进的东西,也有耐心伺候这些毛病频发的小祖宗。还有些阿姆斯特朗后装线膛炮被卖到了美国,那里内战打得正欢,美国人饥不择食。

再说法国,他们没采用冒险的后膛装弹方式,而是采用前膛装的线膛炮,就像米涅系列线膛枪的原理。在19世纪50年代至 60 年代，这种路线比较务实。卖掉了阿姆斯特朗后装线膛炮的英军也采用了前膛装的线膛炮（图 8-6）。在此期间，滑膛炮也尚未淘汰，这点和步枪的发展历程不太相同。

线膛炮与滑膛炮相比优势很明显。除了射程远、精度高，还有一点，就是滑膛炮的炮弹，虽然在炮膛里不打转，但出膛之后会打筋斗乱转；线膛炮的炮弹则是围绕着射击轴线自转，弹头始终朝前，这就为安装"碰发引信"提供了条件。

19 世纪 60 年代，诺贝尔等化学家研制出更安全的起爆炸药，制作成炮弹的碰发引信，和线膛炮珠联璧合。碰发引信大大提高了榴弹的实用性，实心炮弹和霰弹这才开始下岗。

后装炮的尝试虽然一度失败，但它的优势还是很吸引人，所以一直有人坚持对后装炮进行改进，到 19 世纪 80 年代，金属加工技术的进步加上简易实用的炮闩设计，使后装线膛炮卷土重来，成为炮界主流。同样在 19 世纪 80 年代，无烟发射药和各种安全的大威力火药都达到了实用阶段，枪炮技术终于发展成熟。

土耳其斯坦军区备战

在俄军统帅部筹划对希瓦的远征时，考夫曼的土耳其斯坦军区最适合承担这项工作，但他们这时正忙于伊犁战事，所以俄国军方决定动用稍远的另外两个军区：西部的高加索军区和北部的奥伦堡军区。

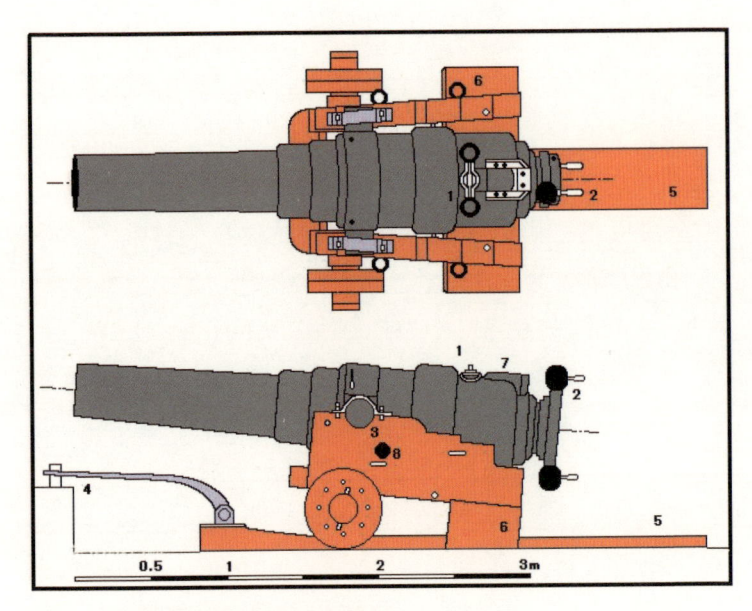

【图 8-5 阿姆斯特朗线膛后装炮的结构图】

【图 8-6 法国 M1859 式前装线膛炮】
这个稳妥的方案获得成功,被运用了 20 多年。

这两个军区进行了一些前期准备工作。1872年，土耳其斯坦军区从伊犁战事中抽身出来，准备参加征服希瓦的战争。它和奥伦堡、高加索军区都想抢征服希瓦的头功，一份份战役规划通过电报线传往圣彼得堡的参谋总部。12月12日，沙皇批准了最终计划：明年春季，三个军区将分头向希瓦进军。

由于中亚过于辽阔和荒凉，俄军先期无法进行大规模集结，只能从多个方向一起出发，在行进过程中逐渐汇合，最终在希瓦绿洲实现总会师。计划虽然没有指明谁是进攻主力，但三个军区中，只有土耳其斯坦军区总督考夫曼亲自出征，所以到总攻阶段，他注定要成为主帅。

先介绍土耳其斯坦军区第一阶段的进军。

从地图上看，距离希瓦绿洲最近的俄国据点，是咸海东北岸的彼罗夫斯克港，和离它不远的、锡尔河上的卡扎林斯克城。俄国人在19世纪40年代就占领了这里，通过漫长的哈萨克荒原维持着和奥伦堡的交通。

19世纪60年代，俄国人占领了整个锡尔河流域，卡扎林斯克就不再是一个孤立的前进堡垒，而是俄国在中亚环形势力范围内的一个节点。俄军在这里有两艘汽艇、几艘帆船，维持着对咸海和锡尔河的控制。

似乎从彼罗夫斯克上船，穿越200多公里的咸海，再溯流进入阿姆河，是进攻希瓦绿洲最便捷的路线。但阿姆河最下游的入海处分成了几条扇面状的分流，希瓦人在有些河口处建有堡垒，还修建了拦河堤，阻止俄国汽艇进入，所以俄军还没能摸清楚阿姆河口的详细情况。他们猜测河口三角洲面积很大，分布着无数盐沼，长满了芦苇灌木，乘船或徒步都很难穿过。

考夫曼总督制定了一个陆路远征计划。他的军队主要分布在两个地带：咸海的彼罗夫斯克、卡扎林斯克和军区首府塔什干周边。这两地的驻军各自集结出发后，将行军到布坎山南麓汇合，穿越荒原攻入希瓦。

这个计划看起来有点荒唐，因为它刻意绕开了布哈拉汗国，这一路线沿途人烟稀少，这意味着很大的后勤和交通压力。如果从布哈拉绿洲到希瓦绿洲，交通和补给都很方便。

考夫曼没有解释为何做出这种选择，也许是担心布哈拉埃米尔心怀不轨，制造麻烦。但这完全是多虑，埃米尔在5年前已经被俄军彻底打怕了，又靠俄国人的支持才保住自己的宝座；俄军这次出征希瓦的兵力远远超过5年前入侵布哈拉，埃米尔根本没有能力威胁俄军。而且，从后来的进军过程看，布哈拉埃米尔几乎是抱着诚惶诚恐的态度为俄军提供一切军需。

为了这次进军，在过去的3年里，考夫曼总督已经派人进行了几次小规模侦察和测绘。带队人是连捷季耶夫，他详细考察了柯孜勒库姆沙漠南缘的戈壁，选定了布坎山南麓的会师地点——玉孜库杜克（百井），那里有充足的水井；再向西是明布拉克（千泉）地区，从这里到希瓦要穿过一片荒野，但沿途都有水井，当地商人用驼队在希瓦和锡尔河地区进行贸易，都是走这条路线。

考夫曼制定的计划里，军区主力将在吉扎克集结出发；咸海沿岸军队在卡扎林斯克集结出发。两路都有2000余人，合计约4700人，其中骑兵900余人，配有20门火炮、8门火箭炮。

此外还有司令部、卫生队、辎重运输人员，共计5500人，战马和运输用马共1650匹。此外还有1000人左右的部队随同出征，负责在沿途设立兵站堡垒，维持远征军和后方的联系，这些部队似乎没有计算在远征军数量之内。

军费开支约60万卢布，考夫曼担心开始预算报太多的话，可能影响上级对军事行动的支持，所以先期只申请了28万多卢布，战役开始后又请求追加了30多万。

军费开支的一半用于交通运输。雇佣骆驼和驼夫的开支，都是向军区管辖下的各哈萨克部落强行摊派，价格为每头骆驼每个月10卢布，如果骆驼"因行军负担过重"死亡，赔偿50卢布。最后总共征调了七八千头骆驼，平均每个士兵1.5头，基本能满足需要。

但行军开始后，俄军才发现计划有点乐观了，因为他们是按每头骆驼能驮载250千克计算的，但那是秋季骆驼最健壮时候的情况，这次进军是春季，骆驼经过了一个冬天的消耗，体力下降，而且驼夫带来的大都不是健壮的骆驼，能驮200千克就不错了。

需要运输的物资很多，枪炮都准备了3个基数的弹药，还有供部队3个月衣食住行所需的全部物资。途中基本都没有人烟，几乎没有取得补给的可能，一切都要携带。骆驼可以吃沙漠里的植物，马的适应性没这么强，要运载一些马的饲草。马在沙漠行军体力消耗大，光吃草不够，还要补充一些大麦。这些都要靠骆驼驮载。

希瓦的主要城市都在阿姆河左岸，这意味着俄军最后要渡过阿姆河。考夫曼自己设计了一种可拆卸的薄铁皮摆渡船，靠密闭的铁皮箱增加浮力，可以运载大炮等重装备过河。卡扎林斯克的船厂负责制造这种摆渡船，一共造了四艘，用40头骆驼托运。

从出发地（卡扎林斯克和吉扎克）到希瓦绿洲，地图距离是700公里左右（和北京到郑州的距离差不多），如果是游牧民的轻骑兵，十几天时间就跑到了。但重载的俄军在戈壁沙漠里行动缓慢，后来的行军表明，平均每天能走十几公里就不错了。

考夫曼为作战制定了14页详细的条令，主要是行军中如何吃、穿、住、行，如何照顾马和骆驼，里面有很多土耳其斯坦军区以往在荒漠作战积累的经验。但也有些纸上谈兵的想当然之处，比如他规定：营地外的岗哨应该设在高处，最好是骑兵岗哨，还能增加一点高度。但有沙漠作战经验的老兵知道，白天岗哨设在高处是对的，但夜晚应当设置在低洼处，因为晚上天黑，高处看低处都是黑漆漆一片，什么都看不到；但从低处看高处，有稍微亮一些的天幕做背景，很容易看到异常的物体。再如，考夫曼规定，在地势平坦的荒野里，骆驼运输队应当10个纵列并行，400头骆驼的运输单位，就形成宽100米、长600米的方阵。他这样规划，可能是为了缩短队列长度，防范敌人的偷袭，但这么绝对平坦的地形并不好找，基本没有可操作性。在后来的行军里，这些不切实际的条令就被逐渐废弃了。

俄军此时的装备，还是以前膛装弹的线膛锤发枪为主，但后膛枪也已经开始装备，俄军总部为了这次行动，专门往前线调拨了一定数量的新式后膛"针发枪"和"别旦"式步枪。大炮里前装滑膛炮和后装线膛炮兼有，后装炮开始配备机械碰发引信的炮弹，但属于试验性质，两门最新式的后膛装榴弹炮从首都圣彼得堡出发，运到了卡扎林斯克，准备接受实战检验。

后勤方面，士兵的伙食仍以面包干为主，搭配一些糁米，茶和糖是标配，炊事兵会烧煮加糖的红茶。阴雨天会配发一点伏特加酒，对于沙漠行军，能遇到阴雨是幸运的事。

19世纪70年代，用锡皮密闭防腐的罐头类食品开始在西方流行，俄军也在尝试这种补给方式。为了配合远征行动，俄军从圣彼得堡紧急运来了近万个食品罐头，有肉类、俄式甜菜汤和土豆泥，分装在60个大箱子里，这些箱子经奥伦堡中转，送到了卡扎林斯克。30头骆驼用来驮载罐头，每头骆驼驮两箱。

部队给士兵们订做了宽1.4米的羊毛毡做铺盖，从奥伦堡运到卡扎林斯克。但在两军会师之前，从吉扎克出发的部队还没有拿到这批毛毡，这让他们饱受降温之苦。到会师之后，天气已经变热了。

沙漠里面用水，主要是从井里取水。游牧民人少，用桶或羊皮袋打水就够了。但军队人多，用桶提水效率太低，所以俄国人专门制作了一种"诺顿"式井具，它的原理就像传送带或者自行车链条，上面系着很多个水桶，靠人力运转起来，汲水速度就快多了。但这也是理论上的好处，沙漠井的水位大都不深，这种机械井具要么运转不起来，要么打上来的都是泥水。卡扎林斯克部队带了14套诺顿井具，用22头骆驼驮载。

此外，部队还要准备大量储水的容器。士兵装备的0.7升玻璃水瓶太小了，连级辎重队里还有驮马背负的大型储水容器，一般是木桶，也有中亚土产的整张羊皮的水袋。

1873年3月上旬，锡尔河流域还是残冬，土耳其斯坦军区的远征军开始出发，分散驻扎的各部队逐渐集结，最后形成两路主力。我们先介绍塔什干司令部这一路，然后再介绍咸海一路。

会师地点变更

3月1日，集结在塔什干的俄军开始出发。干旱地带行军，水井往往不够用，所以要分成小批次行军。俄军分成了5个梯队，每天发出一队，到5日全部开拔。附近城市忽盏、乌腊提尤别等驻防军也在向主力靠拢。骆驼的嘶鸣声此起彼伏，响彻郊野。天还很冷，士兵们都穿着大衣。

行军第三天，部队渡过了锡尔河。从这里开始，是100多公里宽的"饥饿草原"，此前途中没有任何水源。5年前在出征撒马尔罕时，考夫曼等将士都从这里往返。俄国占领以来，中亚社会安定，经济和社会建设颇有进展，当地人刚刚向荒原里挖掘了一条引水渠（图8-7），将两岸土地开发成农田。这次考夫曼行军，此处的无水地带只有30公里了。

第一个集结休整地在吉扎克城下，部队从塔什干到这里用了6天时间。刚上路时行李最多，为这点路程的行进部队损失了400多头骆驼。出发以来，天气在逐渐回暖，白天气温升到了零度以上，春天正在到来。

负责留守撒马尔罕的阿勃拉莫夫少将赶来晋见考夫曼总督，

附近各城的代表人士和布哈拉汗国的使者也都到了这里,都带来了丰厚的礼物。布哈拉人原以为俄军会从布哈拉腹地经过,埃米尔已经命令沿途的伯克准备好饲草和燃料,他去年也曾派使者表示,允许(希望)俄军通过布哈拉攻打希瓦。现在考夫曼改走无人区的计划让埃米尔颇为不安,他担心国人会觉得自己在俄国总督那里"失宠",统治会发生动摇。

3月13日,部队从吉扎克城出发,共3300余人,骆驼略多于人数。这次分成了四个梯队,依次向努拉塔山北麓的荒野开进。

寒流袭来,开始降温,先飘起了雨点,雨点慢慢变成冰粒子,后来下起鹅毛大雪,气温降到了零下15摄氏度。这天出发的第一梯队有两名士兵和5名驼夫冻死,冻伤的更多。一个追赶队伍的哥萨克连正在饥饿草原上行军,遭遇天昏地暗的暴风雪,士兵们将骆驼围成一圈,人躲在中间,把驼马的木头鞍子

【 图8-7 戈斯基拍摄照片:荒原上新开的灌渠,1910年 】

点成篝火取暖，才熬过了这场灾变。

16 日，第一梯队到达捷米尔卡布克井区。戈壁荒原上，这种水井是游牧人和商旅的生命之源，在史诗电影《阿拉伯的劳伦斯》里面，可以看到这种沙漠水井的真实景象。从吉扎克到这里有 130 公里。考夫曼感到 4 天来的行程过于艰辛，决定停在这里休整，等待后面的三个梯队到来。这天晚上狂风大作，四个梯队的帐篷都被吹飞或扯烂了。

接下来 3 天里，后续各梯队依次到达。这段行程中又有 254 头骆驼死掉，300 头因体弱而无法行动。按这种损失速度，剩下的 3000 头骆驼恐怕也难活到希瓦。

考夫曼司令部在捷米尔卡布克井区停留了 6 天。这些天里，考夫曼对自己原来的计划产生了怀疑，他当初把荒原行军想象得太容易了。努拉塔山这一带还不是最荒凉的，有些游牧哈萨克部落，俄军能靠他们获得一些牛羊、饲料和燃料。后半程的行军路线将更严峻。

而且，当地牧人还报告了一个消息：据说一直和俄国人作对的哈萨克武装头领司迪克，现在已经到塔姆迪井一带活动（5 年前俄军进攻布哈拉汗国时，司迪克就是很有力的抵抗武装，后来他逃到了希瓦汗王的领地，处于汗王的庇护之下）。考夫曼担心司迪克会填塞沿途的所有水井，于是他改变了计划：放弃在巴卡雷井一带会师，经明布拉克地区攻入希瓦；改为在前方一百多公里处的阿尔斯坦别尔井处向西南转，经过布哈拉汗国的边缘地带进攻希瓦，那里是希瓦和布哈拉两汗国之间的商道，理应比明布拉克荒原好走。

但这样一来的问题是,从咸海南下的卡扎林斯克部队就要绕远路了,对于他们,取明布拉克之路是最近的。考夫曼派出了一个骑兵连去寻找卡扎林斯克部队,通知他们改变路线,加紧向阿尔斯坦别尔井进发,与司令部汇合。

稍微理性一点的人会看到,考夫曼的命令有漏洞:即使他这支军队要改变路线,但卡扎林斯克部队仍可以按原计划路线进攻,因为在无水的沙漠地区,分成多路、齐头并进是效率最高的,如果某一路因特殊情况遇阻,另一路也不受影响。希瓦军队对任何一路俄军都形不成直接威胁。

考夫曼的小算盘是,他担心如果两路俄军分头前进,万一卡扎林斯克部队行军顺利,会比他这一路先攻进希瓦,头功就落不到他这军区司令(总督)手里了。

3月23日,考夫曼军再度拔营,经过阿亚克库杜克,于30日抵达阿尔斯坦别尔井地区。大军又在这里驻扎下来,等待南下的卡扎林斯克部队来汇合。在这里部队发现,很多连队的面包干已经霉变生虫了。有个别士兵死去,解剖显示是死于食物变质。原来军队出发前的准备工作太仓促,烤出的面包还没充分晾干就打包,霉变生的虫产下的卵在路上孵化成了蛆虫。

部队面临断粮的威胁,考夫曼只好派人去布哈拉城求援,他不好意思承认缺粮,给埃米尔的信里说,部队吃腻了行军口粮,需要新鲜的面粉和副食,请埃米尔配合收购。埃米尔立刻派驼队送来了50吨面粉,还有几千千克大米和大麦作为给考夫曼总督的私人礼物,埃米尔在信里说,如果俄国人要坚持付款的话,就是对他人格的侮辱。这只是第一批粮食,俄国军需官还在布哈拉城内继续采购。

4月7日是东正教的复活节，根据俄国习俗，这天要吃染红的煮鸡蛋。埃米尔派人送来了8000个鸡蛋和红染料，还有糖、茶等副食品。

沙漠中的哈萨克部落为俄军提供了近千头骆驼，用来补充路上的损失。

卡扎林斯克部队已经开过了原定汇合地点，正在向阿尔斯坦别尔井地区进发，他们和考夫曼之间保持着骑兵通信。

在这几天里，考夫曼收到了参谋总部发来的几封电报，应当是经过电报线从圣彼得堡发往维尔内，然后快马送来的。电报说，4月份，高加索军区将从里海东岸分两三路进军，于5月上旬抵达希瓦。考夫曼可能担心被高加索军抢去头功，又决定不等卡扎林斯克部队开到就启程。

4月11日，考夫曼的第一梯队开始出发，不过不敢走得太快，因为卡扎林斯克部队携带着诺顿井具、摆渡船等重装备和大量食品，把他们甩太远不是什么好事。12日，考夫曼抵达卡拉克阿塔，这是个水源充足的小绿洲，生长着白杨、灌木和芦苇丛。布哈拉汗国的使臣早已在此迎候，准备了大锅的肉抓饭招待考夫曼等军官，还预备了上百头骆驼驮的粮食。当天一场狂风刮过，卷起满天黄尘，虽然只有短短几分钟时间，却刮坏了所有的帐篷。

14日，考夫曼全军都抵达卡拉克阿塔。士兵们在泉水里洗澡、洗衣服，出发一个半月以来，这是第一次看到地上的流水和水洼。这里蝎子很多，不少士兵都被蝎子蜇了，疼痛难忍。

沙漠居民有一套对付蝎子的办法：宿营前先要在地面上寻找蝎子洞，灌一点水把蝎子逼出来；地上宿营铺羊毛地毯，防止蝎子钻出来伤人。俄国人还缺乏这些经验。

离开卡拉克阿塔之后，考夫曼军向西南行进了4天，在一个叫苏利库朱迪的地方转向正西方，于21日抵达哈尔阿塔地区。这意味着俄军选择了一条生僻小路，要横穿干旱的沙漠。正路应该是从苏利库朱迪左转去往布哈拉城，再右转去往阿姆河南岸，从那里沿着阿姆河一直到希瓦绿洲。那是两个汗国之间往来的通衢大道，道路好而且水源充足，也不乏村落人烟。考夫曼为什么做这个选择，从常理很难解释。

在哈尔阿塔地区，考夫曼等到了随后而来的卡扎林斯克部队。24日，他们的前锋和考夫曼军的最后一个梯队都到达了哈尔阿塔。

卡扎林斯克部队共有2040人，包含了卡扎林斯克和彼罗夫斯克两地驻扎的俄军。他们的长官是戈洛夫上校，还有一批刚从圣彼得堡赶来的显贵子弟，要借这次具有异国风情的远征给自己增添一点仕途履历。卡扎林斯克部队中有一位来头很大的上校：23岁的皇亲尼古拉·康斯坦丁诺维奇大公（图8-8），他是当今沙皇尼古拉二世的亲侄子。

3月上旬，就在考夫曼主力军在吉扎克一带集结时，卡扎林斯克和彼罗夫斯克率领的俄军也开始汇合出发。他们编为3个梯队，尼古拉·康斯坦丁诺维奇大公指挥第一梯队，20多天里向南行进了约400公里，沿途还设立了留守堡垒。

4月1日，卡扎林斯克军即将进抵原定汇合地点，这天他

【 图 8-8　尼古拉·康斯坦丁诺维奇大公肖像 】

们收到了考夫曼骑兵送来的信件，宣布放弃原汇合计划，要求他们向东南开进，到阿尔斯坦别尔井区加入司令部军。

这个消息引起了军官们的一致不满，因为它意味着后面的路程比原计划多了一倍。而且，考夫曼担心原汇合地的水井已经被司迪克武装填塞，其实根本没这回事，经过明布拉克攻入希瓦的大门敞开着。

有人打起了主意：装作没有收到考夫曼的命令，继续按原计划行军，攻入希瓦！康斯坦丁诺维奇大公年轻气盛，很想扔下考夫曼军直接去攻打希瓦。他后来和人谈起，当时曾有人给他出主意：暗杀掉考夫曼派来的信使，直接开往希瓦。这种阴谋过于"东方式"了，俄国军队里没人敢这么干。最后卡扎林斯克军仍按照考大曼的指令，放弃原计划，向阿尔斯坦别尔井方向进发。

4月9日，第一梯队抵达塔姆迪井区，仍然没有任何司迪克武装的踪迹。这是个小绿洲，桃花、杏花正在开放，还有温泉水。士兵们给大公搭建了一座简易的俄式澡堂。在这里他们试用了诺顿式井具，发现汲上来的都是泥水，于是把这些井具都丢弃了。

之后，部队抵达阿尔斯坦别尔井区，考夫曼军的最后一个梯队几天前刚离开这里。随后，卡扎林斯克部队抵达了遍地蝎子的小绿洲卡拉克阿塔，考夫曼军队宿营留下的垃圾都在。从圣彼得堡来的工兵上校罗曼诺夫在这里开枪自杀，他是志愿报名参加远征的，也许是想借这次旅行逃避精神困扰，但荒凉沉寂的中亚使他失去了活下去的希望。

4月24日，卡扎林斯克军开到了哈尔阿塔，和考夫曼司令部军汇合。考夫曼军队这时才领到了羊毛毡铺盖，吃上了新奇的罐头，两门新式后装榴弹炮也引起了官兵们的围观。

但考夫曼比士兵们担心的事情更多：路上耽误的时间太多，里海东岸的高加索军区马尔科佐夫上校所部已经于3月下旬开始了远征，如果他们正常行军，现在应该抵近希瓦绿洲了……

我们先放下考夫曼大军的行程，去看另外两路：高加索和奥伦堡军区的远征工作。

里海生死路

第九章

- 探路里海岸
- 马尔科佐夫的沙漠之旅
- 洛马金：穿越乌斯提尤尔特高原
- 奥伦堡军：从冬走到夏

里海（图 9-1），是地球上最大的内陆湖，不管是从自然地理还是历史人文角度，它都充满了怪异和难以解释之处。

里海在远古是真正的海洋。数百万年前，随着大陆板块的运动它被封闭起来，经历过干涸、沉降和重新注水，变成今天的巨大湖泊。它面积约 38 万平方公里，中国湖南和湖北两个省的面积加起来才略微超过它。

流经俄国湿润地带的伏尔加河、乌拉尔河向南注入里海，是里海水量的重要补充。咸海只能靠流经沙漠地带的阿姆河、锡尔河补充水源，所以咸海的水量远远不如里海。从卫星图片看，里海北端颜色发绿，那里水体最浅，只有几米深，几乎全是淡水。越向南水体越深，到南端水深超过 1000 米，水体含盐量只是海水的三分之一。

里海既是个湖泊，也有海洋的特征，逆时针的环形海流始终运动不息。里海东边还连着一个稍小的潟湖，当涨水的年份，海水经过一个峡谷通道流进潟湖，但如果水位稍微低落，潟湖水量得不到补充，会迅速蒸发。经过许多轮这样的循环，潟湖的含盐量超过了 10%，没有任何动植物能存活其中。

里海周边的地貌极为复杂多样。从卫星图可以看到，它的南岸地带颜色翠绿，是非常宜居的农业地区。那里是波斯文明的核心区，它孕育了人类历史上第一个地跨亚、欧、非三洲的超级帝国，以及古老的拜火教（祆教）文明，后世的犹太教、基督教和伊斯兰教都从这种古老宗教里获得了启发。

里海西岸是葱绿的高加索山脉，它向西一直连接着沿岸的森林和草原。这里生活着"山民"——格鲁吉亚和亚美尼亚人，

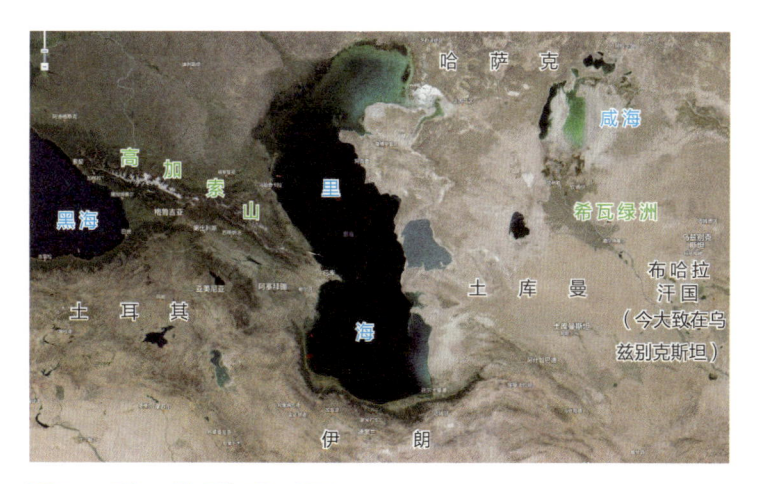

【图 9-1 里海、咸海现代卫星示意图】
因为 20 世纪以来的人口增长和人为开发,导致咸海水量迅速减少,已趋于干涸。
GS(2019)1719 号 – 甲测资字 1100471　数据来源:自然资源部

他们很早就皈依了基督教,在山谷里种植小麦和葡萄,饲养牲畜,建设石头碉楼防御外敌。山地闭塞的环境,使他们千百年来保存着自己的语言文化和部族特征,很难被外界同化。他们的语言属于印欧语系,有人认为,这里就是印欧语人最古老的发源地,三四千年前,说这种语言的人扩展到了整个欧洲直到印度。近 1000 年以来,说突厥语的游牧人又进入高加索地区,逐渐在里海西岸建立了自己的国家,今天的阿塞拜疆。

再向里海北岸,环境变得越来越干燥,地貌从草原逐渐变成荒漠。中古时代以来,这里生活着说突厥语的"钦察"游牧人,还受到蒙古征服者的影响。最后是俄国人扩张过来,顺便把高加索山区也划入了俄国版图。

里海东岸的地理环境最严酷,都是极度干旱的戈壁荒漠,点缀着荒凉的乱石山地。这里夏季酷热,冬季酷寒,外来者几乎无法通行,是中亚绿洲的天然屏障。只有哈萨克和土库曼游牧人靠着骆驼才能在荒漠里生活。

从古至今,还没有任何一种文明、语言、宗教或帝国能够把里海变成自己的内湖。亚欧大陆深处的各种地理特征和人文元素,几乎都凝聚在了这片极度荒凉的"海"的周边。

探路里海岸

早在1717年,亚历山大一世派别科维奇进攻希瓦时,就是从里海北岸上船,航行到东岸登陆,穿越沙漠去往希瓦。那次行动虽然全军覆没,但开启了俄国人探索整个里海的进程。到1720年,俄国科学院已经完成了对里海全境的测绘制图工作。

这次为了征服希瓦,俄国人又在里海东岸建设了新据点。1869年底,就在土耳其斯坦军区忙于关注新疆的叛乱局势时,高加索军区派出了一千余人的部队,从里海西岸的巴库港登船横穿海面,在东岸的克拉斯诺伏斯克(又译:克拉斯诺沃茨克)海湾登陆。这是里海东岸的中段,地貌荒凉,也没有淡水,只能深入内陆戈壁数十公里寻找水井。马尔科佐夫上校负责侦察这里去往希瓦的沙漠道路。

一切补给品都要从高加索军区跨海运来,海况变幻莫测,导致补给时有时无。和150年前的那次远征一样，马尔科佐夫这支部队被严酷的环境折磨得死去活来，很多人因为缺乏维生素得了坏血病，战马也纷纷病倒。

在沙漠里进军需要的大量骆驼只能从游牧的土库曼人那里获得。马尔科佐夫没有领到足够的买骆驼款，只能先"打白条"。土库曼人还生活在没有国家的部落时代，根本不相信俄国人的一张纸条有什么用。俄军对登陆点周边的土库曼部落进行了打劫，抢到了数百头骆驼。这导致土库曼人和俄军的关系越来越敌对。

稍后，确实有军需官来偿付马尔科佐夫留下的白条，但给的价格不高——每头骆驼只补偿了10卢布和100千克粮食，而且很多拿着白条的人已经游牧到别的地方去了，领不到俄国人的补偿款。马尔科佐夫这些鲁莽行动，为后来土库曼人和俄国人的仇隙埋下了伏笔。

1871年秋，马尔科佐夫进行了海岸中段的最后一次尝试。9月，他带领一千余名俄军从克拉斯诺夫斯克基地出发，向东北方行军一个月，沿途抢掠骆驼，居然摸到了希瓦汗国的边缘：萨雷卡梅什地区！

这里是阿姆河向西的一条分流在沙漠里形成的一个小绿洲，希瓦汗王正带人在这里打猎，得知俄国军队在附近出现，吓得急忙跑回希瓦城，一路宣布紧急戒备，调集了一支军队来阻挡俄军，但没发现任何人，俄军又像海市蜃楼一样消失了。

原来，马尔科佐夫上校没有攻进希瓦的打算，他是为之后的总攻探路，并征集（抢劫）骆驼。这条路线上骆驼太少，并不符合他的要求，所以他摸到绿洲边缘之后，就迅速撤回了克拉斯诺伏斯克。

此后，俄国军队中颇有人扼腕叹息：如果马尔科佐夫勇气再足一点，凭这一千多俄军，完全可以挫败希瓦军队，占领汗国！

希瓦汗国的正规军即使全集中起来，也不过一两万人，奈何不了一千名俄军，近10年来俄军和中亚军队的无数次交战都证明了这一点。而且希瓦这次根本没时间进行全面动员，只要马尔科佐夫展开攻势足够快，俘获汗王或者进占希瓦城都不是什么难事。届时汗国内部会发生政治分裂，很多地方势力和军队会背叛汗王，俄军至少能在绿洲里站住脚，到时再向总部请求增兵，希瓦将唾手可得。沙漠深处作战，最成功和一本万利的方式就是奇袭。

马尔科佐夫上校没觉得他和千万头彩失之交臂，侦察归来后（1871年底），他带军队登上海轮，在里海东南端的切基什利亚尔（又译：切基什列尔）登陆，继续侦察从这里去往希瓦的道路、收集骆驼。

切基什利亚尔一带已经是波斯和希瓦汗国势力范围的分界线，有两条流入里海的河流，沿河有大量土库曼部落，自然条件比克拉斯诺伏斯克好很多，可以抢劫的骆驼也多。但这里去希瓦绿洲的路程比较远，而且海岸过于平缓，水非常浅，没有适合停泊的港湾，轮船只能停在离岸几公里外的地方卸货，再用小船转运。离岸边一公里内海水只有膝盖深，小船也会搁浅，只能靠人蹚水把货物背上海滩。切基什利亚尔和克拉斯诺伏斯克的驻防俄军都有一千余人。

马尔科佐夫继续在沙漠里周游,抢劫骆驼,他们甚至向南渡过阿特腊克河,到波斯国境范围内抢掠土库曼人。波斯边防将领比较支持这种行为,因为土库曼部落桀骜不驯,波斯人也奈何他们不得,现在俄军来教训土库曼人,波斯人乐得看热闹。

像活泼的沙漠鼠一样,马尔科佐夫上校在里海东岸的沙漠里奔波了两年多。此时准备进攻希瓦的各路俄军里面,对地理环境最熟悉的就是他,高加索军区对他寄予了厚望,计划中由他指挥的远征军规模扩大到了四千多人。

但马尔科佐夫一直没能给上级提供一个明确的进军路线图。1872年底,沙皇批准进攻计划的电报传来之后,高加索军区甚至很难和马尔科佐夫取得联系:联络官乘船渡过里海到达切基什利亚尔或者克拉斯诺伏斯克,只能见到堡垒里面留守的一些俄军,他们说:上校带着主力到沙漠里探路、收集骆驼去了。

为了增加保险系数,俄军参谋总部决定让高加索军区再增加一个进攻方向:里海东岸偏北的金杰尔利湾,洛马金上校负责指挥这路军队。

这也有点巧合:洛马金本来是北部曼格什拉克湾地区的警察署长(边疆地区的这种警察长官都是军官),任务是从哈萨克部落收集3000头骆驼,再转送给马尔科佐夫的部队。1873年初,洛马金带着两个哥萨克骑兵连从曼格什拉克地区南下,抵达了金杰尔利湾地区,当地哈萨克部落基本完成了缴纳骆驼的任务，但也有些部落进行武装抵抗。经过这一番耽搁，洛马金没能完成收集骆驼的任务。而同时，军区司令部感到只靠马尔科佐夫一路进军不太保险，最好让洛马金在金杰尔利湾再组织一路进攻部队。就这样，洛马金从骆驼征集人变成了一路远征军的统帅。

至于洛马金的兵力来源，只能从马尔科佐夫麾下调拨。一名军区副参谋长负责此事，3月中下旬，他乘船视察了克拉斯诺伏斯克和切基什利亚尔，这时马尔科佐夫的部队已开始出征，留守各据点的都是二线部队，只能把他们调往金杰尔利湾，组成洛马金远征军。

各种远征物资也要从里海西岸运往东岸各港口，高加索军区只有两三艘轮船，根本不够用，但有民营的船运公司可以征用。民营公司的船多数是帆船，借助这些帆船和轮船，洛马金拼凑了两千多兵力，各种军用物资也运到了东岸港口。

这样，高加索军区在里海东岸形成了两路远征军：北部金杰尔利湾的洛马金上校部队，南部从切基什利亚尔、克拉斯诺伏斯克港口出发的马尔科佐夫上校部队。这两支部队规模都是两千余人，拥有马五六百匹。

和土耳其斯坦军区投入的兵力相比，高加索军区略微低一些。用于后勤的经费额度，马尔科佐夫军队获得了25万卢布，洛马金部队获得14万卢布，这些钱没有包括雇佣骆驼的开支。给养标准和土耳其斯坦部队基本相似，但没有罐头这类太新潮的东西。主粮之外的副食较少，只有脱水白菜和大蒜，主要考虑这两样在沙漠里不易腐烂。醋不好带，换成了柠檬酸粉末，据说这东西在沙漠里行军时含着可以解渴,类似"望梅止渴"的功效。肉食也很少,但默认可以从沙漠游牧民那里买或抢到羊。

洛马金部出发最晚,我们先介绍马尔科佐夫远征军。

马尔科佐夫的沙漠之旅

在切基什利亚尔地区,经过几个月的奔波,马尔科佐夫的部队搞到了3600多头骆驼,但只有少数比较健壮,这是一些土库曼人主动送来的,多数骆驼是抢来的,很瘦弱。克拉斯诺伏斯克地区缺骆驼,所以马尔科佐夫在那里留的部队比较少。按他的计划,远征军主力都将从切基什利亚尔出发。

1873年3月19日至30日,马尔科佐夫部队分为4个梯队,依次从切基什利亚尔出发,向东北方向行军。前面3个梯队都是步兵,最后一个是骑兵,因为骑兵可以很快追上来。(这时的土耳其斯坦军区部队已经在路上了,而且考夫曼正在改变进军计划。)

4月2日,两个哥萨克骑兵连也从克拉斯诺伏斯克出发,预定汇合地点是沙漠中的托皮阿坦井。

部队携带了两个半月的军粮和马料。主力第一梯队刚刚出发,骆驼的短板就暴露出来了,开头3天只走了20多公里,上百头骆驼倒毙,它们驮载的面包干只能丢在路上。随着后续梯队走过,路上的死骆驼和丢弃的驮包越来越多。只有最后面的哥萨克骑兵捡了便宜，他们贪心大发，每匹马都驮了100千克的面包干，人只能牵着马步行，马一路上都在吃面包。

4月11日，各梯队在托皮阿坦井区汇合了，全军一共有12个步兵连，4个骑兵连，共2200人，有16门火炮。

从托皮阿坦井开始，俄军发现远方的沙丘上总有成群的土库曼骑手在监视、跟随自己。俄军骑兵试图打退这些敌人骑兵，但他们就像苍蝇一样，暂时被赶跑了，立刻又会飞回来。这其实是在附近游牧的土库曼人哨兵，他们被俄军到处抢劫骆驼的行为吓怕了，所以对俄国人的动向很警觉。

14日，俄军骑兵作为前锋到达贾马拉井，他们得到消息：前方70多公里外的伊格迪井区，有很多游牧的土库曼人的帐篷、牲畜。于是全体骑兵集合起来，15日凌晨向伊格迪井出发。正午酷热，他们休息了几个小时，当晚进抵距伊格迪井20余公里处。

16日凌晨，马匹比较好的骑兵单独编组成两个轻装连，加速进发，在日出前赶到了伊格迪井区。连绵起伏的沙丘间，果然分布着无数灰褐色的半圆形毡房（土库曼人、哈萨克人、柯尔克孜人的毡房都和蒙古包相似）。土库曼人也发现了俄军，男子都跳上马迎战，老幼妇孺赶着骆驼和羊群逃命。土库曼人枪械很少，武器远不如俄军，迅速被击溃，朝沙丘里分散逃命。

俄军骑兵为了抢掠骆驼和羊，在烈日酷暑里追击了一整天，捕获了1000头骆驼、5000只羊，近300名土库曼俘虏，由于不想在俘虏身上浪费粮食，又把他们释放了。土库曼人22人战死，俄军只有1人受伤。俄军还从土库曼帐篷里找到了很多羊皮水袋，后来成了俄国骑兵的救命之物。

土库曼人很不幸，这正是他们在伊格迪井区放牧的季节。俄军进占这里后，还不停有土库曼家庭赶着骆驼和羊群朝这里走来，他们和俄国骑兵稍交火一阵，就撤往别的方向了。人和畜群在沙漠里的一切活动，都围绕水井展开，而几十乃至上百公里内往往只有一口井。

17日，俄军骑兵分成四路，朝不同的方向搜索。这天各梯队都到达了伊格迪井区。

马尔科佐夫部队出发半个多月，已经走完了三分之二的路程，还算比较顺利，和考夫曼的土耳其斯坦部队相比，他们算得上神速。

从伊格迪井到希瓦绿洲只有200多公里了。但这是未经侦察的路段，据说全靠沙漠里的几眼水井维持生命。而且，时令已经进入夏季，气温迅速上升，中午的地表温度甚至达到了摄氏60度，抵达伊格迪井的部队都非常疲惫（图9-2）。

根据土库曼向导的介绍，从这里去希瓦方向，经过三个缅齐利（站，就是三天的路程）才能到达下一个水井：奥尔塔库尤井，这中间还有个巴拉伊舍姆井，但要离开正路15公里。

马尔科佐夫考虑之后，决定全军带足饮水，直奔奥尔塔库尤井，他觉得没必要绕路去巴拉伊舍姆井，那样太耽误时间。按正常里程估算，一天能走20多公里，三个缅齐利应该是70多公里，靠自带饮水走过去应该问题不大。马尔科佐夫的估算是：每个步兵连有40个容量60升的大木桶，平均3人有1桶

【图 9-2　戈斯基拍摄照片：通往希瓦绿洲的土库曼沙漠，约 1911 年】

水,人均 20 升,维持六七天是没问题的。

4 月 18 至 21 日,俄军分为四个步兵梯队依次出发,马尔科佐夫的司令部在第一梯队里。

沙丘起伏如海浪,部队尽量在沙丘脊线上行走,都是曲曲折折的弯路。阳光灼热,到早上 8 点钟,步兵们已经热得无法行走,因为上午配发的饮水早喝光了,士兵们渴得无法忍受,只能停下来休息,这时才走了 14 公里。日落之后他们又走了 13 公里,晚上 9 点宿营,此间不停有骆驼倒毙。到这时人们才发现,那些白天从未开封的水桶,里面的水都少了 1/3！因为高温之下,水经过木桶壁蒸发了。

所有骑兵都在 18 日傍晚出发,计划用两天时间赶到并占领奥尔塔库尤井,为步兵提供保障。骑兵连没有木头水桶,只能靠自己的水瓶和羊皮水袋。他们 19 日凌晨 3 点半出发，趁夜色走了 20 公里，赶上了马尔科佐夫率领的第一梯队步兵。

马尔科佐夫这时改了主意，他不再和步兵一起走，而是带司令部加入了骑兵部队。也许是第一天的酷热让他想早点赶到水井。

次日的太阳一露头就炎热如正午。到上午 10 点半，骑兵走了 25 公里，很多人热得无法骑马，只能步行，300 名骑兵的队伍拉到了 10 公里长（除了 4 个骑兵连，还有一些步兵和马匹临时编成了 1 个骑兵连）。中午休息时，水银温度计涨碎了，它的最高刻度是 62 摄氏度。

后面的路更加艰难。沙丘的起伏越来越大，简直像翻越一座座小山，人和马跋涉在没膝的滚烫沙海里，腿脚都被灼伤。暴虐的阳光下没有一丝风，队伍踩踏起的尘埃悬浮在天空中，又落满全身。很多战马被累死。

部队多数骆驼是抢来的，没有本地驼夫，俄国步兵不懂饲养要领，导致骆驼死亡率越来越高。步兵每天都要给骆驼装、卸驮包，放牧，也增加了很多工作量。

行进中几乎有一半骑兵掉队，只好留下一些军官收集他们。这些人多数都再没赶上前锋。天色完全黑透了，沙漠还是像火炉一样，人们都没有精力计算里程，甚至话也说不出来。午夜时分，骑兵全都停下来。他们的水都喝光了，灼热的沙漠像地狱一样沉寂。

没人知道奥尔塔库尤井在哪里，还有多远。马尔科佐夫派出一位向导、两个军官继续前进，他们的任务是找到水井。

部队里的几个土库曼向导都忠心为俄军服务，因为他们有家人被希瓦汗王处死了，要借俄国人复仇。但随军向导对这段路也不太熟悉，沙漠太大，每个向导熟悉的路程都是某一段，而马尔科佐夫不愿花钱雇更多向导，这导致他走了更多弯路。

这三个探路者在黑夜里摸索，途中又死掉了一匹马，另外两匹也处于虚脱状态。但他们终于找到了奥尔塔库尤井，原来骑兵宿营地离水井只有10公里了，而且这里没有一个土库曼人，可能听到俄军到来的消息都吓跑了。

三人喝足之后，把两匹半死的马留在井边，徒步返回报信。20日凌晨，他们到达骑兵宿营地，发现这里一个人都没有了。他们两只脚没法寻找骑兵的去向，只好又返回奥尔塔库尤井。

马尔科佐夫的骑兵都去哪里了？他们都渴得无法忍受，掉头去向第一梯队步兵求援了。

4月20日凌晨，第三梯队刚刚从伊格迪井出发，第二梯队还在路上跋涉，最前方的第一梯队和骑兵已经陷入崩溃状态了。

这时的骑兵还不知道自己离前面的水井只有10公里，他们渴得要死，只能掉头去迎接步兵第一梯队，希望从他们骆驼驮载的木桶里得到一点水——但两者相距30公里以上，这段路上还散布着昨晚掉队的100多个骑兵。

太阳一升起来，沙漠又变成了烤箱。人们因干渴、酷热和劳累虚脱，把白酒都喝光了。不停有人瘫倒在地，再也爬不起来。能动的人也变成了无意识的行尸走肉，脱掉了军装、马靴，扔掉了枪弹，甚至全身赤裸着跋涉。有人刨了个沙坑蜷缩进去，希望能减少一点阳光的灼烧。没人听军官的命令，都靠着生存本能做出自己的选择。如果有土库曼牧民从此经过，这些骑兵都会心甘情愿变成俘虏、奴隶。

被阳光炙烤的模糊、抖动的天际线上，出现了狭长扭曲的身影，是骆驼：一头，两头……总共 11 头。这是第一梯队派来送水的，他们接到了马尔科佐夫的命令，送来了 22 桶水，水被晒得像开锅了一样烫，喝下去根本不解渴，但至少让骑兵们保住了性命。当天气热到极点时，喝再多的水，哪怕整个人浸泡在水里，也缓解不了虚脱的状态，因为水也被晒烫了。这是亲历者的惨痛体会（图 9-3）。

马尔科佐夫已经不敢奢望抵达奥尔塔库尤井，他派出了几十个还能动的骑兵，让他们带着 100 多头骆驼去找已经被错过的巴拉伊舍姆井，同时给沿途遇到的部队下令：停止前进，第

【图 9-3　版画：俄军在沙漠中行军，1873 年，作者不详】

一梯队改为去往东南方的巴拉伊舍姆井。

第一步兵梯队这时也进入了完全解体状态，他们凌晨出发后，只行进了几公里就彻底走不动了，士兵们像死了一样躺在地上，哨兵丢掉枪支蜷缩了起来，有些能动的摸索到骆驼队旁，祈求军官给上一口水。按照军令，哨兵擅离职守应当枪毙，但现在没人能够行刑执法了。随着掉头返回的骑兵们陆续抵达，步兵梯队的存水被完全喝光了。

下午，去寻找巴拉伊舍姆井的骑兵回来报信：水井就在15公里外，周围没有土库曼人的踪迹，水量充足，没有被破坏。但没有步兵能爬起来赶路。

傍晚，骆驼队驮来了200多大桶水，挽救了垂死的步骑兵们。只要战马还能动的骑兵，都尽量往水井挪动，因为他们想保住自己战马的性命。他们选出了60个还能拿枪走路的骑兵，负责开往巴拉伊舍姆井戒备，防御外来的威胁，因为全军2000多人都要靠这口井了，运水的骑兵们往返奔波在这15公里沙漠上，顾不上防卫。

21日凌晨4点，第一梯队步兵们开始向巴拉伊舍姆井进发，他们喝到了骆驼驮来的水，有了走路的力气。那些死掉了战马的哥萨克骑兵也变成了步兵，跟他们一起行军。士兵们已经没力气照看骆驼以及前两天从土库曼人那里抢到的羊群，很多军官只好承担起这工作。他们走了四五个小时才到井区。这段路上又有100多人掉队。

经过一白天的往返救助，所有的步兵都到达了井区。点名发现，少了15个哥萨克骑兵，部队派出一个骆驼队去寻找，只找到了 11 个几乎失去了知觉的人。但又多了 3 人，就是 20 日凌晨到奥尔塔库尤井的探路者，他们说：在回来路上见到了那 4 个丧失行动能力的哥萨克，但两匹马驮不了这么多人，只好给他们留下了水和面包。于是部队又派出了一个驼队，把这 4 个处于休克状态的人驮了回来，此后他们一直没有行动能力，只能把他们用帆布包捆在骆驼身上。

巴拉伊舍姆水井边又死了 40 多匹马，可能是骤然喝水撑死的。

从伊格迪井到奥尔塔库尤井究竟有多远？好像超过了当初预计的 70 多公里。这时人们才意识到，土库曼人说的"缅齐利"可能有弹性，在无水地区他们会加快速度，所以这种地方的一个"缅齐利"的行程要长于正常一天的行程，这三个"缅齐利"可能有 90 公里。而在奥尔塔库尤井之后，还有一段有 7 个"缅齐利"的无水地带，从俄军的表现看，根本没有过去的可能性。

马尔科佐夫不愿直接下令撤军，那样太丢面子，他召集了一个军官会议，参会者一致同意放弃此次行动，回撤。

22 日傍晚，第一梯队和骑兵们开始朝伊格迪井返回，集合时发现，有 100 名哥萨克骑兵和 100 多名步兵已经丧失了行动能力，只好用布包把他们挂在骆驼两侧。总共 700 人的前锋部队，丧失行动能力的有 200 多人。

返回路上有大量死骆驼、羊和马。这几天的酷热可能在沙漠里也很罕见，有些地方草都枯死了。

为了尽快抵达港口，部队都返回克拉斯诺伏斯克，而不是更远的切基什利亚尔。5 月 14 日，全军都抵达克拉斯诺伏斯克。

司令部命令：只留下3个连驻防港口，其余部队乘船返回里海西岸，回归各自建制。

这次不成功远征的损失：沙漠归途中，3个病号死去；此后3个月内，三个留守连队又死了29人，其他连队已经被调回西岸，死亡人数无法统计；3600头骆驼，只剩了800头，再加上行军中抢来的，总数是1400头；457匹马，死了143匹，返回港口后的两个月里，又死了34匹。

7月，高加索军区司令米哈伊尔将军签发命令，表彰了马尔科佐夫上校在远征中的表现。军区不想追究他的失职行为，因为那意味着军区司令也有用人不当之过。

洛马金：穿越乌斯提尤尔特高原

在五路远征希瓦的俄军里，高加索军区的洛马金上校部队出发最晚，这支临时拼凑起来的部队共2000余人，都是最近一两个月里刚刚调动过来的。其中包括12个步兵连，1400余人；6个哥萨克骑兵连，400余人；1个工兵连；还有100多名哈萨克驼夫。骆驼有1000头左右，比其他部队少得多，但这些骆驼多是从附近哈萨克部落征集来的，很强壮，能负重长途行军。部队携带了能维持一个月的军粮。

4月14到15日，洛马金部队从金杰尔利湾出发，向陆地深处行进。高加索军区司令部通知洛马金：奥伦堡军区南下的部队正在行军过程中，很可能和你部在咸海西南岸汇合，然后一同攻入希瓦；由于你部物资很有限，所以一个月后必须和奥伦堡远征军汇合，从奥伦堡军获得补给。

洛马金主力在出发时，先派出了一队骑兵，让他们到咸海西岸寻找南下的奥伦堡军，建立联系。

出发后不久，部队经过第一个水井，卡翁迪井，在这里他们尽量把一切容器都盛满水，因为接下来是80多公里的无水地带，部队即将开始领教干热荒原的威力。

有些连队是从马尔科佐夫上校的留守部队里调来的，他们已经在土库曼的沙漠里活动了两年，士兵们有充足的野外行军经验。但刚从高加索调过来的连队就难受了，他们之前生活的环境葱绿湿润，和哈萨克荒原简直是两个世界。行军一两天后，很多士兵开始走不动，部队只能把马车上、驼背上的物资抛掉，让疲乏的士兵坐上去。

洛马金用了很多办法提升士气，比如把表现好的士兵提升成军士，或者奖励10卢布现金。这段路程中，有100多头骆驼倒毙，部队扔掉了150副驮包，150多个疲乏的步兵被骆驼驮到了下一个井区：谢涅克。

轻装导致全军一顶帐篷都没有，洛马金上校也要和士兵们一样露天宿营。好在他们出发比较晚，天气已经热起来了，没帐篷影响不大。

4月18日，全军到达谢涅克井区，天气也变得稍微凉爽了一些。洛马金感觉骆驼负重太大、损失率太高，还有必要减负，所以应该沿途修筑堡垒，留下一些部队。谢涅克据点留下了两个步兵连。

经过 3 天无水地区的行程，人们意识到储水容器多多益善。中亚有用整张羊皮制作水袋的工艺，这种水袋比木桶轻便。于是俄军在谢涅克井区制作了大量羊皮水袋——在这里向牧民买山羊很容易，杀掉山羊，剥皮、刮毛，再扎紧四腿就是水袋（图 9-4）。

正常水袋的羊皮应当是硝熟（去油脂）晾干的，水不易变质。临时制作的湿羊皮袋就不行了，残存的血肉和油脂在高温下腐烂，里面的水很快变成了腐臭的汤汁，后面的行程里，士兵们就是喝着这种烂汤走向战场，但也没人因此生病。几乎每两个士兵有一条羊皮水袋，可以保证 3 天的饮水。

从谢涅克出发，大半天行程之后就到了彼什阿克蒂井区，部队在这里建造了一座方形堡垒——其实就是用土石堆起来一圈护墙（图 9-5），砍伐井区周围的灌木、野草搭成窝棚居住。又留下了两个步兵连、1 个骑兵连。部队在这里补充了近 300 头骆驼、2000 只羊和 160 匹马，都是派军队向哈萨克牧民征集的，这种征集有时会变成小规模战争，因为派出去的俄军没带钱，只能打白条，让牧民事后去彼什阿克蒂堡垒兑现。

4 月 20 日，部队分成三个梯队开进。第一梯队指挥官是斯科别列夫中校，他以后将成长为中亚和土耳其战场的灿烂将星。洛马金的司令部在第一梯队里。

下一个据点是布萨加井区，中间有 5 天路程，这段路很好走，沿途不缺水井和草地。从地形图上看，部队在横穿一条近百公里宽的巨大、平坦洼地，它低于海平面高度，在远古可能

【图9-4 戈斯基拍摄照片:携带羊皮水袋的撒马尔罕人,约1900年】

【图9-5 版画:在谢涅克据点构筑的围墙,作者不详】

是海床，地表是坚硬的砂砾和板结土，便于行军，视野内遍布丛生的戈壁灌木，途中只有 10 多公里沙地。

白天气温在 30 摄氏度至 40 摄氏度之间，在这个季节的哈萨克戈壁里，这算是可以忍受的，士兵们都适应了行军节奏，骆驼也一头未损失。每天凌晨 3 点到上午 9 点行军，然后休息吃饭，下午 4 点到 8 点继续行军，这样躲过了最炎热的中午。一个步兵连创造了一天行军 50 多公里的记录，没人掉队、累倒。

高温日晒给行李造成了一些麻烦，火漆（用于盖章和密封公文）和蜡烛都热得融化了，甚至从箱子缝里滴了出来。有人把蜡烛和衣服包在了一起，还有把蜡烛和茶叶、糖和面包装在一起的，蜡烛融化后出现了各种狼藉的场面。

离开布萨加之后，平坦的地势变成了非常平缓、漫长的上坡，步行几乎感觉不出来，拉车的马匹会稍显吃力。这是在走上乌斯提尤尔特高原（图 9-6）的路途中，高原其实并不算高，海拔在 150 米—350 米之间，也不太荒凉，地上零星生长着耐旱的野草和灌木，哈萨克人的毡房、畜群隐约其间，还能看到成群的羚羊、盘羊，偶尔有亚洲猎豹甚至里海虎（现在已经灭绝了），最常见的动物是一种大蜥蜴。

4 月 30 日，全军到达伊尔捷杰井，在这里修筑了一个方形堡垒，留下了两个步兵连。洛马金认为，一个据点的兵力不能低于一个连，因为晚上执勤的岗哨需要半个连，白天士兵们要放牧马和羊，要收集燃料，还要防范周边牧民可能的偷袭。

5 月 1 日，第一梯队到达克齐尔阿哈尔；4 日，到达塔本苏井区。从这里到希瓦绿洲只有几十公里的距离：向东南方，可

【图 9-6 乌斯提尤尔特高原地貌】

以直接插入汗国人烟稠密的腹地,甚至是都城;向正东,是人烟较少的阿姆河下游三角洲,名叫艾布基尔地区。

从出发以来,洛马金部队用了整整 20 天时间,就逼近了希瓦绿洲。其他部队用两个月都走不了这么远。在这个时刻洛马金还不知道,他是三支俄军里面最接近希瓦腹地的(不包括已经放弃的马尔科佐夫部)。

就在这天,几个从东边来的哈萨克牧民带来了一个消息:一路俄军从北边开过来,3 天前已经到达了乌尔加海角——那里是咸海的西南海岸。

洛马金知道,那是维廖夫金指挥的奥伦堡军,按照战役规划,他应该赶去和维廖夫金汇合,归其指挥。于是他向乌尔加海角派去了骑兵信使，报告自己的方位，请示下一步动向。他还派先头部队占领阿兰井区、伊捷巴伊井区，那里是去往乌尔加海角的必经之路。

第二天，第一梯队长官斯科别列夫中校遇到了新情况，他带着一个骑兵班去伊捷巴伊井井区，那里有一些哈萨克牧民的帐篷。他还不知道，这是两个月前在曼格什拉克湾一带和俄军作战的部落，当时他们受希瓦方面的指令，对抗洛马金征集骆驼的行为，失败后逃到了这里。哈萨克人也发现了俄军，上百名骑手冲过来，双方从对射变成用马刀和长矛互相刺杀。当俄军步兵赶来时，哈萨克人撤走了，留下了11具尸体。俄军骑兵多数被长矛和马刀刺伤，但没人死亡，斯科别列夫也多处受伤。这些哈萨克人丢下了近200头骆驼、15顶毡房、十几吨高粱和大米（应该是从希瓦绿洲交换来的），这些粮食后来成了洛马金部队的保命粮。

5月7日，洛马金主力抵达阿兰井区。这里是一片低矮的死火山，有7个十几米深的火山口，都积满了水，水源充沛，植被繁茂。

在这里，洛马金收到了一周前维廖夫金发出的信，说奥伦堡军还在乌尔加海角，要求高加索军加快赶到乌尔加，双方合兵攻击阿姆河入咸海处的一座希瓦堡垒。

于是洛马金部立即赶往伊捷巴依。从地图上看，阿兰、伊捷巴伊并没有在塔本苏井和乌尔加海角之间，而是向北绕了比较远的路。这是因为塔本苏和乌尔加之间是一大片盐水沼泽，"巴尔斯基尔马斯盐沼"，意为"进去出不来"，这里春季是积水的沼泽，夏季地表干涸，但板结土下面是泥浆，很容易吞没人畜。

主力部队到达伊捷巴伊时，又收到了维廖夫金骑兵送来的一封信，信是5月5日写的，说他改变了计划，不再去攻阿姆河口的堡垒，而是在向南进攻孔格勒城，他要洛马金部改为去往孔格勒，双方在城下汇合，一起攻城。

被维廖夫金的两封信指挥着绕了一个半圆形大圈子，高加索军里有人怀疑和抱怨：维廖夫金担心高加索军取东南方直接杀入希瓦腹地，就先把他们召唤到乌尔加来，同时维廖夫金又带着奥伦堡军直扑孔格勒，就把高加索军甩在了身后。实际是维廖夫金在乌尔加海角遇到了一些变数（详见后面的介绍）。

洛马金只好穿过盐沼边缘向孔格勒城进发，他们将在那里汇合。到这时，高加索和奥伦堡军都没能和考夫曼的土耳其斯坦军取得联系，他们猜测考夫曼已经进抵希瓦绿洲了，可能正在和敌人激战。

奥伦堡军：从冬走到夏

奥伦堡军区部队走的是1839年彼罗夫斯基的失败之路。

这路远征军有近3500人和1800匹马，包括9个步兵连和9个哥萨克骑兵连，司令官是维廖夫金少将。奥伦堡军区步、骑兵连包含的人数远远多于高加索军区。

和其他四路远征军相比，奥伦堡军的行程最远，超过1000公里。中途的恩巴要塞是补给基地，奥伦堡军要先把所有的部队和补给集中到那里，再进行下一步行军。从奥伦堡到恩巴要塞近600公里，从恩巴到希瓦有600多公里。

奥伦堡军区为远征申报的开支预算近150万卢布，而高加索、土耳其斯坦两个军区的预算都是三五十万规模。因为后面两个军区司令急着立功，故意压缩了开支，以免吓得参谋总部放弃行动。奥伦堡军区没这个顾虑，他们距离太远，理应抢不到头功，所以坦然列足了各种开支预算。

另外，奥伦堡军区资格老，已经积累了100多年荒漠地区行军作战的经验，知道补给工作的重要性，相比之下，土耳其斯坦军区才成立6年时间，高加索军区几乎还没有荒漠作战经验。

和其他远征军相比，奥伦堡军的后勤补给可谓奢华。除了新研制的各种罐头食品、脱水蔬菜，还有果汁饮料、各种香烟和酒，给普通士兵准备低档末合烟叶的约8吨，酒精超过7吨（人均2千克多）；军官则有卷烟、雪茄、白兰地和葡萄酒。运往恩巴要塞的食物可供3000多人吃7个月。

每个士兵都有一件短皮大衣；还配发了皮帐篷，士兵10人1顶，下级军官3人1顶，连长每人1顶，每个营长和营部3顶，维廖夫金的司令部有19顶。皮帐篷保温、挡雨的性能远高于考夫曼军的帆布帐篷（何况洛马金部队根本就没带帐篷）。杂七杂八的各种用具、铁木工具，还有大型渔网5张，如果部队能开到希瓦的话，士兵们可以在阿姆河里捕鱼。

其他军区都觉得奥伦堡军被34年前彼罗夫斯基的失败吓住了，这次一定要在吃穿方面做足准备。

为了运输，奥伦堡军还从哈萨克人那里雇用了14 000头骆驼，多数骆驼不需要随远征军到希瓦，而是负责把各种装备物资运送到恩巴要塞。计划随远征军到希瓦的骆驼有4000头。雇用骆驼的价格是每头每月20卢布左右，总开支近66万卢布。这个租价很高，所以骆驼倒毙的话，军方不负责赔偿。奥伦堡军区长期管理哈萨克地区，各哈萨克部落都习惯了俄国人的统治，提供骆驼比较顺利。俄军还征用了500多辆马车和雪橇用于向恩巴运送物资，每辆车运费60卢布。运往恩巴要塞的物资总重约2400吨。

1872年底到1873年初，奥伦堡军区都在忙于把各种物资运往恩巴要塞。

1873年2月中旬，奥伦堡军队开始集结出发，沿途相继有驻防军赶来汇合。部队预定3月上旬抵达恩巴要塞。这时还是严冬，许多物资要用雪橇运输。一路上风雪不断，积雪很厚，沿途哈萨克部落提供了马匹帮助运输，牧民还在预定宿营地搭建了毡房，里面铺了很厚的干草，干草上面是羊毛毡，很多哈萨克牧民邀请俄国士兵在自己家的毡房里住宿，这也是草原人家待客的传统。全军按计划抵达恩巴要塞，但下一程的骆驼还没到位，所以部队在恩巴驻扎待命。

维廖夫金少将被任命为这支远征军的司令。到1873年二三月份，参谋总部又决定从里海沿岸的金杰尔利湾增派一支远征军（前述洛马金上校部）。按这个计划，洛马金部后勤准备不足，他们将在希瓦外围和奥伦堡军会师，分享奥伦堡军的补给，为此，奥伦堡军又在后勤运输任务中追加了1500人的份额。

奥伦堡军区司令克雷扎诺夫斯基给维廖夫金的命令是：务

必于4月中旬抵达希瓦边境（乌尔加海角），并展开进攻，在收到土耳其斯坦军区司令考夫曼的指示之前，不得与希瓦方面进行任何谈判。因为几年来，希瓦汗王一直试图绕过土耳其斯坦军区和俄方接洽，试图使俄国各军区之间发生龃龉，俄国人对此很有提防。

至于奥伦堡军在没有和考夫曼取得联系之前能否全面占领希瓦，克雷扎诺夫斯基的训令没有明确指示，其实是默许的态度，这给维廖夫金提供了足够的施展空间。

3月中旬，征集的骆驼陆续送到恩巴要塞，共有4500头。远征军分成四个进军单位：一、前锋部队，有两个哥萨克骑兵连，配备两门骑兵火箭炮；二、主力部队，由维廖夫金率领，包含了大多数作战部队；三、辎重部队，包括部队的主要弹药粮草；四、后方运输队，他们将分布在从恩巴到远征军之间的漫长道路上。

3月26日，前锋骑兵出发。30日，主力部队出发。31日，辎重部队出发。等待骆驼使部队出发延后了半个月，维廖夫金有点悲观，他觉得考夫曼的土耳其斯坦军肯定会抢在自己前面，等自己开到希瓦时，考夫曼可能已经作为新主人在举办欢迎宴会了。

离开恩巴要塞后，部队需穿越一片不太险峻的山地，但积雪使爬坡变得很困难，一些河谷洼地里积雪太深，要先派人夯出一条通道。1839年彼罗夫斯基出征希瓦时，就是在这个地带彻底失去了行动能力，掉头返回。现在就不会有当年的遭遇了，因为残冬即将结束，各种后勤物资充足。

越往南走，气温变得越暖和，有些小河已经开始融化，士兵们只能蹚过齐腰深的冰水。融化的冰雪让大地变得泥泞，春天快要来了。

4月16日，部队抵达咸海西北角，这里已经有了新生的绿草。

从这里开始，部队分为四个行军梯队，沿着咸海海岸南行，维廖夫金司令部在第一梯队。21日，部队遇到了洛马金部队派出的骑兵，得知洛马金部队已经于14日从金杰尔利湾出发，维廖夫金回信说，自己的部队将于10天后抵达乌尔加海角，请洛马金届时赶来汇合。

咸海西岸地区游牧的哈萨克人也都得知俄国远征军来了。26日，部队抵达咸海西岸中段的卡萨尔马，维廖夫金在这里发布命令，要求那些以前曾和俄军作战的哈萨克小头领来营地认罪、归降。

按照前期部署，当奥伦堡军抵达咸海西岸时，俄军的咸海区舰队（只有两艘小汽艇，属于土耳其斯坦军区）应当赶来接应，提供一些补给，但海里一直没有船的影子。在有些缺水路段，士兵们只能喝咸海的水。逐渐进入夏季，中午气温达到摄氏40多度，海水苦咸难喝，人们只好把海水浇在头上降温。

4月底，奥伦堡军抵达了乌尔加海角，从恩巴要塞到这里有600多公里，部队行进用了约一个月的时间，从冬天走到了夏天。骆驼近300头倒毙。这里已经是阿姆河三角洲地带，水洼遍地，新生的芦苇鲜嫩多汁，是马和骆驼的好饲料。士兵们在这里洗澡、洗衣服。

奥伦堡军在乌尔加海角等了几天，计划中的汽艇还是没出现。

维廖夫金还不知道，原来咸海区舰队也想在这次大战中抢上一功，所以他们的两艘小型武装汽艇没有来接应奥伦堡军，而是在几天前（4月28日）钻进了阿姆河入咸海的一个河口，两艘汽艇拖曳着三条驳船（没有动力），共有200多名俄军，试图占领一个希瓦军队的堡垒。双方火炮对轰时，70马力的"撒马尔罕号"艇左舷炮位挨了一枚炮弹，死伤数人，"舰队"司令西特尼科夫也受了伤。

小舰队还发现，希瓦人在河口内修筑了堤坝，汽艇没法沿河而上。这次大胆尝试遭遇失败。更惨的是，西特尼科夫又向岸上派出了11名水兵，让他们去找奥伦堡军营建立联系，一个哈萨克小部落头目乌坚担任向导，他带着这些水兵到自己毡房里做客，酒肉款待，趁着水兵酒醉大睡时，乌坚家族的人割下了他们的脑袋，然后拆掉帐篷，赶着牛羊逃走了。11颗人头被送给希瓦汗王，在广场上展览示众，这是汗王取得的第一次伟大胜利。

稍后，奥伦堡军发现了这11具没有人头的尸体。维廖夫金在咸海岸边的乌尔加和贾纳卡拉停留了几天，没有和小舰队取得联系，就不想等待洛马金赶来汇合了，准备向希瓦腹地进攻。

5月6日，奥伦堡军沿着阿姆河左岸进发。道路两侧农田村落逐渐多起来，这标志着进入了人烟稠密、富庶的农业绿洲。

膝盖高的麦苗和苜蓿都成了俄军战马、骆驼的饲料。

8日，俄军进抵小城孔格勒。刚刚有1000多希瓦军队开到这里驻防，他们看到俄军逼近，炮口摇起，立刻弃城逃散了，城中居民跟着逃走，俄军一枪未发，开进了空荡荡的孔格勒。

洛马金的军队正在后面加紧赶来。但维廖夫金没等他们，11日继续向前进发，目标是霍杰伊利城——把高加索军甩在身后是最好的选择，既不给他们争功的机会，还能让他们替奥伦堡军警戒后方，不必分出很多兵力留守。

奥伦堡军离开的第二天，12日，洛马金部开到孔格勒，这里有维廖夫金留下驻防的两个连队。洛马金部从100多公里外的荒原上一路赶来，军粮都吃光了，就靠之前抢到的一点高粱做成的饼子，仅能维持不饿死而已。到了物资繁盛的孔格勒，他们大吃猛睡，休息了一天。

5月14日，奥伦堡军还在继续开进。零星的希瓦军队藏在河边树丛和芦苇荡里开火，打死、打伤了几名俄军，还试图抢劫俄军的运输驼队，但被俄军赶走。这天，洛马金部加急行军50多公里，终于在午夜赶到了奥伦堡军主力宿营地，奥伦堡军哨兵以为遭到希瓦军队进攻，差点开火。会师时的高加索军1450人，奥伦堡军3000人，合计4450人。

先天准备不足的高加索军已经出发了整整一个月，一切消耗品都用光了，除了枪炮弹药之外几乎一无所有，运输马车只保留了两辆，是拉军费（卢布银币）的。从军官到士兵，军服都破烂露肉，下摆扯烂成了锯齿状。很多人鞋子都走烂了，只能用碎皮子裹脚，脸上晒出了水泡，脖子、手脚等裸露部位都晒得像皮靴一样黑,几乎是一群衣衫褴褛的叫花子。

奥伦堡军虽然给洛马金部队准备了补给品,但排在了运输日程的最后面,至少要一个月后才能运到乌尔加海角。好在现在已经进入了有人烟的绿洲,可以向居民"征集"补给品。

高加索军在征途中损失了 400 头骆驼和 40 匹马,3 人病死。对于一次荒野中的长途行军,这算得上表现良好。

就在奥伦堡军和高加索军会师的 5 月 14 日,考夫曼的土耳其斯坦军也翻过了最后一段无水荒漠,摸到了希瓦绿洲的南缘。由于考夫曼的失误,他们比北面两支军队的进程慢了 10 天。

谁先攻入希瓦

第十章

■ 又一幕水井惨剧
■ 渡过阿姆河
■ 绿洲行军作战
■ 黄金王位

这幅画（图10-1）的作者是尼古拉·卡拉津（1842—1908，图10-2），他出生于俄国一个平民文化家庭，20岁参军（龙骑兵），参与过镇压波兰起义，在美术学院里受过两年正规教育，然后以随军画家的身份来到了新成立的土耳其斯坦军区。

1868年，考夫曼大军进占撒马尔罕城，和同行韦列夏金一样，卡拉津也参加了激烈的巷战，佩剑的剑柄被砍坏；考夫曼得知后向他赠送了一把金柄佩剑。本书开篇的那幅大场面油画"俄军开进撒马尔罕"，就是卡拉津的代表作。

和韦列夏金惯于油画"小品"的风格不太一样，卡拉津的手法和风格更为多样。他画过经典的历史性大场面，也有各种油画和水彩随笔；他还喜欢画铅笔或钢笔的单色素描，这类作品寄给报社后可以很快制作成版画，随着铅印报纸迅速传遍各地，这是学院派美术作品很难具备的扩散效果（图10-3）。

卡拉津不喜欢悲天悯人的沉思，也没有太强的反战情绪。他关于战场、关于边地风情的作品，都透露着一种乐观而倔强的性格——这也是俄罗斯民族在短短数百年里迅速扩张的精神基调。到1873年这次考夫曼远征希瓦时，韦列夏金已经离开了中亚，就只有卡拉津来承担记录远征的工作了。

又一幕水井惨剧

4月24日，土耳其斯坦军区的两路部队在哈尔阿塔地区汇合，或者准确点说，是卡扎林斯克军追上了考夫曼的司令部军。

【图 10-1　卡拉津油画：俄军开进撒马尔罕】

考夫曼部队在沙漠中行军，图中可见倒毙的骆驼，驼夫们正卸下物资，有些驮包正在被焚毁。步兵们推着大炮在沙地里艰难爬坡。沙梁上是骑兵队，彩旗之下是考夫曼司令部的人员。

【图 10-2　尼古拉·卡拉津年轻时的照片，拍摄于 1863 年—1865 年】

【图 10-3　卡拉津油画：哥萨克护送的驿车走过风雪沙漠】

在这里俄军构筑了简易堡垒，留下一个连驻军。

现在军粮只剩21天的额度，能用的骆驼只有2400头，无法把全部辎重运过沙漠，考夫曼决定留下一部分弹药和野战医院，以及6个步兵连、1个哥萨克连和6门大炮。等主力部队穿过沙漠、抵达阿姆河边时，再把骆驼队派回来，运走这些部队。

27日，全军继续向沙漠深处进发，下一站是阿达姆基里尔甘。阿达姆基里尔甘据说是"清澈的水"之意，但也有人说是"毁灭之地"，据说那里没有任何水。

第一梯队下午4点出发，趁着傍晚和入夜相对不热的时间赶路。天黑后，担任尖兵任务的骑兵班遭到一支敌骑兵射击，数人受伤，土著向导被砍死，6匹马被抢走，包括马背上的几件驮包和军官大衣。

按照俄国军令，制服被敌人缴获要受到军事法庭审判。后来部队占领了希瓦王宫，发现了被抢走的军官大衣，但肩章和纽扣都不见了，这不难解释，因为中亚人对金属制作的小饰物感兴趣。再后来，俄军对希瓦周边的土库曼游牧部落进行血腥的惩戒，无意间在一个土库曼人的大车上发现了这套肩章和纽扣，说明那天晚上发动袭击的是土库曼人。这个丢大衣的军官最后没有被追究。

行军一天半之后，各梯队陆续抵达阿达姆基里尔甘。一路都沙丘起伏，看不到任何水流，但在阿达姆基里尔甘的沙地里，生长着一片草场，说明这里有充沛的地下水，只要把沙子挖开几米，就有非常好的地下水。俄军一口气挖了20眼水井。

背阴处的气温都超过了40摄氏度，部队非常疲乏，所以全军5月1日在这里休息了一天。这段行军又有很多骆驼倒毙，大量驮包无法搬运，为了防止土库曼人得到它们，考夫曼下令烧毁，里面主要是士兵们的帐篷、毛毡和各种工具。从此只有军官能在帐篷里和毛毡上睡觉了，士兵只能裹着大衣在沙地里过夜。

有土库曼骑兵试图乘夜偷袭俄军营地，但被潜伏哨发现，土库曼骑兵们在晨曦里绕着军营驰骋，表演高难度的马上绝技，俄国步兵排打了两轮齐射，土库曼人撤退了。

考夫曼还不知道此时奥伦堡军的进度（他们已经进抵乌尔加海角，就要开进希瓦绿洲），但他根据日程估算，自己很可能已经落在了奥伦堡军的后面。派出的侦察兵报告，从这里到阿姆河边的乌奇乌恰克还有80多公里，都是无水沙漠，但如果在前方20公里处向右绕出10多公里，有个叫阿尔蒂库杜克（六井）的地方。

考夫曼觉得如果加紧行军，应该可以用两天时间穿过沙漠，所以不必绕道去阿尔蒂库杜克了。这个决定和一星期前马尔科佐夫上校不愿光顾巴拉伊舍姆井如出一辙，它导致考夫曼军在沙漠里多受了10天酷热干渴之苦——这时的考夫曼也不知道马尔科佐夫军已经狼狈撤回里海了，他还在担心被马尔科佐夫抢先攻下希瓦。

5月2日凌晨两点，考夫曼率第一梯队出发，到上午9点半走了22公里，进入午间休息。中午气温上升到了50摄氏度，沙漠里飘起了一缕缕青烟：那是后续部队正在烧毁驮包。骆驼在烈日下成百成百地倒毙,为了优先保障饮水和炮兵弹药,其他的驮包只能烧毁。

士兵们已经走不动路,所以这天下午没有行军,在中午休息地过夜。能活着走到宿营地的骆驼卸下驮包,又被驱赶着返程,去运输那些遗弃的水袋和弹药箱。

考夫曼下令检查营地存水,第一次报告说还有一天半的水量。考夫曼盘算,按现在的速度,走完剩下的沙漠还要3天,这水节俭一点应该够用。

当晚第二次报告说,存水已经喝光了!

因为后续部队还在陆续抵达,士兵们背着死骆驼留下的弹药一路走来,干渴到了极点,必须大量喝水才能保命。

部队此时刚发现很多水袋有漏水的问题。皮水袋和木桶在不用的时候也应该装一点水保持湿润,不然就会干裂漏水,部队从塔什干带出来的水袋不少,但不知道保养,一直折叠在驮包里,结果第一次使用就发现漏水了。

似乎只能"破釜沉舟"了。考夫曼再次下令烧毁不必要的行李,这次军官们的帐篷、毛毡、行军床也烧了,只要不穿在身上的一切衣裤、鞋子都烧毁。考夫曼发明的三条组装式摆渡船也要埋掉。但即使轻装到这种程度,俄军也将在下面的60公里的沙漠里全部渴死。

这时,一名有经验的哈萨克驼夫提议:北边十来公里外是有水井的,他愿意去找。那其实就是昨天被考夫曼否决的阿尔蒂库杜克,士兵和军官把这个消息层层上报,军官们特意略去了"阿尔蒂库杜克"这个地名,只说附近可能有水井……

考夫曼也乐得装糊涂,批准哈萨克驼夫去找那口"无名的"水井,要带回一瓶水作为证据。

两个小时后,驼夫骑着骆驼回来了,没有带回水,但带回了一根汲水的辘轳摇把作证据,他说水井太深,他带的绳子不够。

又加派了一个骑兵连和一个步兵连去寻找,果然发现了3眼水井,而不是"阿尔蒂库杜克"这个地名显示的6眼,每个水井相距1000米左右,水深在30至40米之间。其中1眼被土库曼人填塞了:中间架上树枝,上面填了四五米深的土,俄国工兵很快掘开了填土。

游牧部族的人对水井极为珍视,即使留给敌人喝,也舍不得彻底填死。因为敌人来了毕竟会走,但本地土著没有水井就没法生存。马尔科佐夫上校进军路上也遇到这种情况。

这时已经是5月3日凌晨,渴疯了的俄军主力朝水井方向蜂拥而去,上午10点开始到达。3眼水井都很深,井口很小,井壁弯弯曲曲,水桶很难直接吊放下去,汲水速度根本供不上成百上千的人马。只好系两个人到井底,负责给吊下来的水袋灌满水。井底太深,喘不过气来,工兵就用铁匠的风箱给水袋充满气,再系到井下,这些皮袋充水时,新鲜空气就放了出来,井底工作的人这才有了足够呼吸的空气。

地面上,士兵们为了抢水打成一团,许多抢不到水的晕倒在地,被继续抢水的人踩来踩去。哈萨克驼夫们连抢水的资格都没有,只好挤在考夫曼帐篷前跪着哀求:"苏(水)……苏(水)……"几个人就这样渴死了。

军官们带的狗在人堆外哀号，最后人们只好打死它们图个清静。马、骆驼、牛、驴在争抢着吞食井边淋湿的沙土……

这3眼井根本不够三四千人饮用。骑兵部队是最后一个到来的梯队，他们的人和马显然更难满足。考夫曼命令他们返回阿达姆基里尔甘。穿越30公里的无水沙漠，对于轻装的骑兵问题不大，两三个小时就走到了。

5月3日一整天里，俄军都在阿尔蒂库杜克围绕着那3口水井，等待分给自己的那一小口水。水量最足的一眼井快淘干时，水变得恶臭难闻，原来水底有一只剥了皮的腐烂狗尸，很多喝过水的人都恶心得吐了出来。这显然是希瓦人诅咒俄军的方式。

这点井水不够保命，俄军还要借助已经被甩在身后的阿达姆基里尔甘。考夫曼命令集中所有的骆驼和容器，由3个步兵连护送，掉头回阿达姆基里尔甘运水。他们在4日晚间抵达阿达姆基里尔甘，又挖了很多眼新井，使井口达到了60个之多。9日，运水驼队返回阿尔蒂库杜克，此时能用的骆驼只剩1240头了。

4日下午，考夫曼召集所有部队长官开会，讨论下面的行程和还应该抛弃哪些辎重。考夫曼还想当晚继续进军，这显然没有什么可行性。

有人说可以抛掉炮兵装备，因为希瓦军队没那么强大。会议逐渐变成对考夫曼指挥能力的质疑，甚至有人说考夫曼是个疯子，应当撤掉他另换一名司令。会议最终不欢而散，考夫曼继续进军的计划也被拖延下来。

在俄军主力困守阿尔蒂库杜克的几天里,又有一批土库曼骑手出现在附近,试图抢走俄军正在放牧的骆驼,被俄军步兵的齐射挡住,然后被哥萨克骑兵赶走了。

带领这支土库曼骑兵的,是俄国人的老对头司迪克。原来,有个关于俄国人进军的消息传到了希瓦绿洲,说只有150个俄国人带着大队的骆驼正在赶来。中亚绿洲里经常流传起有一点事实依据但又离真相特别远的谣言,而且传播很快——司迪克得知后,觉得这是劫掠发财的好机会,就带着1000多部下赶来偷袭。但事实很不幸,他打不过这么大规模的俄军,也就喝不到井里的水,在返回的路上,他们中的一半人渴死了。后来俄军继续前进时,发现一路上都是司迪克丢下的死人、死马。

渡过阿姆河

趁着和零星敌骑兵交火的机会,俄军炮兵试射了新装备的爆炸榴弹,它安装了新研制的碰发引信,炮弹可以在落地瞬间爆炸。这比靠点燃的引火管调节爆炸时间的老式榴弹先进、安全得多。俄军炮兵这次携带的弹药里,碰发榴弹占了炮弹总量的一半左右,其余是老式的不能爆炸的霰弹、实心球形弹等。在沙漠里的试射表明,碰发引信灵敏而可靠,即使落在沙地上也能爆炸。

俄军还派骑兵侦察了前方道路,骑兵摸索到了60多公里外的阿姆河边,乌奇乌恰克地区,带回了一捆芦苇作为有水的证明，这些芦苇立刻被军官们抢光了，人们就像在诺亚方舟里等到了鸽子叼来的橄榄枝一样兴奋。

5月10日下午，部队再度出发，无法驮运的物资太多，只能放在阿尔蒂库杜克，留下了两个步兵连和4门骑兵炮驻防（但原准备埋掉的考夫曼式摆渡船又带上了）。这样在几十公里的路途上，俄军已经留下了哈尔阿塔、阿达姆基里尔甘、阿尔蒂库杜克3个驻防营地。

11日上午，天气依然酷热，部队开始进入起伏的丘陵地带，参谋总部来"采风"的军官们前来侦察，骑马登上一个高岗，看到了左边天际一条碧蓝色的飘带，明亮而舒缓，那就是阿姆河，旁边3座小山丘和一个小湖泊。测量仪器显示还有16公里路程。可以看到希瓦军队正向那里集结。俄军停下来准备午饭，烧茶水、吃面包干，又休息了两个小时。

傍晚时分，俄军又走了七八公里，都疲惫不堪。考夫曼决定宿营，明天再开到河边。部队吸取了前面的教训，极度珍惜饮水，携带的水还能喝到明天。

入夜后，希瓦骑兵围绕着俄军营地奔驰，但不敢进入步枪射程以内。俄军大炮朝敌军最密集的方向打了几枚榴弹，轰然爆炸的榴弹给希瓦人极大震撼，他们立刻打马跑远了。整个夜里，希瓦人的枪声响个不停，但没敢发起冲锋。

12日拂晓，俄军整装列队，向湖水开去（图10-4）。照例有希瓦骑兵跑来，高喊着"乌尔（杀）"。俄军两侧步兵列成散兵线，随时朝逼近的敌人齐射。

早上8点，部队终于走出了沙地，踏到了坚硬的土地上，

【图10-4 卡拉津版画：走向湖水】
俄军主力队伍的两侧布置了散兵线，防止敌军突袭；右边是奔驰的敌军骑兵（有些模糊）。

向最近的希瓦骑兵群发射了两发炮弹以示庆贺。部队相继开到湖岸边，没有收到上级命令之前，没人到湖里取水，都列队等待。考夫曼绕行部队一周，感谢官兵们的努力。人们这才走到湖边，把瓶子里没喝完的存水倒入湖里，灌入新鲜的水。骆驼和马也大吃嫩绿多汁的新生芦苇。

希瓦军队开始朝后方撤退，俄军则开到阿姆河边。河里有一艘希瓦小渡船搁浅了，几个哥萨克士兵骑马泅渡过去。船上的希瓦人开了几枪，都没打中，只好跳水逃命，少数游到了对岸，多数不会游泳，都沉了下去。船上有两头奶牛、几只羊和大量馕饼，显然是希瓦军队用来运输军粮的。

希瓦汗国人烟稠密的地区在阿姆河左岸（西南岸），考夫曼军目前处在右岸地区，希瓦军队在河对岸紧张地注视着俄军动向。12、13 日，考夫曼全军都在河边休息，士兵们在河里洗澡、捕鱼。

5 月 14 日，就是洛马金和维廖夫金两路军队在霍杰伊利城下会师这天，考夫曼派骑兵沿希瓦绿洲的边缘侦察，看能否找到其他几路远征军，并传达他的 4 份命令，分别是给马尔科佐夫、洛马金、维廖夫金和咸海区舰队司令西特尼科夫的，命令内容是：考夫曼主力 17 日将于舒拉汉附近渡阿姆河，请其他各路军队赶来汇合；其他各路统帅收到命令后，立刻报告自己的方位和下一步行动计划，并报告是否听到其他部队的消息。（3天之后，派出的骑兵找到了洛马金—维廖夫金联军，那时他们已经占领了霍杰伊利城。）

考夫曼还派了骑兵赶回后方拍电报，向沙皇报告土耳其斯坦军已经开到希瓦腹地。碰巧，当信使回到塔什干时，维尔内通到这里的电报线刚刚架设完毕，这是从塔什干发出的第一份电报。

3 艘考夫曼式摆渡船被装配起来，和缴获的渡船构成了俄军的阿姆河"袖珍舰队"，步骑兵则沿河右岸行军，水陆并进（图 10-5）。

15、16 日，考夫曼军队都在阿姆河的右岸行军，并一路搜集渡船。这段河面宽近 1000 米。考夫曼带着军官们向对岸眺望，一枚希瓦军的炮弹飞来，砸在了两位莫斯科来的贵人，康斯坦丁诺维奇大公和叶甫根尼公爵中间，所幸这是一枚不会爆炸的实心炮弹。如果希瓦人有碰发引信的爆破榴弹，俄军这群

【图 10-5 卡拉津油画：渡过阿姆河】
画面中间彩旗部分是司令部人员，考夫曼将军正驻马用望远镜观察。近处，俄军骆驼队正在卸货，士兵们在组装、操作考夫曼式摆渡船（形状像个铁皮槽），此外还有缴获的当地木船。对岸，希瓦军队正在开火，枪炮发出的蓝烟弥漫开来；这边，俄军炮兵轰击的硝烟更旺盛。

指挥官就全断送性命了。

17 日，全军准备渡河，对岸是希瓦军队集结地、重要堡垒哈扎拉斯普，隔着阿姆河遥遥可见。希瓦人集结的军队约四五千人，略多于俄军（因为很多俄军部队还困在沙漠堡垒里面）。

俄军只有十几条手划渡船，4000 余士兵和大量辎重，要往返很多趟才能运送过去。希瓦军试图用火炮打击渡船，俄军把 8 门火炮推到河边，用榴弹轰击希瓦炮兵阵地。一个多小时里，50 多发炮弹在对岸炸开，希瓦炮兵看自己的射程和威力都敌不过俄军，扔下大炮逃跑了。当炮火的蓝烟散去，俄军第一波船队已经驶到对岸，建立起滩头阵地。

到5月20日的4天里，俄军都在渡河。天气已经很热，俄军都在果园的树荫里宿营。携带的军粮快吃光了，俄军又派了几百头骆驼去阿尔蒂库杜克运粮。

附近城乡都派代表到俄军营地表示归顺，这种表态很现实——"谁的谷子首先成熟，我们就是谁的家禽"，意思是大家都在观望，只有俄军彻底攻占希瓦城、擒获汗王，各城镇才会公开降服。

汗王的叔父派使者来送信，内容是希望俄军停止进攻，里面提到维廖夫金的部队最近攻占了霍杰伊利和曼格特两城。

21、22日，完成渡河的俄军几乎完全绝粮，只好派部队到周边搜集粮食，希瓦军队进行了伏击，有少数人受伤。前几天派出去寻找其他部队的骑兵返回了，带来了维廖夫金的回信，说他准备进占新乌尔根奇，之后将与考夫曼会师。其实这不是实话，此时的维廖夫金军正在向希瓦城开进。

希瓦主力还在哈扎拉斯普要塞里。23日，考夫曼主力前往攻城，该要塞有湖水做护城河，城墙宽15米，但守军已丧失斗志，作鸟兽散。俄军进城后发现了4门铜制大炮，16日差点砸死大公和公爵的炮弹就是它们发射的，考夫曼于是把这4门大炮送给了两人。后来康斯坦丁诺维奇大公长住塔什干，两门大炮一直陈列在他的宅邸。此外，俄军还缴获了40多门小口径火炮，麦子、高粱、大米、面粉等共计近40吨，俄军不用担心缺粮了。

考夫曼估计维廖夫金已经攻占了新乌尔根奇，就又派出了骑兵信使，要他进占汉基城，准备和自己汇合。考夫曼的骆驼基本死光了,他的营地现在离希瓦城只有60公里,为了这段最后的行军,要从民间征集很多大车运输辎重。为此俄军在此停留了3天——在这3天里,维廖夫金军正在向希瓦城开进。

绿洲行军作战

回到希瓦绿洲的北线。

5月14日,奥伦堡军和高加索军会师之后,继续沿着阿姆河大路开往霍杰伊利城。希瓦军队一路骚扰俄军,但没敢发动正面冲击。

俄军一路要经过很多条由阿姆河引出的水渠(图10-6)。现在是农忙季节,渠道里水流充沛,但希瓦军队没有拆毁渠上的桥梁,有些没架桥的渠道,部队则直接涉水渡过,俄军进展顺利,于次日下午抵达城下。奥伦堡军从大路攻城,高加索军从右路迂回包抄,希瓦守军不战而逃,霍杰伊利被占领。

城里的上层人士组成代表团来迎接俄军,表示归顺。许多波斯奴隶从主人家逃出,投奔俄军。在几个奴隶的指引下,一个步兵连还发现了一个藏匿奴隶的窝点,里面有30个被镣铐锁得结结实实的波斯人。

5月16、17日,俄军都在霍杰伊利城外驻扎,城市管理仍由当地人负责。由于城中人员没有进行抵抗,洛马金禁止士兵们进入城市及民居,也不得破坏农田和果园。当地人被告知:如果有人胆敢袭击俄军人员,将招来严厉镇压。

【图 10-6 版画：维廖夫金的部队在希瓦绿洲行军，作者不详】
画中军队正经过一条水渠，步兵和辎重从桥上走过，哥萨克骑兵从水渠里涉渡。

　　城市的市场（巴扎）正常营业，俄军采购了大量物资。尤其是寒碜的洛马金部队，在这两天采购了一个月的米面，还买了很多头牛。和俄军之前征服的塔什干、撒马尔罕地区相比，希瓦绿洲并不算富庶，物产远没有前面两地丰饶，缺乏富丽堂皇的宏大建筑，居民也显得鄙俗而少教养。在干旱的内陆亚洲，这几乎是普遍规律：河流的中上游绿洲要比下游（末梢）地区发达富裕。

　　在霍杰伊利城，洛马金首次见到了考夫曼派出的骑兵信使，于是带兵前往汇合。他本来想沿阿姆河岸的近路过去，但沿河有很多水渠和灌木丛，必须架桥。洛马金改了主意，决定继续沿大路前进，攻占下一个城市：曼格特。

　　5月20日，军队开往曼格特城，各骑兵连队走在前方，受到大量希瓦骑兵攻击。俄军下马列队，瞄准开枪，挡住了希瓦骑兵的冲锋，但希瓦人同时袭击了俄军的骑兵辎重队，双方用刺刀和马刀展开白刃战，两名哥萨克骑兵被砍死。当俄军炮兵用榴弹轰击时，希瓦骑兵撤退了。

和前两座城市一样，曼格特市民代表团也已经等在城外，表示臣服，俄军分成两个纵队开进城。

俄军本没准备在城内停留，先头部队已经穿城而出，开始维修被破坏的桥梁，但受到一股武装人员攻击。正在城内行军的俄军也遭到来自街巷里的枪击，俄军冲进了开枪的院落，发现很多汗淋淋的马匹，肯定属于刚才在城外作战的希瓦骑兵。于是双方在城内展开了混战，士兵和驼夫、车夫们趁机抢劫放火。等枪声安静下来，城里多了400具尸体。

这时的俄国人还不知道，150年前，彼得一世派出的别科维奇率领的远征军在希瓦被屠杀殆尽，曼格特人的先祖是那次战事的主要参与者，他们后来搬到了这里定居。所以这次俄军到来，曼格特人以为他们是来为别科维奇远征军报仇的，都做好了血战到底的准备，这个愿望终于得到了满足。在城内混战中，俄军一名大尉和两名哥萨克骑兵战死。

次日，部队继续沿大路前进，希瓦军队照例在沿途进行阻击骚扰，俄军有少量伤亡。5月24日，维廖夫金收到了考夫曼的一封信，获悉考夫曼主力已经渡过了阿姆河。

26日，维廖夫金部队开到希瓦近郊，在离城墙7公里远的一座汗王行宫驻扎。这里到处是茂密的果园，桃子和杏子已经开始成熟。

27日，希瓦骑兵偷袭了俄军放牧的骆驼，赶走了500头。

步兵挡住了希瓦人的冲击，斯科别列夫带两个骑兵连迂回拦截，他们从果园里钻出，看到上千希瓦骑兵正驱赶着骆驼队走来，俄军下马列队，一轮齐射打倒了走在最前面的希瓦人，把骆驼抢了回来。战斗中，70多头骆驼被打死或伤残。

（同在27日，在南线，考夫曼部队征集到了500辆双轮大车运输辎重，开始向希瓦城进军。希瓦方向已经传来消息，说俄国人开始攻城了，城郊居民都躲到了城里，导致城中缺粮、缺水严重。28日，考夫曼军在距离希瓦城20多公里处宿营。）

28日这天上午，维廖夫金部队向希瓦城开进。时间仓促，甚至没有制造云梯等攻城器械，就这样走向高耸的希瓦城墙，似乎有些滑稽。

不过，维廖夫金开进希瓦境内已经近一个月了，行程200公里，一路城市都望风而降，还没打过攻城战，他可能觉得希瓦城也会门户大开欢迎他；或者，即使希瓦人守城抵抗，用新式爆破榴弹轰塌城墙也不是没有可能。

天气干燥，路面上厚厚的浮土被踩踏起来，遮天蔽日，后续部队如同在黄色大雾中行走。在一个十字路口转弯后，部队朝希瓦城北门——沙赫阿巴特门走去。

希瓦城墙上的大炮开始轰鸣，俄军的小型骑兵炮和步炮立即还击。城墙外200多米是一条水渠，桥后架了2门大炮。俄军步兵立刻跑上去缴获了它们，城头守军用的老式火枪和滑膛霰弹炮，对这个距离的俄军威胁不大。

其他连队步兵也想有这种战功——拿破仑战争以来，缴获敌军大炮是非常高的荣誉。有人发现，城墙下面是一片高大的坟墓，那里还隐藏着一门大炮。几个步兵连立刻冲了上去，维廖夫金也打马冲锋在前。他们进入了城墙火力范围内，不停有人中弹倒地，冲到城墙下的人傻眼了：原来大炮是架在城墙上的，因为被城下的墓地遮挡住，从远处看就产生了错觉。

城上的枪弹和炮射霰弹雨点一般打下来，俄军纷纷被打倒在墓地里，只好后撤，丧失了行动能力的伤兵们叫喊着，让战友不要丢下自己，一片混乱。俄军炮兵向城头开火，试图掩护步兵撤退，但爆炸造成砖头碎片飞溅，也打伤了自己人。

俄军撤退到水渠后清点损失。维廖夫金的脸部被弹片打伤，眼睛看不见了，只好把指挥权交给了参谋长萨兰乔夫上校。此外俄军有四人失踪，34人受伤，军官中有两个少校、四个尉官受伤。

维廖夫金贸然进攻付出的代价是：进攻推迟了一天，导致考夫曼部队成了入城主角。

就在城墙下混战时，希瓦城内也乱了，汗王巴哈杜尔二世从一个城门逃出，躲到土库曼部落里。汗王有个年轻的弟弟阿塔江·丘里亚，因为宫廷内斗被关在了监狱里，此时被释放了出来，有些人想把他拥立为新汗王，但多数希瓦上层并不拥护他。汗王的叔叔奥马尔威信更高，他暂时代理了希瓦宫廷的权力，派出使者到维廖夫金和考夫曼的军营求和。

当晚，维廖夫金的军队用臼炮轰击城内，打了90多发炮弹，造成城内多处起火。在火炮轰击之下，希瓦人已经彻底丧失了抵抗的信心。

黄金王位

29日清晨，考夫曼的部队向希瓦城开来，希瓦王族和大臣都到城南6公里处迎接，结果"新汗王"阿塔江过于紧张，见了考夫曼都说不出话，只能靠叔叔奥马尔应酬，老王叔向考夫曼解释：真正的汗王已经逃走了，现在希瓦宫廷已经没有了领袖。

考夫曼军继续前进，维廖夫金部队派出的几个连队也赶来汇合，但维廖夫金没亲自来，他受伤行动不便，还带着自己的主力驻扎在城北。考夫曼部队正对着希瓦南门：哈扎拉斯普门。他命令全军列队、整理军容，并要求希瓦人打开城门，撤除城墙上的大炮（图10-7）。

希瓦宫廷人士簇拥着骑马的考夫曼进入城内，俄军步骑兵列队紧随其后。这时城北方向传来隆隆炮声，据说那里的俄军正在攻城。考夫曼一行人颇为惊诧，让王叔奥马尔赶去制止希瓦人的抵抗。

考夫曼继续去往汗王宫殿，没想到的是，宫殿上已经飘起了俄军的黑黄白三色军旗，维廖夫金部队的两个步兵连已经占领了王宫。

原来，就在早上考夫曼进军时，城北的维廖夫金部队士兵们走到城下，寻找昨天的失踪者，发现这4名俄军的头已经被割走，尸体开膛破肚，内脏都被掏走。震怒之下的俄军决定进城，控制了北门一段城墙。城上的希瓦军队已经得到了投降的命令，不再敢对抗俄军，但又不敢答应维廖夫金部队开城的命令,只好说:拿城门钥匙的人不在,去南城参加欢迎考夫曼的仪式了。于是俄军朝城门轰了几炮,炸开了一个缺口,高加索军区的斯科别列夫中校带着两个步兵连钻进了城内。他没有遵照维廖夫金的命令守卫城墙,而是径直到了汗王宫里,然后在那里等待考夫曼到来。

考夫曼自然对这种抢风头的行为非常不满。他巡视城内后,又到城北军营看望了受伤的维廖夫金,还派人调查到底是谁下令冒进和占领汗王宫殿。最后证明是斯科别列夫擅自做主,维廖夫金没什么责任,他派士兵占领城门和城墙是对的,因为万一考夫曼军队在进城过程中发生意外,维廖夫金部队能及时过去援助。斯科别列夫并未因擅自行动受到军事法庭审判,考夫曼只是把为他申报的奖章降低了一等。

虽然费了一点周折,希瓦汗国还是正式被占领了。

俄军都驻扎在城外:考夫曼的土耳其斯坦军在城南;洛马金的高加索军在城东;维廖夫金的奥伦堡军在城北,此时希瓦城下共有俄军官兵7000人。如果加上在汗国境内各城驻防的,有近一万人(包括被考夫曼丢在沙漠里,此时正在朝这里赶路的)。此外,还有2000余人驻扎在通往希瓦的中途堡垒当中。这是俄军投入希瓦战役的总兵力,已经出局的马尔科佐夫部没有计算在内。

下面是要处理战后各种事宜,包括确定俄国和希瓦汗国的关系。考夫曼不信任汗王留下的亲属,坚持和汗王本人面谈,他让人转告汗王,只要回来谈判就不用担心安全问题(图10-8)。

6月2日,逃亡一星期的汗王返回了希瓦。按照中亚世界的传统游戏规则，等待亡国之君的命运只能是砍头，满门抄斩，他的众多妻妾则被胜利者瓜分。但俄国人带来的规则已经不一样了。

考夫曼和汗王巴哈杜尔二世确定了战后格局：希瓦汗国得到保留，汗王家族继续统治，但俄国成为希瓦的宗主国；汗王宫廷里的珍宝被收缴，作为对他抵制俄国的惩罚，汗王的黄金王位被送到了圣彼得堡展览。以前对俄国态度最强硬的大臣被抄家、被责令去麦加朝觐，在中亚传统里，这算是一种政治流放。

阿姆河右岸地区划给俄国直接统治，土耳其斯坦军区的边界直接延伸到了这里。这片划归地区位于汗国边缘，有十来万人口，其中包括土著的"卡拉卡尔帕克人"，他们一直比较游离于希瓦王室的统治，乐于脱离希瓦成为俄国臣民。希瓦支付60万卢布战争赔款，其中半数指定由约穆德土库曼部落承担——这还不是希瓦的正式战争赔款，而是补贴考夫曼远征亏空的应急之举。

还有很关键的一条：废除奴隶制度。俄军草拟了废除奴隶制的诏书，要求汗王签字发布。根据俄军粗略统计，希瓦境内有约30 000名奴隶，对于这个只有40万人口的绿洲，所占比例不小（这尚未包括土库曼部落拥有的奴隶的数目，他们根本不服从俄国人解放奴隶的命令）（图10-9）。

奴隶们主要是被土库曼人抢掠、贩卖来的波斯人。在俄军占领希瓦后，有些奴隶已经挣脱了主人的统治，甚至开始向主人家复仇、抢劫和杀人，俄军驱散了暴动者，在广场上绞死了两个带头的奴隶。俄军要求各地奴隶在当地的市场集合，由乡

【图 10-7 卡拉津版画：俄军开进希瓦城】

【图 10-8 版画：考夫曼和希瓦汗王会谈】
该版画原载《伦敦新闻画报》，作者可能是卡拉津。

【图 10-9 卡拉津版画：在希瓦被解放的波斯奴隶】
画中奴隶有些已经死了，该版画来自 1873 年的《伦敦新闻画报》

长登记，然后将他们分批送往里海岸边的克拉斯诺伏斯克（马尔科佐夫的进攻据点），用轮船送回波斯。在俄军撤离前送走奴隶6000多人，高加索俄军返回里海时也带了很多获释奴隶随行。但在俄军撤走后，还没来得及离开的奴隶们遭到了土库曼人的杀戮。

俄国人还要对土库曼部落进行报复，除了因为土库曼人劫掠奴隶结下的怨仇，俄国人还对希瓦汗国和土库曼人的关系有了新的认识。

土库曼人分布在希瓦周边到波斯的荒漠地带，有很多部族，临近希瓦且比较强大的是约穆德部族。"土库曼"这个名字是"突厥人"之意，这称呼是邻居波斯人给他们的，他们并不认为自己是突厥人，只使用自己部落的名字。据俄国人估计，约穆德部土库曼人总共有35 000户，175 000人。

一般认为土库曼人，特别是约穆德部族臣属于希瓦汗王，其实两者关系复杂得多。约穆德人内部又分成很多小部落，有很多人为汗王充当骑兵，他们是汗国的中坚武装力量，在希瓦境内形成了一个军事特权阶层，从汗王宫廷到绿洲居民，都对他们颇为忌惮。但另一方面，土库曼各部落又觉得自己被汗王政权统治和剥削，也很有怨气，两者既合作又相互嫌弃。

俄国人进占希瓦之后，和王室、绿洲居民的关系走得更近，也接受了他们敌视土库曼人的立场，所以考夫曼决定对约穆德土库曼人进行军事惩戒。一方面是报复他们之前对俄军的敌意，让他们知道谁是当今中亚世界的主人；另一方面是要削弱土库曼人的力量，使他们不能再干涉汗国内部的政治。

俄军占领希瓦之后,约穆德土库曼人没敢继续作对,但俄国人提出了一个很高的罚款额度(30万卢布),要求必须在一两周内缴清,其实俄军知道这根本办不到,约穆德土库曼人所有的牲畜和积蓄加起来也没这么多钱。

俄军直接开始扫荡清缴,几个步、骑兵连队被派到沙漠地带执行惩戒任务,考夫曼对军官的指令是"如果发现约穆德人有抵抗和逃跑的迹象……就将他们及其家小完全彻底清除干净",实际是命令军队直接攻击约穆德土库曼人。俄军焚毁了一些土库曼人定居点,围攻逃亡中的土库曼部落,用枪炮打死骑马逃命的男子,哥萨克骑兵还砍死了守在大车旁边的老弱妇孺。

约穆德骑士们集中起来向俄军发起冲锋,但在步枪齐射之下伤亡惨重,尝试过两次之后,就彻底放弃了对抗的念头。为了保命,约穆德人把妇女的金银首饰都收集起来缴纳了罚金,这还远远达不到额度,考夫曼答应将罚金减半,并可以用骆驼折价支付,才勉强凑够。死于俄军征讨的约穆德土库曼人有几千人。

被俄国打败之后,年轻的希瓦汗王拉希姆·巴哈杜尔二世彻底臣服于俄国人的统治。和布哈拉埃米尔的境况一样,战败之后,汗王立刻发生了统治危机,臣属部落离心趋势增强,宫廷内部的反对派也想找机会取而代之,这种情况下,汗王只有依靠俄国人的军事支持才能维持统治。

1873年8月12日,在进占希瓦两个半月之后,考夫曼和希瓦汗王签订了正式的战后条约,除了上述确立宗主—附庸关系、赔款30万卢布、割让阿姆河右岸土地之外,还要求希瓦保障俄国商人的活动，免除捐税，希瓦还要在 20 年内向俄国支付 220 万卢布赔款，每年支付 11 万卢布。在希瓦割让的阿姆河右岸地区，俄军兴建了一座彼得罗－亚历山大罗夫斯克堡垒，驻扎了千余人军队。

然后俄国人开始部署撤离工作。考夫曼部队携带了大量辎重，带着它们原路返回太困难了，只有借助咸海航运。俄国人勘察了阿姆河汇入咸海的航道，发现在掘开河口堤坝之后，可以通行轮船，于是汽艇开进了阿姆河里，把火炮等辎重装船运往彼罗夫斯克港，在希瓦的新堡垒（彼得罗—亚历山大罗夫斯克）驻防的俄军和装备，主要也是从咸海航道经阿姆河口运来的。

咸海航道的开通，说明当初有可能从彼罗夫斯克港取海路进攻希瓦绿洲，这要比穿越数百公里沙漠、戈壁近便。汽轮在两昼夜内可以往返于彼罗夫斯克港到阿姆河口之间。如果俄军在咸海里的汽艇能增加到六七条，加上拖驳船，一次能运载千余步兵和火炮、粮秣，往返 4 次就可以向阿姆河口投放五六千兵力，足够巩固登陆阵地和占领希瓦。骑兵部队不易用船运输，可以让轻装的纯骑兵部队从彼罗夫斯克出发，从陆路沿咸海开往希瓦，在阿姆河口处和主力步兵会师。不带辎重的骑兵行进速度很快，10 天以内就可以完成进军。如果采用这个计划，俄军就省去了兵分五路、数月行军、沿途设置诸多堡垒据点的劳苦。

中亚绿洲三汗国：浩罕、布哈拉、希瓦，至此都被纳入俄国的"封建"帝国秩序之中，总督考夫曼代表沙皇对三位汗王行使监督之权。三个汗国也都被割走了一些土地，由土耳其斯坦军区直接管辖。

但不久之后的 1875 年，浩罕境内发生吉尔吉斯人叛乱，布哈拉也乘机对浩罕开战，考夫曼派遣斯科别列夫上校前去镇压，俄军消灭了各种地方武装，占领费尔干纳盆地。1876 年，俄国宣布废除浩罕汗国，建立费尔干纳省，由斯科别列夫任武官省长，并升任少将。中亚三汗国由此减少到两个。

俄国人吞并浩罕的主要动因，是对英国势力的警觉，英俄两强由此在帕米尔高原上展开角逐、对峙。另外，费尔干纳盆地距离喀什噶尔绿洲很近，可以对新疆的塔里木盆地——当时那边还是阿古柏的割据小政权——形成直接影响。

到 19 世纪 70 年代末，英、俄两强在内陆亚洲互相虎视眈眈，波斯在两大势力的阴影下仅能自存。中亚唯一尚待"征服"的，只有土库曼人的土地了。

土库曼沙漠要塞

第十一章

- 瞎眼老妇的诅咒
- 电气化时代战争序曲
- 白马将军

土库曼人生活在里海东岸、波斯和希瓦绿洲之间。这片辽阔荒漠中有一些零星分布的小绿洲，可以经营一点农业。他们游牧的帐房和蒙古、哈萨克人类似，都是木骨架、外包羊毛毡的半圆形毡房，但颜色不一定是白的，多有灰褐色，这是本地羊毛的颜色决定的（图11-1）。

和希瓦邻居一样，土库曼男子戴黑色高筒长毛羊皮帽；女子多用披巾盖头遮脸，以抵挡沙漠的强烈阳光（图11-2）。

土库曼人骁勇善战，经常深入波斯抢掠财产和人口，很多波斯俘虏又被转卖到希瓦等汗国。土库曼部落称这种劫掠为"阿拉曼"，它是勇者的荣耀，也是合理而必要的收入来源。土库曼特产好马，最著名的就是让汉武帝都为之沉迷的"汗血宝马"，这是武装劫掠最重要的助手。

土库曼人有一系列沙漠远袭技巧，比如在准备劫掠之前，先要把马喂得肥壮，草料里要掺入一些羊油脂；出发之前，又要让马饿上几天，去掉多余的赘肉。

土库曼骑士擅长在飞奔的马上抛出套索，捕获奔逃的人。波斯也曾试图发动征讨，教训一下土库曼人，但大军往往在沙漠中被拖垮、击溃，被俘又成为奴隶（图11-3-1至图11-3-5）。

除了已经被俄国人征服的约穆德人，土库曼部族中最强大的是帖克人，俄国人估计他们总数约30万人（可能估计得有点高了），活动中心区是科佩特山脉以北的零星绿洲，和大陆更深处的麦尔夫（又译：谋夫）绿洲。他们紧邻波斯，是抢掠波斯人的主力。

帖克人分为4个支系部落，4位头领"汗王"开会进行决

【图 11-1 版画：季节性集中起来的土库曼帖克部落】
由图可见他们精壮的好马，右侧一人正在搭建毡房的木制框架。

【图 11-2 版画：土库曼帖克部族的一个家庭】
版画中右侧是一架手摇纺车，用来把羊毛纺成毛线，然后可以织成手工羊毛布，或者制作地毯。

【图 11-3-1 版画：追踪】
土库曼的阿拉曼行家正循着蹄迹接近一个商队，准备实施抢劫。

【图 11-3-2 卡拉津版画：战斗中的土库曼骑士】
由图可见为了震眩敌人，土库曼骑士给战马披上了马衣，骑手的黑皮帽上系了白布（也有加固作用）。骑士手持安装了两脚架的步枪；另一手握手枪，嘴叼短刀，腰间是装黑火药的牛角。

【图11-3-3 版画：骑手用套索捕获俘虏】

【图11-3-4 版画：土库曼人袭击波斯村落】
由图可见地上遗弃的农具，农夫正逃向一座"避难塔"。这种建筑的入口非常狭小，可以随时封闭，高峻的墙体让突袭者难以攀爬。在频繁受到游牧部族威胁的农业地区——西到亚欧两洲交界处的高加索山地，东到中国的川藏地区，都有这种类似避难塔、石碉楼的建筑。

【图11-3-5 版画：劫掠凯旋】
图中的步行者是被捕获的农夫。

策。当俄国人征服希瓦汗国之后,帖克人曾开会商议对策,主流意见是追随希瓦,接受俄国的权威。但随后的进展并不顺利:各部落之间互不统属,俄国人不知道到底谁能代表整个帖克部族;而且各部落之间,甚至部落内部的意见也不一致,好战者总能自行其是。

瞎眼老妇的诅咒

俄国人征服希瓦汗国之后,自认为接下了对土库曼人的管理权(图11-4)。也有部分土库曼部族表示服从俄国统治,但更多的部族并不认可俄国人的权威。草原世界的规则是"强者为王",这些土库曼人觉得俄国不是自己的对手。

高加索军区已经在里海东岸建立永久据点,设立了外里海军分区,向内陆延伸势力。里海东岸的自然条件很不宜居,海岸据点有两个:靠南的切基什利亚尔和稍北的克拉斯诺伏斯克湾。切基什利亚尔靠近阿特拉克河的入海口,淡水、柴草等容易解决,但河口淤积的浅滩使船只难以靠岸,大宗物资很难卸载,只能先从轮船搬到小船上,再靠人力抬上岸;克拉斯诺伏斯克的海港条件稍好,但没有淡水,岸上都是荒凉戈壁,一切物资都靠海路运来,岸上驻军很容易得败血症。

两相比较,俄军的探索重点还是放在了切基什利亚尔方向,溯阿特拉克河而上,逐渐深入沙漠,在100多公里外建立了恰特据点。从这里就要离开阿特拉克河,向东北方穿过不太险峻的科佩特山脉，进入帖克人的领地。科佩特山脉北麓有一连串小绿洲，其中距离里海约 500 公里的格奥克捷佩堡，是西部帖克人的核心地区。

1877 年开始，俄军从恰特向科佩特山方向进行了几次试探性进军，和帖克土库曼人发生零星交火。1879 年初，俄国军方制定了一个向土库曼腹地进军、占领格奥克捷佩堡的作战计划，得到沙皇亚历山大二世批准。高加索军区的伊凡·拉扎列夫将军被任命为远征军司令，兼外里海军分区代理司令。计划调动一万余兵力，开支近 200 万卢布。

1879 年 7 月底，俄军主力开始从切基什利亚尔基地出发。由于征集的骆驼数量严重不足，远征军数量削减了一半，只有 4000 多步兵和 1000 骑兵，大炮只携带了半个基数炮弹。

和以往出征撒马尔罕、希瓦等地相比，这次的交通条件并不算险恶：前半程都是沿着阿特拉克河及其支流前进，翻过科佩特山脉之后，一路都有山前绿洲，基本没有断水的威胁。

俄军一路抢劫遇到的帖克人的游牧点和小聚落，掳获了很多羊群。进军到小绿洲巴米时，当地老头人蒂克马·萨尔达尔向俄军投诚，此后他一直跟随俄军，提出过一些很有价值的意见。可惜俄国军官对他心存怀疑，很少采用他的意见。

远征军司令拉扎列夫因病死于进军途中，洛马金将军接替了他的位置。6 年前征服希瓦汗国的战争中，洛马金带领的一路部队进展迅速，没花太大代价就攻入绿洲，他已经是中亚沙漠地区作战专家。

当俄军在缓慢推进时，帖克人得知大敌将至，进行了紧急

【图 11-4 画报彩图：生活在里海边的土库曼人】
骆驼背上是里海中捕捞的大鲟鱼，沿里海的土库曼部族较早服从了俄国人的权威。

备战，居民都向格奥克捷佩堡绿洲集中，在绿洲南部修筑了一座巨大的夯土城池，由于时间紧迫，当俄军到来时，有些城段还没有完工。（图 11-5）

8月底，俄军抵近格奥克捷佩堡绿洲。军粮只够维持半个月。由于缺少骆驼，部分军队被留在了途中，洛马金命令部队分三个梯队前进。

8月28日上午9点多，主帅洛马金随第一梯队进抵要塞附近。一些帖克骑兵试图阻拦，但被炮火击退。俄军拉开散兵线，向着要塞的长墙开进。

迎面走来了一个瞎眼的老太太——这是土库曼人的巫术，认为遇到瞎眼老妇的人会有坏运气。洛马金不为所动，下令立刻开始进攻。士兵们刚经过了7个小时行军，尚未休整，后面两个梯队还未赶到,也没有对战场形势、要塞进行全面侦查。

投诚的蒂克马·萨尔达尔建议俄军从要塞南面进攻,那边的城墙还没建完,但没人肯听。俄军自信有绝对的火力优势,而且都想抢"征服土库曼人"的头功。

迎着初升的阳光,俄军步兵朝要塞西墙正面开进,首先抢占了沿途几座院落。士兵们争相朝城墙跑去,他们相信土墙有一定坡度,可以爬上去,没想到城墙下面还有一条护城深沟——攻势受阻,城墙上的帖克人开始火枪齐射,俄步兵只好后撤寻找掩护,和城墙上敌军对射。

步兵进行冲锋时,炮兵还没来得及测量和准备阵地。当进攻受阻时,又担心误伤城下的俄军,所以炮兵始终未能给这轮进攻提供火力支持。要塞北墙外出现了一支帖克骑兵,俄军骑兵和炮兵急忙赶往城北,双方发生了小规模交火。

到下午,俄军第二、第三梯队相继赶到,共有四千左右兵力。军官们开会决定当天一举攻下要塞,下午5点开始总攻。

主力步兵和炮兵配置在了要塞西、北、东三面,骑兵都被派往城东,以防敌军向东逃窜。只有两个骑兵连受命从城南进攻,他们应该看到了尚未完工的缺口,但没有向上级报告,也无力突入城内。此时的俄军人困马乏,军马一天没吃草料,都在互相啃吃尾巴和鬃毛。而步兵没有梯子,还不知如何爬上城墙。

在北线,俄军炮兵布置在离城墙300多米外。步兵开始向城墙推进时,炮兵用榴弹快速轰击城头,提供掩护。这时炮兵长官策马赶来,一边高喊:降低射速!炮弹不多了!这确实是实话，但那些正在推进中的步兵听到了，都会心生畏惧。

步兵蜂拥到了城下，有少数人居然爬上了城墙，但立刻陷入了帖克人的围攻，大都战死。炮兵看到城墙上出现了俄军的白色制服，立刻停止了射击。很多步兵以为这是炮弹打光了，心生绝望。

帖克人在城墙根下预留了很多暗门，此时纷纷冲出，和俄军在城下混战起来。有俄军高喊：撤退吧！攻势立刻变成了一哄而散的逃命。很多人看到一名身材高大的俄军连长，被一个帖克人追着用棍子打，还有人说，那是个抢着锅铲的妇女……（图11-6）

败逃的步兵挡住了炮兵的视野，俄军无法用火力阻拦帖克人的追击。炮兵不甘心放弃大炮，和帖克人展开了肉搏，这让逃窜中的步兵重振了一点士气，他们返回来帮助炮兵驱散敌人。帖克人终于撤退。不然如果炮阵地失守，俄军将迎来无可挽回的惨败，甚至可能全军覆没。

西墙下的攻势更乏力，俄军甚至没能爬上城墙，所以也没有发生北线那样的惨败。俄军把辎重营地设在西墙外500多米外的一座磨坊附近，全军在这里熬过了一个不眠之夜。担心招来敌军的夜袭，俄军不许生火做饭，在伤痛、饥饿和惊恐中，没人睡得着。

入夜，帖克人在城上庆祝胜利，砍下俘获的俄军的头，还剥下尸体的油脂，据说这是治疗外伤的良药。

这次攻城之战，俄军官兵战死200人左右（包括被俘后丧命的），伤200多人，丢失别旦式步枪600多支。

【图 11-5 照片：战后废弃的格奥克捷佩堡要塞城墙】
该照片是从要塞内部拍摄的。

【图 11-6 杂志插图：土库曼守军挫败俄军进攻】
这幅画可能是苏联时期创作的，突出了土库曼守军，尤其是女性的英勇形象，"帝俄军人"则是充当反面角色。

第二天凌晨，俄军撤退，离开要塞十几公里之后，才第一次生火做饭。帖克人沿途进行追击骚扰，俄军全军编成一个大型行军方阵，再未发生重大损失。俄军第一次对格奥克捷佩堡的远征宣告失败。

由于屡次受到俄军官的羞辱，蒂克马·萨尔达尔逃离了俄军营地。此后，为了证明他没有投降俄国人，他的人马一直是袭扰俄军的急先锋。

电气化时代战争序曲

第一次进攻铩羽而归，俄国上下更决心和帖克土库曼人一决高下，不能在老对头（土耳其人和英国人）面前出丑示弱。

1880年初，沙皇亚历山大二世任命37岁的斯科别列夫为土库曼前线总司令。此人出身贵族家庭，是亚历山大二世的教子（俄国东正教传统，婴儿受洗礼时，要由教父、教母履行洗礼仪式），在1868年考夫曼总督远征布哈拉汗国时，斯科别列夫作为一名年轻的骑兵军官参加了战斗，在中亚服役多年，逐渐晋升到将军。他在第十次俄土战争（1877—1878）中表现出色，而且擅长做出个人英雄主义的举动，是新闻界热捧的战场明星。因为留大胡子，他的雕像或肖像画都显得比较苍老，其实当时还很年轻。

亚历山大二世和斯科别列夫进行了面谈，指令是：一、为了俄国在世界上的形象，必须打胜；二、目标限制在攻克格奥克捷佩堡要塞，不得继续向东（麦尔夫绿洲方向）进军。在中亚战场上，斯科别列夫早有了冒险突进、杀戮过多的名声，而沙皇要考虑政治因素，不能过度刺激英国人，也要尽量争取土库曼部落的臣服归顺。

俄军开始了大规模后勤准备工作。新一轮远征军规模定在一万人左右，和1879年远征差不多，但上次指挥官轻敌，没等军队和物资全面到位就贸然进军，结果败绩，所以这次部队要把后勤工作全面部署到位，全军稳步推进，确保万无一失。

圣彼得堡批准的预算约1000万卢布，足以让十几年前靠20万卢布横扫西天山的切尔尼亚耶夫仰天长叹。

欧洲进入了19世纪80年代，声光化电各种新科技飞速出现。古老的黑火药和骑兵军团即将淡出战场，马克沁机关枪呼之欲出；10年前的枪炮正在迅速落伍。技术飞快地变成军事装备，装备则变成板条箱里的沉重物资，陆战变成了笨重的龟速游戏。千里不留行的飞将军难寻用武之地，填写表格、操作绘图尺的参谋们才是战神的新宠儿……

所幸，内燃机又改变了这一切，坦克和飞机将再次改变游戏规则。但在19世纪的最后20年里，"现代化"陆军注定笨拙而迟缓，同时具有远比"前现代"对手更惊人的杀伤火力。

1880年初，俄军参谋系统制订了庞大的后勤运输方案，计划对土库曼前线的物资供应将维持两年时间。几乎所有的物资、装备都要通过铁路运往高加索军区，在里海西岸港口装船运往东岸。货物在切基什利亚尔和彼洛夫斯克湾（即克拉斯诺伏斯克湾）的海港卸载之后，还要运往大陆深处的前进基地，并准备一直供应到格奥克捷佩堡城下的战场。

俄国人急于尝试新的运输手段：铁路。从地貌上看，彼洛夫斯克湾通向格奥克捷佩堡的路线比较平坦，最适合修筑铁路，这条路的前半程是缺水荒原。铁路投资巨大，工程进度缓慢，到战事结束时只修筑了100公里左右。

另一种比较便捷的新交通工具是"蒸汽汽车"，也译作"炉塞机车"。和稍后出现的内燃机汽车相比，使用蒸汽机的所谓"汽车"像个怪物：蒸汽机笨重，效率低下，需要把锅炉的水完全烧开才能启动；没有橡胶充气轮胎，硬质实心轮子最擅长损坏道路、桥梁。唯一的好处是蒸汽机的"食谱"很广，既可以烧石油，也可以烧煤炭或木柴。

俄国人用几台蒸汽汽车在里海东岸做了试验，发现这东西故障频繁，而且锅炉需要大量淡水，根本不适合干旱漠地区。于是几台"汽车"都被拆毁了，蒸汽机被当作固定动力源，在水井泵水，或者驱动海水淡化装置。

陆地运输真正仰赖的，还是人类从史前时期就开始驯养的骆驼。骆驼主要由约穆德部落提供，但上次远征已经累死了大量骆驼，需要土耳其斯坦军区方面提供支援：俄军从布哈拉和希瓦地区雇用了大量骆驼，它们在军队的护送下，沿着里海的东部海岸线南下，去往彼洛夫斯克湾和切基什利亚尔。

骆驼一定要由约穆德土库曼驼夫照料，因为它们根本不服从"穿军装的"指挥，只跟着穿中亚长袍的人走路。约穆德驼夫对深入大陆的旅程比较紧张，因为被帖克人俘虏后不会有好下场。俄军只能软硬兼施，提高租金和恐吓并用。

此时,沙俄陆军的步骑兵已经普遍装备了别旦式步枪。炮兵中后膛装线膛炮占比大增,普遍使用了碰发榴弹和定时起爆的榴霰弹,但仍有部分发射霰弹的滑膛炮。为了用高抛弹道轰击格奥克捷佩堡城内,俄军又增加了一批老式臼炮。

此时还没有发明无线电报。经过里海南岸的波斯境内架设了有线电报,切基什利亚尔基地可以和高加索军区进行即时电报联络,也可以和圣彼得堡陆军总部通电报。土耳其斯坦军区司令部也可以和圣彼得堡朝廷直接通报。借助大后方上万公里长的电报线,两大军区之间的信息交流比较快捷。切基什利亚尔的电报线还在向内陆延伸,通往俄军正在建设中的前进基地。

为了满足前线部队的联络需求,部队使用了刚刚发明出来的"回光通信机",它用反射的太阳光作光源,借用了航海灯语编码,如果架设在较高的山上,昼间可以在几十公里内传递信息。

后勤物资里包括大量的罐头类副食,以及野战医院设备,衣食住行用面面俱到。有些承包商提供了低劣产品,引发接收部队的意见。比如,有商人送来劣质碳酸饮料,被接收的士兵们强按着灌了个饱……从海运到骆驼队,运输环节的各种疏漏层出不穷,土库曼驼夫一路盗窃武器弹药和物资,还转卖给帖克人。当时潜入格奥克捷佩堡帮助帖克人的英国人发现,帖克人拥有别旦式步枪近2000支,多数是经盗窃贩运而来,少数是上次战争的战利品。

部分粮秣需要从波斯就近采购。波斯长期被帖克土库曼人骚扰,对俄国人攻打帖克乐见其成,支持俄军的粮秣采购工作。此前,两国基本划出了"势力范围",就是以阿特拉克河和科佩特山脉为界，波斯承认土库曼地区是俄国势力范围，但当时土库曼人的游牧活动经常跨界，还不存在现代意义上的国界。

俄国高加索军区的代表进入波斯地区，采购小麦在当地磨成面粉，用当地驼队运往切基什利亚尔及各前进基地，其他采购物资还有大麦（饲料）和食盐。采购活动比较成功，从波斯运来粮秣的成本，是从俄国腹地运来的五分之一。

俄军采购团在波斯境内时，还遇到了一个在俄国出生长大的荷兰裔年轻人，此人已经浪迹中亚数年，能说当地语言，皈依了伊斯兰教，给自己改名为阿里·伊斯兰。他愿意为俄军充当耳目，俄国军方给了他一份比较优厚的薪俸：每月150卢布，能买两头骆驼，派他去帖克人地区活动。

此后，这个间谍时常托人将帖克各部落的动向告知俄军。据说在俄军最后总攻格奥克捷佩堡时，阿里正在麦尔夫绿洲里。当时麦尔夫的部落武装准备全力增援格奥克捷佩堡，但被阿里的如簧之舌游说成功，放弃了增援。这个说法虽然难以证实，但他确实给俄军提供了一些有用信息。

英国人一直紧盯着俄军的战备行动，希望俄军再次遭遇惨败。英国驻波斯公使试图阻挠俄军的粮秣采购工作，又派了两名英国军官潜入格奥克捷佩堡，鼓动帖克人全力对抗俄军。他们给帖克人提供了很多加固城防的意见，比如：在南城墙上延伸出一座多面体堡垒，可以对攻城俄军进行交叉火力攻击；城墙顶上加筑了前后两列胸墙，胸墙之间又夯筑了很多段横墙，以防俄军登城后的侧射火力；城墙上端新开设了一些小出口，用胸墙进行屏蔽，以便随时出城攻击。

在俄军攻势展开前，这两人离开土库曼返回了英国，其中的巴特勒大尉在报纸上刊登了自己的土库曼经历。俄国方面随即发现了这个报道，向英国政府提出外交抗议，英国军方只好解除了巴特勒的军职。

1880 年，俄军的备战工作加紧推进：北线是从彼洛夫斯克湾缓慢延伸的铁路；南线是溯阿特拉克河而上的老路，俄军一直在恰特有驻军基地，又在更上游的杜兹 - 奥卢姆建设了前进基地，并继续进占小绿洲上的巴米镇，巴米也将是南线道路和铁路线的汇合点（到战争结束铁路也没修到这里）。驼队背负着粮秣弹药等物资，向前方的一系列据点接力运送。

帖克土库曼人不停用小股骑兵袭扰俄军运输队、偷袭军营，双方时而交火，有零星伤亡。帖克人有一套进行夜袭、劫掠的传统技巧：袭击者脱得一丝不挂，全身抹上厚厚的动物油脂（中亚男人都习惯剃光头），刀子叼在嘴里，用四肢悄悄爬行，摸到俄军哨兵身边突然下手，抢到步枪之后迅速消失。黑夜里无法瞄准射击，只能厮打肉搏，脱光抹油是为了不容易让对手抓住，特别是对手人多的时候。

这种夜袭时而给俄军造成惊慌。到后来总攻格奥克捷佩堡要塞时，帖克人的夜袭给俄军带来了更多麻烦。

白马将军

1880 年 6 月底，潜伏在帖克人中的间谍送出一份情报：帖克小麦即将收获完毕，各部落为下一步行动发生争吵，有人主张带着粮食分散到沙漠中，和俄军打游击战，也有人主张死守格奥克捷佩堡土城。一部分好战者已经离开格奥克捷佩堡，向俄军前沿开进。

斯科别列夫此时正在各前进基地视察，获悉情报后，他担心帖克人放弃捷佩城垒，因为沙漠游击战不是俄军的长项，后勤供应有限，不可能跟对手玩旷日持久的捉迷藏游戏。

但总攻的条件尚不成熟，因为土耳其斯坦军区提供的骆驼大半还未抵达，军队和各种物资尚未到位。此时外里海地区共有近5000名俄军，多数驻扎在沿海营地。斯科别列夫决定对格奥克捷佩堡做一次"侦察"，巴米军营能够抽调的兵力有：步、骑兵各3个连，共300余人，炮兵百余人，10门大炮，8门火箭炮，还有个小型军乐队。部队携带了6天的食物。

这支小部队将在格奥克捷佩堡城下做短暂停留、侦察，然后迅速撤回，这会让帖克人觉得俄军又被击退了。在乐观之中，他们应当会放弃沙漠游击战，毕竟，放弃绿洲中的村镇，对帖克人也是很大的损失。

但这种孤军远行过于危险，很可能被十倍于己的敌人包围，如果再断水断粮，难免全军覆没。这是十足的斯科别列夫作风。

小军队出发后，遇到了一些小规模的帖克武装，有零星交火。他们在有些村落里抢到了羊群和刚收获的小麦，解决了军粮不足问题。经过5天行军，小部队开进到距离格奥克捷佩堡10公里外，设置好辎重营地，留下半个连守卫。俄军给这里起了一个俄语地名：萨穆尔斯克。

7月6日凌晨，斯科别列夫带着小部队向帖克人核心区开进。帖克人早紧盯着俄军的动向，在沿途设置了骑兵，不断与俄军交火。从俄军中跑出来的老头人蒂克马·萨尔达尔带着400个骑兵埋伏在山丘之后，准备发起突击。但俄军骑兵前哨发现了这支伏兵，轻型火箭炮立刻放列、射击，火箭弹吱吱乱响，拖着火尾巴摇曳飞舞，虽然没能给帖克人造成伤亡，还是把他们吓得撤退了。

这期间有个惊险的小花絮。当火箭炮投入战斗时，第一发火箭弹没能飞出去，而是冒着烟掉到了炮架前面。黑火药装填的老式火箭弹经常发生这种故障。第二发点火后卡在了炮架上，炮架被掀翻，在烟火里翻滚。炮兵们都吓得向后躲，如果纪律失控，帖克骑兵将冲上来用马刀"收割"逃散的士兵们。

斯科别列夫恰好赶到炮兵阵地，高喊："站住！"同时打马冲上，强迫白马站在冒烟的炮架上……（图11-7）

爆炸之后，浓烟散去，斯科别列夫的白马还站着，马肚子已经炸得血肉淋漓。旁边一名士兵也受了伤。马背上的斯科别列夫却安然无恙。炮兵们这才镇静下来，继续给火箭弹点火。还好，其余的火箭弹都顺利打了出去。

这就是"白马将军"斯科别列夫在战场上的表现力——勇敢，从不相信子弹和炮弹能打中自己，似乎有某种神秘力量护身。各国的报纸都喜欢这样的战场明星。

俄军小部队开进了格奥克捷佩堡，这是一片方圆约10公里的绿洲，土墙小村落散布其间。去年挫败了俄军的土城在绿洲南侧，靠近科佩特山麓，水源比较充足。

【图 11-7 斯科别列夫肖像画】
画中表现的可能是稍早的俄土战争。

土城南方，一座小村落被扩建成作战堡垒，称为"杨基卡拉"，主要是为了防范俄军控制南来的河流。大量帖克武装人员聚集在这里。俄军用步枪和杨基卡拉进行了对射，炮兵进行了几轮轰击，但杨基卡拉设防严密，无法一举攻克。此时已过正午，烈日当头，天气酷热，斯科别列夫觉得侦察工作已经完成，下令撤退。

在帖克骑兵的远距离骚扰之下，俄军列成紧密的方阵，步兵掩护骑兵，炮兵提供火力支持，军乐队演奏着进行曲，边行进边和帖克骑兵交火。

帖克骑兵发起了一次进攻，冲过了炮兵的火力威胁，和俄军骑兵发生肉搏，一名哥萨克士官被砍死，尸体也被帖克人抢走。俄军骑兵急忙收缩到步兵的火力保护之中。由于步枪火力密集，射击准确，帖克骑兵没有进行下一轮进攻。

傍晚，俄军返回辎重营地。帖克人试图发动夜袭，但俄军岗哨防范严密，没有展开战斗（图11-8）。

【图11-8 版画：夏夜】
画中俄军哨兵遥望着庞大的要塞。

两名战死的俄军被秘密掩埋，防止被帖克人掘出后斩首。俄军在返回途中，一路烧毁帖克人的村落和庄稼。

4天之后，俄军返回巴米前进基地。斯科别列夫的冒险侦察顺利完成，他不仅了解了进军路线和要塞设防情况，也让帖克人产生了"再次战胜俄军"的乐观情绪，不用担心他们躲到沙漠里打游击了。接下来就是集结重兵，聚而歼之。

血渍地毯

第十二章

- 大军云集
- 卡拉设伏
- 壕堑夜战
- 要塞里的帐房
- 尾声

1880年下半年，俄军加快了跨里海后勤运输工作；年底，进攻部队陆续部署到位，土耳其斯坦军区也派出了一支小部队穿过希瓦汗国和荒漠来到了巴米基地，"友情出演"土库曼战争。

除了各据点留守的兵力，此次远征计划调动步兵4000余人，骑兵、炮兵各千余人，此外还有些勤务人员，以及本地驼夫、骑手，共计7500余人。由于后勤和交通限制，各部队到来的时间、地点并不一致。只要他们最后能在格奥克捷佩堡要塞之下集结，远征就算初步成功了。

巴米基地已经存放了大量战争物资：5000支步枪的枪弹，每支枪5个基数（每个基数60发）；1200支骑兵枪的枪弹，每支枪6个半基数；此外，军队还随身携带着2到3个弹药基数。后方其他基地还有大量物资，正在用驼队运往前方。

当部队和物资逐渐到位时，帖克人的偷袭和骚扰行动也达到了顶峰。11月底，一个卸载后的驼队从巴米返回，由半个俄军连队护送，当发现帖克人逼近时，俄军官处置失当，没有及时让队伍停下防守，帖克骑兵一拥而上，用马刀砍翻了押运士兵；惊散的驼队被帖克人俘获，有些骆驼驮载着俄军伤病员，都被砍死。此役俄军26人战死，7名土库曼和哈萨克驼夫被杀，10余人受伤，骆驼损失200多头。所幸救援部队赶到，经过一番激战，打退了帖克人，战场上留下的帖克骑兵尸体约100具。

大军云集

斯科别列夫原计划分两路行军：主力从巴米基地直扑格奥克捷佩堡；他本人带领一千骑兵，从杜兹-奥卢姆出发，沿科佩特山地迂回前进，最后在格奥克捷佩堡与主力会师。但此举完全没有价值，因为科佩特山地行军不便，时值降雨季节，雨雪交加的山路更难行走；帖克人也根本不可能向南方撤退；主帅不在主力军中，许多重要决策也无法进行。出发后不久，斯科别列夫就放弃了原计划，带着队伍加入主力军中。

11月底，在斯科别列夫指挥下，巴米俄军开始向格奥克捷佩堡方向开进。这部分俄军有4000人左右，分为三个梯队，每天出发一个。五六天后，他们将抵达敌军要塞之下。

后方的一系列基地里，集结、行军也正在进行。斯科别列夫的副手（副司令）彼得鲁谢维奇将军负责这一工作，每个基地只留下最基本的守卫力量和物资，一个或半个连，其余的都要向巴米、向格奥克捷佩堡开进。

帖克人方面，除了格奥克捷佩堡当地的部落武装，来自麦尔夫绿洲的援军也在陆续到来。要塞中有约一万名守军，多带着家眷和帐房；另外20 000兵力和家眷分散在北方的绿洲之中。除了从俄军获得的近2000支别旦式步枪，帖克人还有约3000支老式步枪；火炮很少，只有1门老式铜炮，和2支小口径霰弹炮（抬枪）。

格奥克捷佩堡的土城呈窄长的倒梯形，东西两侧长1000余米，北墙长约900米，南墙长约500米，城墙底部宽10米，顶部宽6米。去年的战争中有一名俄军俘虏幸存下来,他后来逃回俄军之中,制作了一个缩微要塞模型。

用陆炮的榴弹轰塌这种城墙颇有难度,而要塞地区的粘性土质适合挖掘地道,所以俄军带了大量炸药,既有古老的黑火药,也有最近发明的硝化棉炸药和甘油炸药,准备掘地道放置炸药,轰塌城墙。

12月1日,最后一个俄军梯队离开了巴米基地。

行军过半,斯科别列夫决定再一次侦察帖克人的城防。12月4日,他从第一梯队抽调了数百人,疾驰到格奥克捷佩堡绿洲外,依旧在夏季侦察的辎重营地、距离敌要塞10余公里的萨穆尔斯克扎营,然后率部进抵要塞附近。

城墙上和各村落里的帖克人果然严阵以待。先遣俄军架起火炮,用榴弹轰击城头,步兵在2000米外用高抛弹道打了几轮齐射。帖克人这次不再贸然出击,而是借各种地形隐蔽自己,等待俄国人发起进攻。

双方都知道,决战即将开始。

完成侦察,斯科别列夫带领部队向辎重营地回撤。帖克骑兵发起了追击,俄军炮兵不时开火。傍晚时分,一轮满月从要塞后面升起,逐渐爬上山麓之侧,然后发生了月食,月光逐渐被黑影遮蔽。俄国人的历法能预测月食,但帖克人没有这方面经验,以为上天发生了某种灾变,毛拉们急忙吟诵《古兰经》,祈求安拉护佑,士兵们朝天鸣枪,百姓们敲打锅、盆,终于吓退了要偷窃月亮的妖魔。俄军乘机返回了营地,此行有4名士兵战死,20余人受伤。

到 12 月下旬，俄军兵力全部集结到萨穆尔斯克，供 8000 人食用两个月的粮食被运到此处，足以维持一次持久攻势。军用电报架设到了巴米基地。从圣彼得堡或者高加索军区发出的指令，只要传令兵疾驰两天就可以送到斯科别列夫司令部。

土库曼沙漠的冬天不太寒冷，极少下雪，河水没有结冰，只是绿洲变成了没有生机的土黄色。这比炎热的夏天适合作战。

斯科别列夫的第一个目标，是攻占格奥克捷佩堡要塞南方的大村落，杨基卡拉，将那里设为攻城营地和指挥中心。

杨基卡拉在绿洲之中，水源和植被较多。进攻前两天，俄军将领对杨基卡拉进行了一次"指挥官侦察"，选择较高的地势俯瞰未来战场，从司令官到各部队主官都骑马参加，目的是了解敌军实力、目标、周边的地理，确定各部队分头进攻的具体路线。5 个骑兵连担任随行保卫。侦察过程中，两军进行了远距离步枪对射，少数人受轻伤，其中有俄远征军的参谋长安年科夫将军。

12 月 20 日清晨，俄军全军集结，向杨基卡拉开进。只留下了 4 个连守卫宿营地。按照计划，一旦攻克杨基卡拉，主力部队都将转移到那里，萨穆尔斯克将只作为联结后方的后勤基地。

俄军分路逼近，先用大炮断断续续地轰击了村子——此时的炮火烈度还远不能和 20 世纪的战争相比。帖克人没有固守，而是主动撤退了，他们绕过要塞，分散到了绿洲北缘的各村落里。俄军只战死一人。杨基卡拉成为俄军集结地。从这里向北地势逐渐降低，几条小河顺着地势向绿洲腹地流去，格奥克捷佩堡要塞尽在眼底。

次日（21日），一支俄军绕向要塞东侧进行侦察，再转向北侧。帖克人从要塞里冲出来，试图合围这支小军队。斯科别列夫带着几个连队从要塞西侧北上，把这支小部队接应了出来。至此，俄军首次对格奥克捷佩堡要塞外围有了全面的了解。要塞东侧的几个小村庄（卡拉），成为俄军下一步拔除的目标。

22日，俄军首先进占偏南和正对要塞东面的两个村落，帖克人主动撤退了。还有一个靠北的村落，朱雷卡拉，在要塞东北角1000多米外。在炮兵零星轰击之后，俄军步、骑兵各两个连冲向朱雷卡拉，帖克人在稍做抵抗之后撤退，俄军损失两人。帖克人没有大炮，只能在城墙上眼看着俄军进占一个个村落。

朱雷卡拉村庄里存储了大量粮食和饲草，但俄军担心城内的帖克人随时发起进攻，切断自己退路，就没占领这个村落，只是尽可能多地带走了粮草。

当晚，斯科别列夫了解到朱雷卡拉的情况后，决定实施占领。因为这个村落能同时观察要塞北侧和东侧的动向；而且，村落附近有两条小河流过，有大片牧草地，村落外围有一圈很长的土墙围栏（畜栏），特别适合驻扎骑兵部队，骑兵又可以屏蔽要塞和北方村落的联系。现在俄军已经实现了对要塞西、南、东三面的控制，只差封堵住北面了。

卡拉设伏

原计划，进占朱雷卡拉的任务在23日早上开始，由副司令彼得鲁谢维奇指挥，投入半数骑兵。其实俄军都认为帖克人已经放弃了朱雷卡拉，这只是一次骑兵的移防而已。

天还没亮，要塞里传来了很大的嘈杂声，还有羊、马、骆驼等牲畜的叫声。斯科别列夫判断，这是帖克人准备弃城逃跑了，一定要从北面截住他们！于是他命令彼得鲁谢维奇提前行动，进驻朱雷卡拉，如果发现帖克人离城向北逃遁，就立刻阻击他们，迫使其返回城内。

出击的兵力有3个哥萨克骑兵连，1个龙骑兵营，还有1个装备轻型山炮的骑炮排。龙骑兵是"骑马的步兵"，靠马匹行军，但作战时要下马列队用步枪射击。作为高加索军区的军官，彼得鲁谢维奇长期活跃在外里海土库曼地区，曾多次和土库曼部落武装作战，对土库曼人的生活和作战方式都比较了解，还撰写过一篇长论文《在阿姆河旧河床和波斯北部地区之间的土库曼人》，此行似乎没有什么悬念。

清晨，彼得鲁谢维奇的骑兵部队先抵达要塞正东面的村庄，这里驻扎着两个步兵连，还有一个炮兵阵地。彼得鲁谢维奇留下指令：如果听到朱雷卡拉方向枪声激烈，就从这里派出一个半步兵连增援。

晨雾弥漫在原野间，乳白色雾气笼罩下，一切景物都呈现灰黑色，如同淡雅的水墨写意画。俄军骑兵拉开稀疏的散兵线，缓缓向朱雷卡拉逼近。村落右侧是两条小河滋润的草滩，村子位于一片相对高起的台地上,南侧是一片果树林,冬日里萧疏而寂静。

村落外围是一圈土石墙,高约5米,既是畜栏也有防卫作用;内侧是一圈4米高的土墙,环绕着几座土墙构成的院落。深宅窄巷,门洞幽深,牲畜粪便味随着尘土飘散。这是游牧人在农业地带的核心据点,有很强的防卫性。

俄军绕开了果园,迂回到村落的东北方,四下还是一片安静,包括远方隐没在雾气中的要塞。村落围墙的大门洞开,军官们开始骑马进村,多数骑兵还在村外停留,准备听到休息的命令就放马吃草。

通往内院的小路上零星撒着一些麦秸秆。彼得鲁谢维奇和骑兵们都没太在意,俄军昨天已经占领过这里,现在它肯定空无一人,连一只羊羔都没有。他们现在只需要熟悉一下院落,给自己找好住处,尽量安顿得舒适一些,然后执行封锁要塞北侧的任务。

村落里的小巷越来越窄,两侧是夯土墙,只能容3匹马并辔而行。彼得鲁谢维奇在中央,两名骑兵军官在两侧。军官提醒将军:最好不要贸然进入,先让士兵们搜索一下。彼得鲁谢维奇笑着回答:我更了解土库曼人!

忽然响起一串步枪齐射声,彼得鲁谢维奇猛然向后倒去,他的两脚被马镫挂住,人像口袋一样挂在战马一侧。帖克战士们挥舞着马刀从各处冲了出来。战马受惊跳跃,把彼得鲁谢维奇摔到了地上。两名军官挥刀乱砍,试图保护将军,一个人的马刀砍断了。院外的龙骑兵听到枪声,急忙弃马跑进来,和帖克人厮打在一起。

几乎同时，村落内、果园里到处响起了枪声，帖克人伏兵都开火了。大量帖克武装潜伏在果园里，这是俄军轻敌造成的严重失误。骑炮排的小炮急忙朝果园射击，但他们携带的弹药很少，很快打光了所有炮弹。

要塞里的帖克军队开始出城，加入到朱雷卡拉的战斗。城东村落里的俄军听到枪炮声，急忙用大炮轰击，阻止帖克人增援，一个半步兵连也急忙赶往朱雷卡拉。

此时村落街巷里的短兵肉搏战更加激烈。受伤的彼得鲁谢维奇浑身是血，还在喘息，帖克人抓住了他的胳膊，试图把他拖进小院，龙骑兵则抓住了将军的两条腿，拼死保住这位大人物。冲上来的俄军越来越多，终于把将军抢了过来。

俄军冲进一座院落，发现了两具几乎被肢解的尸体，他们是昨天战斗里被俘的俄军士兵（军官当时报告他们已经阵亡）。昨晚，帖克人在此发誓坚守，顺便杀了这两个俘虏献祭。

后来从帖克人那里获悉，这次埋伏在果园里的帖克军队有400人，而院落里只埋伏了30人，这些人都是曾经投靠过俄军的蒂克马·萨尔达尔的部下。他们预料到俄军会再次来占领村庄，还专门撒下了麦秸秆，希望把俄军诱入伏击圈，没想到轻而易举地实现了。

接替彼得鲁谢维奇指挥的军官下令撤退。在数百名帖克军的追击下，近千名俄军步、骑兵仓皇回撤到正东村庄营地。有几个连从南方赶来增援，也未能挽回败局。仓促的撤退中，彼得鲁谢维奇死了。俄军共19人战死，40多人受伤。

在朱雷卡拉混战时，斯科别列夫正指挥主力军在格奥克捷佩堡南墙外构筑工事，做攻城准备。得知东北方失利后，斯科别列夫急忙赶到正东村庄营地，看到了自己副手的尸体。战死者都埋葬在军营附近，彼得鲁谢维奇将军和一名哥萨克、一名龙骑兵埋在了同一个墓穴里，这体现了"启蒙运动"以来的欧式平等理念。

朱雷卡拉之败让俄军意识到，靠眼下的兵力，根本不可能完成对格奥克捷佩堡要塞的全面合围，只能退而求其次，集中兵力于一点，炸开城墙强攻。俄军大营杨基卡拉位于要塞南方，攻城工作只能在最南端进行。

格奥克捷佩堡要塞守军和外界的联系一直畅通，土库曼武装不时蜂拥而上，攻击俄军营地。俄军与后方（巴米基地）的联络岌岌可危，必须有连以上兵力护航才能进行通讯和运输；军营和波斯方面的联系被完全切断，本来计划从波斯采购的粮秣将陆续运往要塞之下的营地，但现在无法实现。好在俄军携带了足够的物资，小规模俄军在营地周边十几公里范围内活动，从土库曼村庄里抢掠粮食和草料，时常与帖克军发生零星交火。

为了避免来自城墙上的火力杀伤，俄军先要在要塞东南端构筑炮垒、营地，用壕堑将这些火力点连接起来。这些壕堑被称为"平行壕"。

第一道平行壕距离城墙约 1000 米，它的左、右两端都构筑了多面体堡垒，用来驻扎军队和架设火炮。然后，从第一平行壕"之"字形斜向开挖出第二平行壕，延伸到距离要塞 500 米左右；从第二平行壕又分枝出第三平行壕，延伸到距要塞200米左右。射程远、威力大的重炮都部署在第一平行壕的各堡垒、炮垒中，轻型步炮、山炮、臼炮、火箭炮则部署在靠前的第二、三平行壕的工事中。

壕堑夜战

为防止帖克人的步枪狙击，施工主要在夜间进行。斯科别列夫准备用5天时间完成三道壕堑工事，挖地道轰塌城墙。但由于帖克人的凌厉攻势，施工进行了20天。

12月28日，俄军已基本完成了第二平行壕的施工，要塞里的帖克人开始策划一次突击行动。

帖克人没有正规军的组织体系，这种进攻都是部落首领倡议下的全民自愿行动。他们有袭掠和抢劫的传统经验，会趁夜色发起突袭，为了行动迅速，有些人只穿单衣、赤脚，有人把长袍的前襟绑到腰带里。步枪每打一发要重新装弹，射速迟缓，所以袭击者只用冷兵器，力争在偷袭中杀人于无声。没有战刀和长矛的人就把羊毛长剪刀拆成两半，绑在木棍顶端，很多妇女都拿着这种剪刀改造的扎枪参战。

这天黄昏，俄军几名工兵军官离开第二平行壕，向前走了100多步，准备规划当晚的第三平行壕施工。他们忽然发现，暗淡的光影之中，要塞下面的护城壕里有什么东西在滚滚而动——那是悄悄逼近的大群袭击者。几名军官立刻朝后方狂奔。

壕堑和多面堡里的俄军根本没反应过来，因为正是换班时间，各连队都在等待负责夜间施工的部队换防。帖克人像洪流一样立刻灌满了第二平行壕；第一平行壕最东端的二号多面堡也被占领（因为有一道战壕连接着它和第二平行壕），这个堡垒里有好几门大炮，一个守卫连队几乎都被帖克人砍死。二号平行壕连接的几个炮垒也被攻克；一个步兵营的军旗被俘获，试图保卫军旗的军官们都被砍死，其中有一位公爵。

　　跟在帖克人突击队后面的是担架手，负责抢运死伤的自己人；还有大量负责劫掠的十几岁少年，他们把俄军尸体的衣服扒光，收集各种武器、弹药、用具运往后方。所有的俄军战死者都光着身子，没有脑袋。

　　暗夜之中，俄军纷纷逃出壕堑向后方逃命。只有第二平行壕最左端的半个连队保持纪律，对涌来的帖克人打出了几轮齐射，从而保住了最左端的炮垒。

　　帖克人继续扑向最后方的一号多面堡。由于听到了前方的枪声和叫喊声，这个堡垒里面的守军已经做好了准备，看到夜色中有人影跑来，立刻用步枪齐射，霰弹炮把几步之外的进攻者轰成了碎片，也顺便打死了一些逃命的俄军。有些帖克人爬进了一号多面堡，和守军厮打起来，都被俄军用刺刀捅死。壕堑后方的俄军连队纷纷增援，经过半夜激战，终于把帖克人赶出了壕堑工事。

　　早晨清点损失，俄军发现二号多面堡里的一门山炮、两箱炮弹被抢走；帖克人还想拖走另外两门火炮，由于俄军的反攻，这两门炮被扔在了半路。其他炮垒也有这种被丢弃的火炮。俄军约百人战死，其中有两名中校，30余人受伤。格奥克捷佩堡要塞里欢声震天，胜利者把俄军的脑袋插在长杆上，立在自己的帐房前，这是英雄的象征。

这次夜间战斗，俄军犯了麻痹大意的错误，没料到帖克人会发动如此迅速而猛烈的夜袭。帖克人成功运用了传统的袭掠战术，但也有失误，比如：没有组织步枪手进入壕堑固守，趁俄军反攻时给予其更大杀伤；不会破坏炮垒里的装备，如果及时引爆不能运走的炮垒弹药，俄军三分之一以上的火炮和弹药都会损失掉，后期的攻城难度将更大。这是帖克人以往劫掠经验里没遇到的新问题。

为了挽回颜面，俄军在次日加强进攻，占领了要塞东墙南端的几个院落（中心卡拉），距离城墙最近处只有100米，这几个院落立即被改建成多面堡阵地；同时加紧构筑第三道平行壕，把新占领的院落联结起来。院落里有夯土塔楼，可以瞭望要塞内部的情况，为炮兵校正射击。

帖克步枪手瞄准塔楼瞭望口，当场打死几名俄军。帖克人还用俘获的山炮射击俄军，但他们不会打开榴弹的引信保险，打出的炮弹都没有爆炸，不然将给俄军造成更大伤亡。帖克人也对炮弹问题非常疑惑，急于找到解决方案。

30日夜间，帖克人再次准备突袭，有6000余人参加。这次不再隐蔽行动，帖克人高喊着呼朋引伴，从暗门冲出城墙。俄军营地四面八方都受到袭扰，攻势重点在俄军阵线最左翼的三号多面堡，它上次免于洗劫，驻有一个步兵连和两门山炮，相邻的炮垒还有一个步兵连。暗夜之中，帖克战士如潮水般无孔不入，炮手都被打死，步兵伤亡惨重，只得放弃堡垒撤退。所幸，俄军几个连及时增援，又把帖克人顶了回去。

帖克人抢去了一门山炮，还活捉了一名炮兵下士，试图逼迫他说出能让炮弹爆炸的秘诀。这个老兵坚决不肯开口，被砍下了一个个脚趾，然后依次砍断了所有手指，然后割掉了耳朵，身上的皮被一片片剥下来，然后被架在火堆上烧，直到最后被砍头，他没吐出一个字。

这次夜袭，俄军战死50余人，伤百余人。格奥克捷佩堡要塞内展示的"人头之树"更多了。

两次战斗中，帖克人的伤亡更大，虽然没有精确统计。俄军营地内外满是帖克战士的尸体，俄军顾不上掩埋，只把营地内的尸体扔到周边，腐尸的气息笼罩着战场。

作为对夜袭的回应，斯科别列夫下令，整个俄军大营前移到第一平行壕旁边。双方都杀红了眼，几乎失去理智。有些随军文官抱怨这个决策太危险。斯科别列夫威胁：发出妄议的人将被赶走。

新营地处在帖克人步枪的杀伤范围内，城墙上的帖克人只需把步枪抬高一定角度，子弹就会划过一条略呈弧形的弹道落入俄军营地。人马太密集，难免有运气差的人中弹。

三次作战失利，斯科别列夫没有向上级隐瞒，而是拟好电报，交传令兵送到巴米拍发。他觉得很快就能攻克格奥克捷佩堡要塞，同时也做了战死的准备。

俄军壕堑工事左翼，面对着帖克人修筑的一道长壕，还有和城墙相连的堡垒，不便强攻。所以俄军把重点放在右翼构筑工事，准备从这里炸开城墙。左翼阵地上设置了更多大炮，以便给对手制造假象。每天至少有一个人被流弹打死，十多人受伤。俄军火炮也断断续续地轰击要塞内部。

12月31日午夜，俄军枪炮齐鸣，庆祝新到来的1881年。新年里，俄军军乐团到施工的阵地上演奏。

要塞里的帐房

1月3日，俄军在最右翼完成了紧邻城墙的多面堡的建设，开始挖掘通往城墙下方的地道。这里的粘土质地坚实，不容易垮塌，但开掘起来有些费力。

1月4日夜间，帖克人发起了一次大规模攻势，要塞守军几乎倾巢而出，一万多人同时袭击俄军所有壕堑工事。这次俄军吸取了教训：壕堑里面不适合打夜间混战，发现帖克人的攻势后，俄军立刻全线撤出战壕，用步枪齐射逼近的对手，然后用刺刀肉搏。

帖克人没有占到优势，仓皇撤退，有个人居然拖走了一台火箭炮发射架。俄军十余人战死。这次进攻失利对帖克人打击很大，从麦尔夫来的援军陆续拔营离开了，守军实力大为削弱。

趁着黑夜，有个俄军工兵军官潜入要塞城墙之下，用绳子丈量出了精确的距离：60米的长度，地道正好可以挖到城墙下方。城墙外还有一道深4米的护城壕，地道必须挖得深一点，从护城壕下方通过。地道掘进越来越深，空气开始不足，俄军用人力鼓风机朝里面送风。

帖克人内部发生了纷争，部落头领们开会商量，觉得再无力跟俄国人作对，最好是投降求和。但有些血气方刚的年轻人在帐篷外偷听，然后拿着刀子冲进去威胁。求和的动议就这样流产了。

由于地下不时传来奇怪的声音，帖克人也猜到了俄军在挖掘地道，但没想到是炸药爆破，以为是通向城里的暗道，所以他们不太紧张：俄国人钻进来简直是送死。

为了节约有限的炮弹，俄军减少了炮击要塞内和城墙。帖克人也在用缴获的山炮和炮弹射击，但一直没掌握解除炮弹引信保险的技术。俄国炮弹用完后，他们自制了裹铅皮的铁弹丸，用自制的黑火药发射，这对火炮膛线破坏很大。再后来，铁弹丸也没有了，只能射击裹上毛毡的石球。这种实心弹丸的威胁太有限。

11日，地道终于抵达城墙下方，俄军还向左右两侧扩建了药室，数吨黑火药包和甘油炸药被小心传递进去。为了保险，安装了电引爆和导火索两套装置。负责主攻的步兵也部署到位，共约10个连，千余兵力，只待城墙轰塌后冲入要塞。丢失了军旗的那个步兵营被作为先锋，洗刷上次失利的污点。

作为辅助方案，多数重炮配置在左翼炮垒，准备在总攻时猛轰城墙，炸出一个塌陷的斜坡，供步兵爬城。俄军还潜入城墙下，在夯土中塞进爆破药柱，试图炸塌一些墙面，但效果不理想。这里预备的攻城兵力有两个营和一些辅助兵力，约七八百人。

此外，还有两路伴攻部队，一路指向要塞西南角，一路指向东北方的朱雷卡拉。

半数兵力作为总后备队，准备随时增援攻城部队。如果战事需要，骑兵也将徒步参加战斗。士兵都配发了两天的野战干粮。几支进攻部队都配备了军乐队，总攻将在鼓乐齐鸣中打响。

11日午夜，全军做好了总攻准备。

12日清晨，两翼伴攻的部队开始行动，迅速拿下了要塞墙外的几处据点，帖克俘虏都被枪决。俄军左翼炮兵猛轰城墙，帖克人用土筐和口袋随时填塞被轰开的胸墙，不顾生死（图12-1-1）。

中午11点20分。斯科别列夫下令引爆炸药。起爆成功，烟尘冲天，随着一声巨响，泥土碎石飞迸。烟雾和尘土消散后，要塞城墙上出现了一个近20米宽的缺口。一线突击队离爆炸点太近，40多人被震晕并被土石掩埋，战友们急忙把他们刨出来。

乐队演奏起欢快的进行曲。几个连队爬上了缺口，迅速驱散了试图抵抗的帖克人。格奥克捷佩堡要塞终于胸膛大开，暴露在俄军面前，"城内"中心是一片洒落着马粪的开阔地，帖克人的帐房、小土屋都拥挤在城墙下，因为要借助城墙躲避炮弹（图12-1-2）。

帖克军人在向城北败退，希望从北门逃出去。俄军一路追赶，顾不上理会帐篷区里的人群。城内西北角有一座小丘陵，这个制高点被俄军迅速占领。一路俄军沿东侧城墙向北推进，很快占领了北段城墙，居高临下射击蜂拥出城的帖克人。前些天被帖克人俘获的军旗和两门火炮也再度易主。

在左翼，试图用火炮轰塌城墙的尝试并不成功，只轰塌了

【图 12-1-1　版画：俄军攻入格奥克捷佩堡要塞缺口】
版画中士兵们正列队，拖着火炮向轰塌的缺口开进。城墙上挤满了土库曼守军。有些连队在列队朝城墙射击。缺口上端，俄军一门山炮正在开火。

【图 12-1-2　油画：俄军攻入格奥克捷佩堡要塞缺口】
这幅画的作者可能没见到当时的战斗场景，有些细节失真，比如城墙被轰塌的缺口并非如此整齐。画作表现了爆破后土库曼人的惨状，比如破烂的毡房和受惊失控的战马。进攻俄军都是"正义凛然"的形象，后方是骑白马的主帅的军旗。

城墙上部的一小部分，当进攻步兵冲到城下时，发现根本爬不上去，还受到城头守军的密集射击。好在增援部队陆续赶来，还带来了梯子，这路部队终于爬上了城头。西墙也被俄军占领。

下午，参与攻城的徒步骑兵都骑上马，追杀向北方逃跑的帖克人，一直追出去十几公里。俘获的妇女儿童都被押送回城内，俄国人要用这些人质迫使逃散的帖克武士投降。

整个要塞完整落入俄军之手，城内驻扎了6个步兵连队。密密麻麻的帐篷区里还有很多来不及逃跑的帖克家庭。这一天的战斗中，俄军59人战死，两百余人受伤。帖克人的伤亡约六七千，4名部落头人中的两人战死。

当天下午，俄军开始清剿城内的帐篷区，零星的战斗一直持续到深夜。大小帐房估计有12 000顶，里面堆积着20多天来战死者的尸体。帖克男子都被捉出来枪决，有的女人试图把丈夫藏在宽大的长袍子下面，但很少能成功。

俄军不杀妇女儿童，但十来岁的少年就有争议了，因为前面几次夜袭里有很多这种少年，士兵们经常为该不该打死某个少年争吵一番……

帐篷区里搜出来几百个戴着脚镣的男子，都是帖克人抓来的波斯奴隶，俄军把他们交给了波斯官方派来的使者。最近还有些波斯的库尔德人想办法混入了要塞里，对帖克人进行疯狂的抢劫，他们被帖克人欺负得太久，难得有机会报复，但俄军立刻把他们赶出去了。现在抢劫是俄军的专利，司令部借用了土库曼人的"阿拉曼"概念，允许士兵们进行几天阿拉曼活动，这也是对前面几次惨败的报复。

士兵们在各帐篷里搜索金银细软，各种食品。土库曼人手工制作的羊毛地毯花纹细密，价值不菲，但不便于携带，那些有骆驼或大车的随军商人，趁机向士兵们大量收购地毯，很多地毯都血迹斑斑。强奸妇女司空见惯，很多土库曼妇女都准备改换主人了，这是草原上数千年赢家通吃的生存规则。有些孤儿被士兵们收养，也有士兵偷偷带上了土库曼女子。

沙皇亚历山大二世的电报嘉奖了全军部队，斯科别列夫由中将晋升为上将。此后一周里，上万名帖克土库曼人陆续返回了俄军控制下的格奥克捷佩堡绿洲，因为沙漠里的生活并不轻松。经过这一番战争，他们彻底认可了俄国人的实力和权威，表示从此臣服于俄国。斯科别列夫与部落首领们"约法三章"，禁止部落间的劫掠和蓄奴。首领们都被封授了俄国官衔。

格奥克捷佩堡要塞内外的尸体太多，污染严重，俄军选择了稍远处的卡拉作为驻军营地，爆破毁坏了几段城墙，防止帖克人再度利用。大部队开始班师回高加索地区，电报线、铁路等工程则继续向大陆深处延伸。大量装备在运回海港，更多的物资还要从海港运往内陆。帖克人提供了近10 000头骆驼，俄军照付了酬金，然后发现，驼队运输的物资一点没有丢失，因为帖克人已经接受了俄国人的权威。

虽然英国密使百般利诱，麦尔夫绿洲的帖克部落还是接受了俄国的统治。英国人说的大话太多，能兑现的太少，土库曼人已经知道没法指望英国。俄国在新占领的土库曼地区设立了外里海省，由高加索军区管辖。1884年，俄军进驻麦尔夫绿洲，土库曼地区全部被俄国吞并。

1860 年俄军开始在北天山扩张，到 1881 年，广阔的中亚地区都被俄国征服，历时 21 年。如果从 1715 年彼得一世那次失败的希瓦远征开始计算，这个过程超过了一个半世纪。

尾声

1888 年，外里海铁路延伸到了布哈拉和撒马尔罕，10 年后，铁路抵达塔什干城。中亚绿洲在经济上逐渐融入俄罗斯帝国。布哈拉和希瓦的两个汗王只能安心接受作为俄国附庸的命运。七河省和外里海省被划归土耳其斯坦军区，整个"中亚"世界归入同一行政（军）区。

20 世纪 10 年代，在法国贷款的帮助下，中亚铁路与西伯利亚铁路连接（图 12-2）。到红色苏维埃政权建立后，布哈拉、希瓦王室被废黜，成立了五个中亚"加盟共和国"。再到苏联解体，五个加盟共和国各自独立，形成了今日的中亚格局。

从沙俄时期到苏联，俄国人保持了对中亚的有效管控。现代行政体系、交通、通讯、科教文卫事业逐渐在古老的大陆中心地带生长起来，随之而来的是俄国移民数量增加，俄语成为中亚通用语言，特别是成为社会中上层、文化人群的主要语言。

在苏俄和世界市场的塑造下，中亚开发了各种矿业，绿洲出现了大量棉花种植园，成为当地经济支柱产业。工业、农业革命带来了人口的迅速增长，城市和农业耗尽了几乎所有地表水源，湿地逐渐消失，甚至咸海也濒临干涸。

另一方面，沙俄及之后的苏联政府在中亚地区的财政开支，始终大于本地的财政收入，中亚并入苏俄的百余年历史，也是一部从未停止的外来财政"输血"史。因为中亚地广人稀，宜居面积很小，投入在基础设施建设上的开支大，按人均计算更是奇高，又无法形成密集的产业生态链，经济水平必然落后于苏俄腹地。而在统一的国家体系中，政权必须保障各地社会事业、民生条件的基本均等，结局也就显而易见。这和欧洲白人在美洲、印度的"纯收入"式掠夺完全不同。

内亚，注定是帝国的财政包袱。老谋深算的英国殖民者一直没有兼并内亚地区，根本原因也在于此：统治这里并不赚钱，而是要赔钱。

当苏联陷入危机时，急于独立的是经济发达地区如波罗的海三国，而中亚五国不愿脱离苏联，但经济转轨期的俄国人再也背不动这个财政包袱，五国只能面对毫无准备的"独立"前程。

独立之后的中亚五国，都由苏联时期的政治强人继续领导，他们普遍维持着相对集权而世俗的社会格局，既防范西方政治思潮和伊斯兰极端主义思潮的侵染，也警惕着俄国的影响。各国对俄苏时期的历史又有不同态度，哈萨克人多愿意承认俄国人带来的社会进步，乌兹别克人相对保守一些，土库曼人则强调俄国入侵的血腥和非正义……

如今，中俄两国分居亚洲大陆的东西两端，它们和中亚各国共同搭建的"上海合作组织"框架，基本保障了中亚各国的社会秩序和经济发展。在经济全球化的大背景下，中国的工业产品、基础设施建设正在提升当地的民生水平。西方世界试图在这里召唤出西式的民主与自由，伊斯兰原教旨主义和极端主义组织试图在这里扩张势力，土耳其借助相对发达的经济、历史文化传统和宗教保守主义正在扩大影响力……未来，如何保证这里不出现战乱动荡和宗教极端主义运动，并在此基础上实现稳定、发展、公平、自由，是中亚世界的关键命题。

【图12-2 照片：土库曼沙漠中的新建火车站，拍摄于19世纪80年代】

后记

　　这本书是我到新疆工作后写的，前后跨度四年。

　　2013 年，我初到新疆工作。之前一直生活在东部地区，忽然到了大陆深处的乌鲁木齐，感觉地貌、自然环境、气候颇不一样。那时我住在乌鲁木齐南郊的一个"校区"，紧靠天山山脉的根部，抬眼就能看到起伏的山体。四下有点荒凉，有废弃的铁路，长满灌木和杂草的山坡。散步走上一段，可以到一个哈萨克村庄，村里都是养骆驼的畜栏，夏季骆驼赶到山间草场，冬天就养在村子里，人们可以从村民家买到骆驼奶。

　　这里冬天大雪覆地；夏日阳光强烈，树荫下却很凉爽；春秋常刮大风，感觉阳台都会被刮走。有林木植被的地方，春秋季的色彩会格外鲜明、强烈，比如叶子会变得嫩绿、金黄、火红。这里冬天长，植物能生长的时间短，但色彩表现得更加炽烈。

　　于是我想把这种感觉写下来。我的老本行是历史，自然想借助某些历史人物来写。张骞、班超太古老了，史书寥寥数语，很难全面复原。于是就想写俄国人进入中亚的历程。中亚和新疆，都属于广义上的"内亚"，用斯坦因那一代地理探险家的话叫"干亚洲"，特征就是以干旱荒漠为主，地广人稀，宜居的地方很小，也很分散。

整个亚欧大陆沿海地区普遍潮湿、宜居，人口密度大，社会发展程度高，有一系列人类古文明中心。两相对比，各自的特点都很明显。

两千多年来，汉人一次次走进西域，甚至穿过中亚，前往印度或者西亚；西域甚至来自更遥远的西方的人也一波波进入中原。这些远行者踏过戈壁，翻越天山葱岭，涉渡流沙之河，和19世纪里俄国人看到的风景，感受到的新奇、艰辛没太大区别，而俄国人留下的记载最多、最详细。

所以，此书不仅是想写俄国或战争，也是想从一个角度展示、还原古老丝路的风貌。解忧公主、班超、鸠摩罗什、玄奘和尚、岑参、丘处机、林则徐等人一路看到的，大致也是这些。进入21世纪，中国人又要睁眼看世界，还有"带与路"的考量与探索，更需要对帕米尔以西那个陌生世界多一些了解。